创新创业基础

主　编　康桂花　姚　松

参　编　罗剑波　程学良　林　敏　王堰琦

王　鹏　樊　磊　高鹏飞　艾珏宇

科学出版社

北　京

内 容 简 介

本书从创新创业基础理论入手，以创新创业基本理论学习，创新创业基本素养提升为目标，主要内容包括创新与创业、创新创业精神、创新创业思维与方法、创业团队、创业资源、创业机会与风险识别、商业模式设计与创新、创业计划与创业计划书等。本书注重对创新意识、创新思维、创新创业精神及创新创业能力的培养。本书引入了大量的案例，案例的选择充分结合课程内容，提升了教材的实践性和趣味性。

本书适用于高等院校创新创业通识教育师生，也适用于创新创业教育者及管理人员。

图书在版编目(CIP)数据

创新创业基础 / 康桂花，姚松主编. —北京：科学出版社，2017.9

ISBN 978-7-03-054101-7

Ⅰ. ①创… Ⅱ. ①康… ②姚… Ⅲ. ①创业-研究 Ⅳ. ①F241.4

中国版本图书馆 CIP 数据核字(2017)第 190170 号

责任编辑：胡云志 南一获/责任校对：王 瑞

责任印制：霍 兵/封面设计：华路天然工作室

科 学 出 版 社 出版

北京东黄城根北街 16 号

邮政编码：100717

http://www.sciencep.com

北京市密东印刷有限公司 印刷

科学出版社发行 各地新华书店经销

*

2017 年 9 月第 一 版 开本：787×1092 1/16

2018 年 7 月第二次印刷 印张：15

字数：360 000

定价：45.00 元

(如有印装质量问题，我社负责调换)

前　言

“大众创业、万众创新”已经成为时代的潮流，全国上下都非常重视创新创业工作及创新创业教育，从中央到地方，一系列措施的逐步出台为促进我国的创新创业教育提供了有力的支撑。各高校也在积极推进创新创业教育工作，然而创新创业教育的目的是什么？创新创业教育应当是精英教育还是普及教育？如果是普及教育，我们应当把重点放在哪些方面？目前，各高校的创新创业教育是否有明确而正确的创新创业目标？各高校在创新创业教育过程中会遇到哪些问题？这些都是值得我们深思的。

大学生是创新创业教育的主体对象，然而大学生对创新创业的理解如何呢？我的一组学生对全国 243 所高校做了近万份问卷调查，其中对于创新创业的概念十分了解的学生只有 7.75%；对国家和当地政策十分了解的学生只有 8.5%；所在学校创业氛围浓厚的只有 33.55%；认为个人创业方面的素质能力足够的占 7.24%（调查者分别为黄思梦，成都东软学院 2014 级信息管理与信息系统专业；代新隆，成都东软学院 2015 级财务管理专业；徐诗意，成都东软学院 2015 级财务管理专业；许湉雨，成都东软学院 2015 级财务管理专业）。从以上简单的信息中我们可以看到，创新创业教育工作即使从整体方面来看还有很多工作要做。那么，创新创业教育最核心的目的是什么呢？我们认为，全面提升学生的创新思维、创新意识、创新创业精神、创新创业能力等多方面的综合素质才是创新创业教育的基础和根本，把这个基础和根本做好，创新创业成果自然而然就会出现。所以创新创业教育应该重视长远的基础工作，当然成果转化也是必不可少的。

本书以提高大学生创新创业基础素质为目标，为实现大学生创新思维、创新意识、创新创业精神、创新创业能力全面提升而编写。本书共八章，第一章创新与创业，主要是对创新与创业的基本层面进行概述；第二章创新创业精神，主要是从创新创业应具备的素质角度来对大学生进行教育和培养；第三章创新创业思维与方法，主要是从创新创业思维与方法层面对大学生进行教育和培养；第四章创业团队，主要是从创业者应具备的素养及创业团队的组建和管理方面进行论述；第五章创业资源，主要是从创业资源的获取和管理角度对大学生进行教育和培养；第六章创业机会与风险识别，主要教会学生如何判断和把握创业机会，以及如何识别和规避创业风险；第七章商业模式设计与创新，主要教会学生在新时期如何进行商业模式的设计，真正理解商业的内涵；第八章创业计划与创业计划书，主要教会学生如何撰写不同形式的商业计划书。本书采取模块化设计，每章分别有导入案例、学习目标、理论内容、本章要点、拓展阅读及思考作业。本书在理论内容中也引入了很多案例，同时也加入了我们在创新创业教育工作中的一些思考。

本书的特色主要体现在以下几个方面。

（1）教材定位。本书为《创新创业基础》《创新创业实务》《创新创业管理工具与方法》《创新创业案例分析》系列教材的第一本，建议放在大学一年级第一学期使用，使大学生刚进学校就能从思维和精神上重视起来。本书整体定位为大学生的基础创新创业素质方面，作为普适性教育教材，不管对将来的创业还是就业都有重要作用。

（2）内容特色。本书在阐述创新创业理论的同时，也融入了我们在创新创业教育实践过程中的经验和感悟，充分地结合了大学生创新创业的特点，同时本书有利于大学生基础创新创业素质的提升，适合所有学生学习。

（3）编写形式特色。由于创新创业基础理论相对枯燥，本书在编写过程中引入各种案例，在内容叙述部分引入案例外，开篇采用导入案例形式，结尾还编写了两个拓展阅读案例，供大学生在案例中思考与成长。

本书由成都东软学院老师康桂花、姚松、罗剑波、程学良、林敏、王堰琦、王鹏、樊磊、高鹏飞、艾珏宇等编写，全书由康桂花负责拟定提纲并定稿，姚松负责统稿。创新创业教育系列课程的思路得到了很多兄弟院校的认可，课程内容设置也得到了学生的认可。由于时间仓促，纰漏之处在所难免，敬请广大读者批评指正。

康桂花　姚　松

2017年7月于成都东软学院

目　　录

第 1 章 创新与创业

学习目标

1. 了解创新的概念、内涵。
2. 理解创新的功能。
3. 理解创新的原则。
4. 理解创新的领域及表现。
5. 了解创业的相关概念、内涵。
6. 理解创业的社会功能及特征。
7. 理解创新与创业的关系。
8. 了解我国高校创新创业开展情况。
9. 理解高校如何建立健全创新创业教育生态体系。

导入案例

全球首列虚拟轨道列车面世

"这是为智能轨道快运系统量身打造的世界首列虚拟轨道列车。它虽然是马路上的巨无霸，却是个灵活的'胖子'。"2017 年 6 月 2 日，中车株洲电力机车研究所有限公司总工程师、智轨列车项目组组长冯江华在一辆长度超 31 米的绿色胶轮列车前说。

智能轨道快运系统（ART），由中车株洲电力机车研究所有限公司首创。这是一种采用虚拟轨迹跟随、高效电传动技术的轨道交通运输系统，也是现代有轨列车的一种全新技术形式。其无须建设真实轨道，因而具备建设周期短、基础设施投资小、调配灵活的特点，是可兼顾运能与成本的新型中运量轨道交通系统解决方案。

此次亮相的全球首列虚拟轨道列车，是该智能轨道快运系统的运载工具——一种创新型现代城市低地板电车。列车为 3 节编组，长 31.64 米，宽 2.65 米，高 3.4 米，最大载客人数 307 人，最高运行速度 70 公里/时。与现代有轨电车相比，该车采用了胶轮承载取代传统钢轮钢轨，无须铺设专有轨道。冯江华介绍，通过公司自主研发的轨迹跟随控制技术智能导向，同时依靠特定信号控制技术对列车在虚拟轨道的行进进行约束，列车的安全性能进一步得到提高。

别看列车体形大，却十分灵活。整列车转弯半径与普通公交车相当，且比公交车的通道宽度更小。据了解，该列车最小转弯半径为 15 米。当列车在转弯半径 15 米的弯道上运行时，12 米大巴的通道宽度为 5.8 米，而智能轨道快运列车为 3.83 米，因此可在大多数城市道路上通行。同时，智轨列车采用类似高铁的双车头设计，省去调头麻烦。

列车采用高铁柔性编组模式，根据客流变化调节运力，可调整为 5 节编组等，能有效解决普通公交车载客量小的缺陷。

该列车还极为经济。冯江华算了笔账。目前，我国地铁造价 4 亿～7 亿元/公里，现代有轨电车线路造价 1.5 亿～2 亿元/公里。该智轨列车在与现代有轨电车运力相同的情况下，只需简单的道路改造就能投入使用，整体线路投资约为现代有轨电车的 1/5。智能轨道快运列车使用寿命可达 25 年，是新能源公交车寿命的 3～4 倍。同时，一条运行线的建设周期仅需一年。“与现代有轨电车相比，建设一条 10 公里线路，智轨列车至少可节省 10 亿元以上。它就是为整治‘城市病’量身定做的解决方案。”

同日，株洲市政府宣布，将为该款智轨列车量身定做全国首条智能轨道快运系统示范线路。据规划，该示范线路有望在明年投入商业运营。

讨论：

1. 从本案例中，你如何理解创新？创新能够给社会带来什么？
2. 从本案例来看，创新和创业之间有哪些联系？
3. 你认为创业是什么？创业有何社会意义？

近年来，有一组词不时地萦绕在我们的耳边，“大众创业、万众创新”，全国上下掀起了创新创业的浪潮，创新创业不再是少数人的专利，而是成了多数人的机会。当我们在一次又一次关注大学生就业的时候，越来越多的人开始关注大学生创业。大学生也成了社会创新创业的生力军。然而，大学生对创新创业的理解是怎样的呢？大学生在面对创业的时候是否存在需要完善的方面？面对创新创业的浪潮，大学生需要正确地理解什么是创新创业，怎样才能正确地创新创业，开展大学生创新创业教育就成为一种必然。

其实，很多学生还是将创业理解为创办一个公司这样一个狭义的概念，还是有很多学生认为，创业应该是少数人的事情，更多的学生需要的是就业。然而，随着时代的发展，我们对创业的理解不能仅仅局限于创办企业，能够在某一个岗位上做出优异的成绩、做出突破，也可以理解为广义的创业。对大学生来说，基于创新的创业更应该得到我们的支持和鼓励，大学生全面综合素质的提升才是我们进行创新创业教育的最终目的。

1.1 创　　新

名人名言

不创新，就灭亡

——亨利·福特

要么创新，要么死亡

——托马斯·彼得斯

1.1.1　创新的概念与内涵

1. 创新的概念

我国是一个拥有悠久历史的文明古国，在世界发展历史中占据着重要的地位。在数千年的历史长河中，勤劳的中国人民创造了灿烂的华夏文明。其中，创新一直是存在于社会发展和进步中不可磨灭的元素。从公元前 4000 年算起，截至明朝末年，世界科技史上的 100 项重大发明的前 27 项中，有 18 项属于中国人的发明，尤其是四大发明，在世界历史上写下了绚丽的一笔。不仅是科技，我国劳动人民在哲学、文化、数学、管理、经济、社会及建筑学等诸多方面都有着重要的影响和贡献。

“创新”一词在中国古代很早就出现了，早在《魏书》（二十四史之一）中就有“革弊创新”，《周书》（二十四史之一）中有“创新改旧”。“创新”在《现代汉语词典》中的解释为抛开旧的，创造新的。在《辞海》中的解释是“创”是首创；“新”是初次出现或改旧、更新。《广雅》中说到“创，始也”；新，与旧相对。《周书》中也有“创新改旧”的说法。英语中 Innovation（创新）一词起源于拉丁语。它原意有三层含义：第一，更新，就是对原有的东西进行替换；第二，创造新的东西，就是创造出原来没有的东西；第三，改变，就是对原有的东西进行发展和改造。

1912 年，约瑟夫 · A. 熊彼得（1883—1950）在《经济发展理论》中首次提出“创新理论”。创新者将资源以不同的方式进行组合，创造出新的价值。这种“新组合”往往是“不连续的”，也就是说，现行组织可能产生创新，然而大部分创新产生在现行组织之外。因此，他提出了“创造性破坏”的概念。熊彼得界定了创新的五种形式：开发新产品；引进新技术；开辟新市场；发掘新的原材料来源；实现新的组织形式和管理模式。

20 世纪 60 年代，随着新技术革命的迅猛发展，美国经济学家华尔特 · 罗斯托提出了“起飞”六阶段理论，将“创新”的概念发展为技术创新，把技术创新提高到创新的主导地位。

彼得 · F. 德鲁克（1909—2005）提出，创新是组织的一项基本功能，是管理者的一项重要职责。在此之前，“管理”被人们普遍认为就是将现有的业务梳理得井井有条，不断改进质量、完善流程、降低成本、提高效率等。然而，德鲁克则将创新引入管理，明确提出是每一位管理者和知识工作者的日常工作和基本责任。

1962 年，由伊诺思首次明确地对技术创新下了定义，“技术创新是几种行为综合的结果，这些行为包括发明的选择、资本投入保证、组织建立、制定计划、招用工人和开辟市场等”。伊诺思的定义是从行为的集合的角度来界定的。林恩则认为技术创新是“始于对技术的商业潜力的认识而终于将其完全转化为商业化产品的整个行为过程”，这是他首次从创新时序过程的角度来定义技术创新的。

美国国家科学基金会，从 20 世纪 60 年代开始兴起并组织对技术的变革和技术创新的研究，迈尔斯和马奎斯作为主要的倡议者和参与者。在其 1969 年的研究报告《成功的工业创新》中将创新定义为技术变革的集合，认为技术创新是一个复杂的活动过程，从新思想、新概念开始，通过不断地解决各种问题，最终使一个有经济价值和社会价值的新项目得到实际的成功应用。到20世纪70年代下半期，他们大大扩宽了对技术创新的界定，在美国全国卫生基金会《1976年：科学指示器》的报告中，将创新定义为“技术创新是将新的或改进的产品、过程或服务引入市场”，明确地将模仿和不需要引入新技术知识的改进作为最终层次上的两类创新而划入技术创新定义范围中。

20世纪70～80年代，有关创新的研究进一步深入，开始形成系统的理论。厄特巴克在70年代的创新研究中独树一帜，他在1974年发表的《产业创新与技术扩散》中认为，“与发明或技术样品相区别，创新就是技术的实际采用或首次应用”。缪尔赛在80年代中期对技术创新概念作了系统的整理分析。在整理分析的基础上，他认为：“技术创新是以其构思新颖性和成功实现为特征的有意义的非连续性事件”。

著名学者弗里曼把创新对象基本上限定为规范化的重要创新。他从经济学的角度考虑创新。他认为，技术创新在经济学上的意义只是包括新产品、新过程、新系统和新装备等形式在内的技术向商业化的首次转化。他在1973年发表的《工业创新中的成功与失败研究》中认为，“技术创新是一技术的、工艺的和商业化的全过程，其导致新产品的市场实现和新技术工艺与装备的商业化应用”。其后，他在1982年的《工业创新经济学》修订本中明确指出，技术创新就是指新产品、新过程、新系统和新服务的首次商业性转化。

中国从20世纪80年代以来开始了技术创新方面的研究，傅家骥先生对技术创新的定义是：企业家抓住市场的潜在盈利机会，以获取商业利益为目标，重新组织生产条件和要素，建立起效能更强、效率更高和费用更低的生产经营方法，从而推出新的产品、新的生产（工艺）方法、开辟新的市场，获得新的原材料或半成品供给来源或建立企业新的组织，它包括科技、组织、商业和金融等一系列活动的综合过程。此定义是从企业的角度给出的。彭玉冰和白国红也从企业的角度为技术创新下了定义：“企业技术创新是企业家对生产要素、生产条件、生产组织进行重新组合，以建立效能更好、效率更高的新生产体系，获得更大利润的过程。”

虽然很多专家学者将创新重心偏向于技术创新，但是不能忽略的是创新在各个领域中都具有举足轻重的作用，技术创新只是其中的一个重要部分，创新已经融入整个社会的方方面面中。创新从哲学上说是人的实践行为，是人类对于发现的再创造，是对于物质世界矛盾的利用再创造，是人自我发展的基本路径，人们在征服自然、改造自然的过程中通过不断创新促进了社会的发展，同时也促进了自我的发展。创新是人类特有的认识能力和实践能力，是人类主观能动性的高级表现，是推动民族进步、社会发展、历史前行的不竭动力。从历史上看，创新从很多方面都促进了人类的进步与发展。苏格拉底、亚里士多德和柏拉图等哲学家的思想帮助了雅典进入了世界最初的民主政治；我国的四大发明对中华文明甚至整个世界都起到了不可估量的作用；牛顿、爱因斯坦等科学家的卓越发现，为工业革命奠定了基础；凯恩斯创立的经济理论改变了美国社会，影响了整个世界；比尔·盖茨等现代企业家的创新将人类带入了信息时代。因此，一个民族要想走在时代前列，就一刻也不能没有创新思维，一刻也不能停止各种创新。

关于创新有各种不同理解可谓见仁见智，但其中有几个方面是大家都认同的，一是创新的主体是人或组织，其归根到底是人的行为；二是需要对资源进行新的整合和利用，资源既可以是人、财、物、信息，也可以是思维思想或其他元素；三是创新的结果要有其社会属性，创造出满足社会需要的新价值，有别于以往甚至超越以往的价值。因此，创新较为普遍的定义是指人类为了满足自身需要以现有的思维模式提出有别于常规或常人思路的见解为导向，利用现有的知识和物质，遵循事物发展的规律，在特定的环境中，本着理想化需要或为满足社会需求，而改进或创造新的事物、方法、元素、路径、环境，并能获得一定有益效果的行为。

2. 创新的内涵

创新的本质是突破，即突破旧的思维定式及一些不合时代发展的陈规旧律。创新活动的核心是“新”，它或者是产品的结构、性能和外部特征的变革，或者是造型设计、内容表现形式和手段的创造，或者是内容的丰富和完善。因此，创新应该从以下几个方面理解。

（1）创新的主体是人，可能是个人，也可能是组织中的人，创新主体需要具备创新的思维、创新的素养、创新的态度和创新的能力。在高速变化的互联网时代，创新正在成为每个组织和个人必须具备的能力，只有具备了这些能力，才可能不断地拥有新的核心竞争力，才能在变幻莫测的竞争中占据一定的地位。

（2）创新活动赋予资源一种新的能力，资源的不同组合带来的是不同的效果，资源的不同管理也会带来不同的效率。我们可以这么说，实际上，创新活动本身给予资源以新的生命，创造出新的价值。因此，我们也可以认为创新是一项有目的性的管理实践，遵循一系列经过验证的原则和条件。

（3）创新是为客户或社会创造出新的价值，这种价值是应该能够满足社会需要的。如果某种价值对社会造成的是负面的影响，甚至会导致社会倒退的，我们不能称之为创新。创新往小了说可以是满足客户的潜在需求或者需求，使客户满意；往大了说是满足社会需求，促进社会的发展和进步。满足客户的需求可以使企业获得更多的利润，从而为企业带来更多的客户。满足社会发展和进步需要最终会促进生产力的发展，引起生产关系的变革进而会带来社会和时代的变革。

1.1.2 创新的功能

创新的功能有以下几个方面。

1. 满足人类生存与发展的客观需要

我们在创新的内涵里面讲到，创新最终要为客户或社会创造出新的价值。人们创新的原动力是在人类征服自然改造自然的过程中试图更好地去解决各类问题，不管这些问题最终是否解决，或者解决到什么程度，创新在具体事物上的表现都是一直在变化的，逐渐被人们所感知的。当人们躺在床上不想关电视的时候，遥控器就成为可能；当我们感觉冬天冷夏天热的时候，空调就成为可能；当人们反抗压迫追求自由的时候，社会制度的变化就成为可能。所以有人说，飞机之所以能飞上天，并不是飞机有了翅膀，而是因为人类有了梦想。可见，创新在不同领域和不同层面一直在不断地满足人类生存和发展的需要。

2. 促进人类创新思维的发展

人之所以高于一般自然物，人类社会之所以由低级向高级发展，其根本原因在于物质属性的变化，在于人具有物质的最高属性——意识。当人类在征服自然改造自然的过程中遇到问题时，首先是要思考如何解决问题。在思考的过程中，各种创新思维逐渐产生，各种思想的激荡也产生了智慧的火花。当解决问题需要的思维超越以往的思维时，创新思维就成为引导人类社会进步的先导。人类充分地运用各种创新思维，创新思维和创新实践的统一是创新的全部活动，这些活动在创新思维的引导下逐渐在各个领域取得突破性的发展和进展，这些发展和进展又反过来影响着人类思维的进步。

3. 深化人类对客观世界和主观世界的理解和认知

创新是在人类实践活动的过程中进行的，而实践活动是人们认识客观世界及主观世界进而改造客观世界和主观世界的一种基本途径。人类的创新思维永无止境，人类的创新活动也永无止境，那么人类认识世界也永无止境。人们对客观世界的认识不是一次完成的，它经历从不知到已知、从知之不多到知之较多的渐进发展过程。客观事物处在运动、变化之中，人的观念也必然处在发展、深化之中，即使被实践证明是正确的观念，在社会发展的过程中也可能发生变化，成为新的探索和创新的起点。客观世界是持续发展的，人类社会也是从低级形态向高级形态不断演进，很多事物处于我们未知的状态，复杂的客观世界和人类主观世界决定了观念的创新和实践的创新不可能走向终级。因此，创新会逐渐深化人类对客观世界和主观世界的理解和认知，带领人们走向更远、更深的未来。

4. 促进行业和产业的极大发展

在人类社会发展过程中，技术创新对行业产业的发展促进最为明显。18 世纪 60 年代，蒸汽机的发明和应用带来了人类第一次工业革命，由一系列技术革命引起了从手工劳动向动力机器生产转变的重大飞跃。19 世纪下半叶到 20 世纪初，电力的广泛应用（即电气时代）带来了人类的第二次工业革命，科学技术的发展突飞猛进，各种新技术、新发明层出不穷，并被迅速应用于工业生产，大大促进了经济的发展。20 世纪四五十年代，开始了以原子能技术、航天技术、电子计算机技术的应用为代表，还包括人工合成材料、分子生物学和遗传工程等高新技术发展的第三次科技革命。如今，以互联网产业化、工业智能化、工业一体化为代表，以人工智能、清洁能源、无人控制技术、量子信息技术、虚拟现实及生物技术为主的全新技术革命已经全面到来。科学技术的发展促进了产业和行业的变革，世界各国都开始加快新技术的研究开发，新产业的战略布局在加快，一系列新技术、新业态、新商业模式大批涌现，产业结构调整的力度前所未有。

目前比较一致的看法是，21 世纪上半叶出现新科技革命的可能性较大。2013 年，麦肯锡咨询公司发表的研究报告提出了 12 项改变世界的颠覆性技术，包括移动互联网、人工智能、物联网、云计算、先进机器人、下一代基因组技术、自动化交通工具、能源存储技术、3D 打印、先进材料、非常规油气勘探开采、可再生能源。兰德公司发表的《2020

年的全球技术革命》研究报告提出了 16 个未来应用最广泛的科技领域，包括低成本太阳能电池、无线通信技术、转基因植物、水净化技术、低成本住宅、工业环保生产、混合型汽车、精确治疗药物、人造器官等。中国科学院认为，在能源与资源领域、网络信息领域、先进材料与制造领域、农业领域、人口健康领域等出现科技革命的可能性较大。上述新技术的多项突破和融合互动必然会推动新兴产业的兴起，给产业转型升级带来新的重大机遇。

5. 促进社会生产力的极大发展，引起社会和时代的变革

我们可以看到，科技创新带来了产业和行业的巨大变革，成为生产力飞速发展的动力。我们常说科学技术是第一生产力，行业和产业的发展离不开科技的创新，生产力的发展同样会引起生产关系的变革，进而引起社会和时代的巨大变革。科技创新不是社会发展中的唯一创新，它的发展往往伴随着人类知识的创新、制度的创新、管理的创新、文化的创新等各个方面的创新，这些创新将共同影响和促进人类社会的发展和变革。

1.1.3　创新的原则

开展创新活动是有其所依据的法则和判断创新构思所凭借的标准的，在创新活动的过程中应该遵循科学规律原则、市场检验原则、较优选择原则、机理简单原则、构思独特原则。

1. 科学规律原则

创新必须遵循科学技术原理，不得有违科学发展规律。为了使创新活动取得成功，在进行创新构思时，必须做到对发明创造设想进行科学原理相容性检查、技术方法可行性检查和功能方案合理性检查。有的时候创新还需得到科学的验证。1957 年，李政道与杨振宁一起，因发现宇称不守恒理论而获得诺贝尔物理学奖，其实在他们的研究成果出来后不久，同为华裔的实验物理学家吴健雄用一个巧妙的实验验证了“宇称不守恒”假设，从此，“宇称不守恒”才真正被承认为一条具有普遍意义的基础科学原理。

2. 市场检验原则

创新的成果是要满足客户及社会需求的，创新设想要获得最后的成果必须经受市场的严峻考验。对创新成果的市场评价可以从解决问题的迫切程度、功能结构的优化程度、使用操作的可靠程度、维修保养的方便程度、美化生活的美学程度等方面进行。创新是伴随风险的智慧型活动，创新有可能成功，也有可能不成功，常常需要一个试错的过程，而由于市场本身特点，犯错通常不会太大，成本和代价相对不高。创新常常需要协同，既有上下游的协同，也有左中右的协同，还有跨行业的协同，这里也需要市场的作用。市场对业态、技术、模式的创新需求最为敏感，企业创新能力强、人才聚合好、商业模式优，对企业的发展至关重要。对政府来说，市场有时会产生反向推动作用，就是倒逼政府该从哪里退出、该从哪里进入。因此，市场的评价和检验是衡量创新的一个原则。共享单车成了这两年一个成功的案例，也因此出现了许多做共享单车的商家。于是就有

人想到做共享雨伞，2017 年 7 月 5 日，中安在线就报道了一则新闻《合肥共享雨伞“水土不服”？上市两月遇冷借还仅百余次》，从中我们可以看到，一个商业模式的创新是否能够真的成功还要看市场的检验，不是任何产品都适合某一个已经成功的商业模式的。

3. 较优选择原则

从管理的角度来说，创新产物不可能时常十全十美，因此方案的选择只有较优，没有最优。其实在我们生活中，选择一个方案时，这个方案看似是最好的选择，然而由于许多方案随着时间的变化，前提条件也会发生变化，从而变得不再是最优选择。同样，我们在进行方案选择时也会遇到前提条件并不充足，也无法做到最优选择。创新也一样，创新的成果在当时看可能是超过以往的，但是在此基础上还可以更进一步创新，取得更好的成果。因此，我们创新的过程中只要选择较优的就可以开始执行和创造，不可能等到事情全面完美的时候再去做，一方面创新是无止境的，另一方面创新的时机稍纵即逝。创新的较优选择可以从创新技术的先进性、创新经济的合理性、创新整体效果性进行考虑。

4. 机理简单原则

创新成果不能只看绝对价值，还要看相对价值，尤其对于成本来说。在现有科学水平和技术条件下，可能在创新的过程中成本过高，程序过于复杂，功能过于冗余，创新付出的成本和带来的价值相比，可能并不合算，这样创新就失去了其应有的价值。在科技竞争日趋激烈的今天，结构复杂、功能过多、使用烦琐并不代表创新成果多么成熟和多么有价值，反而简单、简洁、客户体验优秀的创新成果更容易被社会所认可。因此，在创新的过程中，要始终贯彻机理简单原则，为创新的设想或结果设计更符合机理简单原则的方案和程序。创新是否符合机理简单原则，我们可以通过检查新事物所依据的原理是否重叠，来判断是否超出应有范围，新事物所拥有的结构是否复杂，新事物所具备的功能是否冗余。

5. 构思独特原则

独特是创新的一个显著特征，不管是哪种创新活动，和已有成果相比都有明显的区别。我们考察创新构思或创新成果的时候可以从其新颖性、开创新、特色性等方面来进行。

1.1.4 创新的领域及表现

创新涵盖众多领域，包括政治、军事、经济、社会、文化、科技等。因此，创新可以分为知识创新、科技创新、文化创新、管理创新、艺术创新、商业创新等多个方面，以下就知识创新、科技创新、文化创新、管理创新、融合创新进行简单介绍。

1. 知识创新

知识创新是指通过科学研究，包括基础研究和应用研究，获得新的基础科学和技术科学知识的过程。知识创新具有独创性、系统性、风险性、科学性、前瞻性，其目的是追求新发现、探索新规律、创立新学说、创造新方法、积累新知识。知识创新是技术创新的基础，是新技术和新发明的源泉，是促进科技进步和经济增长的革命性力量。知识创新为人类认识世界、改造世界提供新理论和新方法，为人类文明进步和社会发展提供不竭动力。

从企业创新的角度来说，知识创新是企业创新能力的基础，进而推动企业组织创新，并要求企业从制度管理、物资信息资源整合、人力资源的提升和配置等多个方面进行创新，从而在整体战略上推动核心竞争力的培育，最终形成企业核心竞争力。

2. 科技创新

科技创新是原创性科学研究和技术创新的总称，是指创造和应用新知识、新技术、新工艺，采用新的生产方式和经营管理模式，开发新产品，提高产品质量，提供新服务的过程。从技术进步与应用创新构成的技术创新双螺旋结构出发，进一步拓展视野，技术创新的力量来自科学研究与知识创新、专家和人民群众的广泛参与。信息技术引领的现代科技的发展及经济全球化，进一步推动了管理创新，这既包括宏观管理层面上的创新——制度创新，也包括微观管理层面上的创新。现代科技引领的管理创新无疑是我们这个时代创新的主旋律，也是科技创新体系的重要组成部分。知识创新、技术创新、现代科技引领的管理创新之间的协同互动共同演化形成了科技创新。

3. 文化创新

所谓文化创新是指一个国家、一个民族、一个组织甚至一个人，在原有文化的基础上，对文化的内涵及形式进行继承与发展，使其符合时代需要，并能够为社会发展和进步提供积极影响的过程。文化在交流传播的过程中对人们产生影响，只有在不断继承的基础上发展，无止境地创新才是文化生命力的体现。文化创新能够促进民族文化的繁荣，只有在实践中不断创新，传统文化才真正具有生命力，才不会湮灭在历史的长河中。文化源于社会实践，又引导、推动或制约着社会实践的发展，进而促进人的全面发展。因此，文化创新是社会实践发展的必然要求和结果，是文化自身发展的内在动力。促进社会发展是文化创新的根本目的，也是检验文化创新的标准所在。

4. 管理创新

管理创新是指在一定的时空背景下，通过创造性思维或思想，积极利用计划、组织、指挥、协调、控制、领导、激励、沟通等管理职能或者手段，对人、财、物、信息等多种资源进行更进一步的优化配置，使管理成果获得比过去更高效率与更好效果的过程。管理创新需要企业把新的管理要素（如新的管理方法、新的管理手段、新的管理模式等）或要素重新组合，引入更有效的企业管理系统。

组织结构、文化和人力资源是在实践中对管理创新有重要影响的三类因素。管理创新的实施过程可以从管理思想、管理理论、管理知识、管理方法、管理工具、管理艺术等方面来进行；也可以按照管理的功能目标、计划、实行、检馈、控制、调整、领导、组织、人力等管理职能来进行；也可以按照战略创新、模式创新、流程创新、标准创新、观念创新、风气创新、结构创新、制度创等新业务系统来进行；也可以按照研发管理、生产管理、营销管理、采购管理、供应链管理、人力资源管理、财务管理、信息管理等企业职能部门划分来进行。

5. 融合创新

融合创新是指将各种创新要素通过创造性的融合，使各创新要素之间互补匹配，从而使创新系统的整体功能发生质的飞跃，形成独特的不可复制、不可超越的创新能力和核心竞争力。企业进行融合创新时其内涵应包括产品创新、业务流程创新、业务模式创新、管理创新、服务创新、制度创新等创新要素。产品创新是基础，业务模式创新和业务流程创新是使整个企业组织体系良性运作的核心支撑，管理创新和制度创新是促进企业资源优化并产生更高效率和更好效果的保证，服务创新是消费者高度认同的保障。只有真正将创新融入企业的灵魂，融入企业从生产到消费者消费的每一个过程，企业才能持续创造价值。

在我们的日常学习、工作、生活中，时刻不能忘记创新。创新意味着我们需要改变，需要推陈出新，不能被不合乎时代发展的枷锁所限制；创新意味着我们需要付出，旧的条条框框的打破是需要外力才能改变的，这个外力就是创新者的付出。古今中外，为了创新，很多人付出的不仅仅是汗水，甚至可能是生命；创新意味着风险，创新的付出有可能失败，但是没有创新，个人、组织、社会就谈不上进步和发展。

1.2 创　　业

1.2.1 创业的相关概念、内涵和要素

1. 创业的概念

创业活动已经成为当今社会的普遍性活动。“创业”一词最早出现在《孟子·梁惠王下》，“君子创业垂统，可为继也”。《辞海》中对创业的解释是：“创业，开创基业。”关于创业的定义，一直没有统一的定义。杰夫里·提蒙斯在其《创业创造》中将创业定义为：创业是一种思考、推理结合运气的行为方式，这种行为方式是机会驱动、注重方法和与领导相平衡的，创业导致价值的产生、增加、实现和更新。科尔把创业定义为：发起、维持和发展以利润为导向的企业的有目的性的行为。管理大师德鲁克认为，“任何敢于面对决策的人，都可能通过学习成为一个创业者并具有创业精神。创业是一种行为，而不是个人性格特征”。目前在国内，也有人把创业理解为“不拘泥于当前的资源约束，寻求机会，进行价值创造的行为过程”，这种理解从设法突破资源束缚、寻求有效机会和进行价值创造三个方面对其内涵进行定义。不管哪种理解，我们可以看出，创业可以理解为一种劳动或行为方式，是一种需要创业者运营、组织、运用服务、技术、器物作业来思考、推理和判断的行为；也可以理解为创业者对自己拥有的资源或通过努力对能够拥有的资源进行优化整合，从而创造出更大经济或社会价值的过程。

在当前，国内对于创业的看法分为狭义创业和广义创业两种。狭义的创业一般是指创业者成立一个符合国家法律法规要求的经营组织，通过不同的方法和手段，对其所拥有的资源进行整合，创办一个企业并创造利润的过程。广义的创业是指人们在特定背景下，在工作、生活、学习、经营等各种不同领域里进行创造性的实践活动，并取得较好的成绩，创造出一番事业，其功能更多地指向成就。对于广义创业，也有人称之为创立基业或创办事业，也就是自主地开拓 ua 创造业绩，而不是仅仅创办法律意义上的企业。

2. 创业的内涵

针对创业，不管哪种看法，我们都可以看出，它主要有以下核心内涵：第一，创业的主体是具有创造意愿和创新思维的人。在历史的发展过程中，我们可以看到，不管是在哪种岗位上取得杰出成绩，在企业运营实践中获取利润，或者为人类社会进步与发展做出杰出贡献的，其主体都是具有创造意愿和创新思维的人。第二，创业是一种创造性的行为或者活动。这种创造性活动可以在工作岗位上实现，可以在学习生活中实现，可以在企业运营中实现，可以在社会发展过程中实现，这种行为和活动才是创业的主要内容。第三，创业的结果是创造社会价值。不管哪种创业形式，最终实现的结果都是创造社会价值，这种价值可以是经济上的，可以是科技上的，可以是艺术上的，可以是管理上的，也可以是社会发展其他方面的，甚至可以是引起社会变革的。

本书中除特别说明的情况外，一般是指狭义的创业。

3. 创业的要素

创业可以理解为一个复杂的、系统的价值实现过程，也需要一些核心的要素。“世界创业教育”之父蒂蒙斯提出了基于创业三要素的创业过程模型。杰弗里·蒂蒙斯是美国创业学教育和研究的领袖人物之一，他在创业管理、新企业创建、创业融资和风险投资等领域的专题研究及创新性课程开发和教学等方面被公认为世界级的权威，在 1999 年的《新企业的创建》（*New Venture Creation*）一书中提出了这个创业管理模型。他认为，成功的创业活动必须对机会、创业团队和资源三者进行最适当的匹配，并且还要随着事业的发展而不断进行动态平衡。创业过程由机会启动，在创业团队建立以后，就应该设法获得为创业所必需的资源，这样才能顺利实施创业计划（图 1-1）。

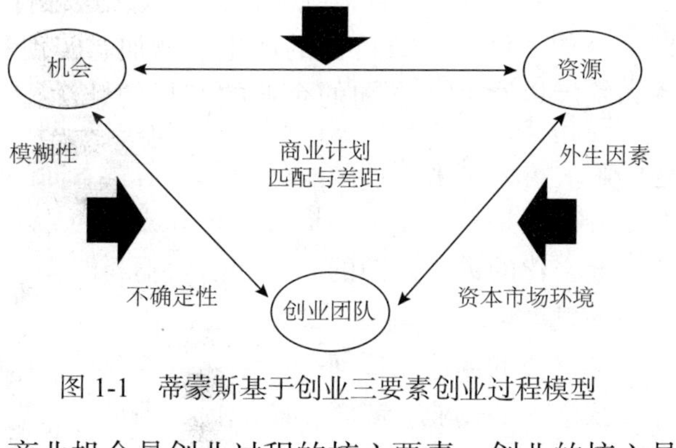

图 1-1　蒂蒙斯基于创业三要素创业过程模型

在这一模型中，商业机会是创业过程的核心要素，创业的核心是发现和开发机会，并利用这些机会创业。因此，识别与评估市场机会是创业过程的起点，也是创业过程中的一个关键阶段。资源是创业过程不可或缺的支撑要素，为了合理利用和控制资源，创业者往往要制定设计精巧、用资谨慎的创业战略，这种战略对创业具有极其重要的意义。创业团队则是实现创业这个目标的关键组织要素。

创业者或创业团队必须具备善于学习、从容应对逆境的品质，具有高超的创造、领导和沟通能力，但更重要的是具有柔性和韧性，能够适应市场环境的变化。

在模型中，机会、资源和创业团队这三个创业核心要素构成一个倒三角形，创业团队位于这个倒三角形的顶部。在创业初始阶段，商业机会较大，而资源较为稀缺，于是三角形向左边倾斜；随着新创企业的发展，可支配的资源不断增多，而商业机会则可能会变得相对有限，从而导致另一种不均衡。创业者必须不断寻求更大的商业机会，并合理使用和整合资源，以保证企业平衡发展。机会、资源和创业团队三者必须不断进行动态调整，以最终实现动态均衡。这就是新创企业的发展过程。

在创业过程中，由于机会模糊、市场不确定、资本市场风险及外部环境变化等因素经常影响创业活动，创业过程充满了风险，因此创业者必须依靠自己的领导、创造和沟通能力来发现和解决问题，掌握关键要素，及时调整机会、资源、团队三者的组合搭配，以保证新创企业顺利发展。

蒂蒙斯创业理论中，创业过程模型是目前公认的创业管理理论，其他理论都是在此基础上的补充、完善与量化。

1.2.2 创业的社会功能、特征与类型

1. 创业的社会功能

不管是狭义的创业还是广义的创业，都有其强大的社会功能作用，它既有利于个人的成长与发展，也有利于社会的进步与发展。

（1）创业有利于创业者思维开拓及自身综合素质的提升。创业是一种开拓性的行为或活动，需要创业者具有积极的创新精神、优异的创新思维、极强的创业意识及勤奋的创业意志，并且在整个创业的过程中不断地学习、尝试、总结，这些最终都将全面促进创业者本人能力素质的综合提升。不管是创业成功的经验还是创业失败的教训，对个人及社会来说，都有极大的参考价值。

（2）创业有利于不断地发现新的社会问题和社会需要，并通过创造性的思维和行为不断地解决这些社会问题和社会需要。社会问题和社会需要是创业的出发点，是创业机会的来源，管理问题的解决可以带来管理效率的提升；消费者面临问题或需要的解决可以带来产品或服务的提升甚至是科学技术的提升；艺术或社会文化方面的问题或需要的解决可以促进艺术或社会文化的进步；旧的问题和需要不断解决，新的问题和需要不断产生，社会就会积极向前发展。

（3）创业有利于社会价值的创造。任何一种创业行为或活动的结果都应该以产生社会价值为其最终目标。狭义上的创业，能够不断地提供满足社会需要的商品和服务，从而促进经济的增长。在广义创业过程中，通过创造性的思想、劳动或行为，岗位创业创

造岗位价值，企业创业创造利润价值的同时带来消费者的消费价值，公益创业带来公益价值及社会道德价值等，此外还有很多思想价值、历史价值等，这些价值无一不是通过创造性的劳动来实现的，有力地促进了社会的进步与发展。

2. 创业的特征

创业具有很强的社会属性，同时也具有成本性、价值性、风险性、回报性等特征。

要完成整个创业过程，创造新的有价值的事物，需要人们付出大量的时间、充沛的精力和足够的体力等成本。有很多创业活动在初期都处于非常艰苦的环境中，唯有不断努力，才有成功的可能，当然也有些创业行为并不是在艰苦的环境中，而是付出其资源成本，通过对拥有的资源进行整合来创业。因此，不管哪种情况我们都可以看到，创业具有成本性。

价值性是创业的重要社会属性，同时也是创业活动的成果和价值。开创新事业的同时也是一个价值创造的过程，这个过程不仅对创业者本身要有价值，而且对社会也要有价值，否则创业就失去了其意义。其实我们可以看到，很多创业行为都为创业者本人及社会带来了极大的价值，这些价值有物质的、有精神的，甚至有影响到社会进步的。

风险是创业过程中必然要面临的问题，创业的风险可能有各种不同的形式，这取决于创业的领域和创业者拥有的资源。通常狭义的创业情况下，创业的风险主要有人力资源风险、市场风险、财务风险、技术风险、外部环境风险等方面。在创业的过程中，不管任何时候，创业者都应具备超人的胆识，并甘冒风险，勇于承担多数人望而却步的事业风险。

创业能够给创业者带来回报。在通常情况下，风险与回报呈正相关关系。创业带来的回报，既包括物质的回报，也包括精神的回报，它是创业者进行创业的动机和动力。创业的回报可以是短期的回报也可以是长期的回报，长期回报和短期回报的平衡是创业者应积极思考的问题。创业的回报可以是对个人的回报也可以是对社会的回报，创业者需要在实现个人回报的同时更多地承担社会责任，更多地思考对社会的回报。

3. 创业的类型

按照不同的标准，可将狭义的创业分成不同的类型，一般情况下，创业类型可以从动机、渠道、主体、项目、风险和周期六个不同的角度进行分类。创业者可以根据已知信息在创业决策中做比较，选择最适合自己的创业类型。

（1）按照创业动机角度分类，创业可分为机会型创业与就业型创业。

机会型创业的出发点是为了抓住、利用市场机遇而进行的创业，这是一种主动创业。它有时是以新市场、大市场为目标，从而创造出新的需要或满足潜在的需求。就业型创业的目的在于生存，很多创业者最初并没有打算创业，仅仅是为了谋生而谋求一份生意，获取一些利润来更好地生活，进而被动地走上创业之路。这类创业动机仅仅是为了生存，往往小富即安，甚至有些创业者获取一定收入后会因自满而停止前进，发展壮大的概率较小。机会型创业或就业型创业往往与创业者主观选择相关，但也并非完全由主观决定。创业者所处的环境及其所具备的能力对于创业动机类型的选择有决定性作用。

（2）按照新建企业的创立渠道分类，创业可分为自主型创业和企业内创业。

自主型创业是指创业者个人或团队白手起家进行创业。自主型创业由于具有主动性，个人或团队的想象力、创造力可得到最大限度地发挥。然而，自主型创业的风险和难度也很大，如果创业者缺乏足够资源、经验的支持，创业的过程将非常艰难。企业内创业是指有些较成熟的企业为了进一步促进企业内员工的积极性，进而获得更大的增长及竞争优势，通过授权和资源保障等支持企业内创业。成熟企业的增长同样需要创业的理念、文化，需要企业内部创业者利用和整合企业内部资源来创业。

（3）按照创业主体分类，创业可以分为大学生创业、失业者创业和兼职者创业。

大学生在校期间可以创业，毕业后也可以创业，目前国内很多创业比赛都把毕业五年以内的大学生创业归到大学生创业里。大学生创业形式可以是个体的自主创业，也可以是和小伙伴合伙创业。在个体创业和团队创业里面，我们更鼓励学生团队创业。大学生创业的方向可以以专业特长为出发点，也可以以社会需要为出发点。有些失业者，由于各种主观或者客观情况，很难再进入企业或者不愿意再进入企业工作，他们也走进了创业大军，他们往往有一定的生活阅历，更容易吃苦耐劳，通过创业逐渐改善了家庭的生活条件。兼职创业者往往有自己的工作，由于工作时间相对宽松自由，而且自己的专业特长又是社会所需要的，他们就可以利用业余时间进行兼职创业。例如，大学教授中有一部分就是相当成功的兼职创业者，国家目前也出台了很多政策鼓励高校或事业单位人员尤其是科研人员兼职创业，利用自己的能力创造更多的社会价值。

（4）按照创业项目技术形式分类，创业大致可以分为传统技能项目型创业、高新技术项目型创业和知识服务项目型创业。

传统技能项目型创业具有较强大的生命力，现在的市场环境中，传统技术、优质工艺项目很受市场欢迎。高新技术项目型创业往往以知识经济项目、高科技项目为主，知识密集度高，带有前沿性、研究开发性质。知识服务项目型创业往往是为了满足人们节省精力、提高效率的需求，而建立的各类知识性咨询服务的机构，如律师事务所、会计事务所、管理咨询公司、广告公司等。

（5）按照创业面对风险分类，创业大致可以分为依附型创业、尾随型创业、独创型创业和对抗型创业。

依附型创业往往依附于大企业或产业链而生存，在产业链中确定自己的角色，为大企业提供配套服务。尾随型创业一般是模仿他人创业，有“搭便车”的嫌疑，往往缺乏新意。独创型创业具有明显的独创性特点，有的创业项目能够填补市场需求内容或需求形式的空白，其独创性可以表现为独此一家，没有其他相似的，也可以表现为商品独创性或者商品的某种技术的独创性。当然有时候独创性服务也可以成为企业的独创性。对抗型创业是指市场上已经有类似的企业，自己企业的发展建立在与竞争对手的对抗基础之上。

（6）按照创业周期划分，创业可分为初始创业、二次创业与连续创业。

初始创业是一个新建企业，通过各种手段与方式，整合各种资源，最终实现企业的生存、发展与获利的过程。创业是个动态的过程，有投入期、成长期、成熟期和衰退期四个阶段的生命周期。没有投入期，就没有创业；成熟期不再次创业，企业就会死亡。成熟期再次创业的，就是二次创业。当今时代，技术发展变化迅速，企业稍有不慎就会陷入难以发展的境地，企业的发展需要时刻保持持续创业的精神，把任何一个阶段或节点都应当做一个新的创业过程。只有连续不断地创业才能使得企业永远保持生命力。

1.2.3　创新与创业

创业与创新是两个不同的概念，但是两者存在着本质上的契合，内涵上的相互包容和实践过程中的互动发展。第一次提出创新概念的奥地利著名经济学家熊彼特认为，创新是生产要素和生产条件的一种从未有过的新组合，这种新组合能够使原来的成本曲线不断更新，由此会产生超额利润或潜在的超额利润。创新活动的这些本质内涵与创业活动在性质上有一致性和关联性。

创新是创业的基础，而创业推动着创新。从总体上说，科学技术、思想观念的创新可以促进人们物质生产和生活方式的变革，进而为整个社会不断地提供新的消费需求，这是创业活动不断发展的根本动因；另外，创业在本质上是人们的一种创新性实践活动。无论是何种性质、类型的创业活动，它们都有一个共同的特征，那就是创业是主体的一种能动的、开创性的实践活动，是一种高度的自主行为，在创业实践的过程中，主体的主观能动性将会得到充分的发挥，同时也充分体现了创业的创新性特征。

创新是创业的本质与源泉。经济学家熊彼特曾提出，“创业包括创新和未曾尝试过的技术”。创业者只有在创业的过程中具有持续不断的创新思维和创新意识，才可能产生新的富有创意的想法和方案，才可能不断寻求新的模式、新的思路，最终获得创业的成功。

创新的价值在于创业。从一定程度上讲，创新的价值就在于将潜在的知识、技术和市场机会转变为现实生产力，实现社会财富的增长，造福于人类社会。而实现这种转化的根本途径就是创业。创业者可能不是创新者或发明家，但必须具有能发现潜在的商机和敢于冒险的精神；创新者也并不一定是创业者或企业家，但是创新的成果是经由创业者推向市场，使潜在的价值市场化，创新成果也才能转化为现实生产力。这也从侧面体现了创新与创业的相互关联。创业推动并深化创新。创业可以推动新发明、新产品或是新服务的不断涌现，创造出新的市场需求，从而进一步推动和深化各方面的创新，因而也就提高了企业甚至是整个国家的创新能力，从而推动经济的增长。

通过以上对于创业与创新关系的论述，我们知道其相互内在相关、密不可分，并且了解了创业与创新的联合对于解决我国目前就业问题至关重要，大到影响我国的发展与前景。由于创新与创业的密切联系，我国高等院校的创业与创新教育应该相互渗透融合，弘扬创新创业精神，健全创新创业机制，完善创新与创业的环境，加强产学研结合，加强创新与创业的交叉渗透和集成融合，并且不断地在实践中结合，从而推动社会的可持续发展。

1.2.4　世界创新创业的现状与发展

从世界范围看，科技革命推动产业变革，创新驱动已经成为大势所趋，目前正在上演着新一轮全球科技革命和产业变革。而我国正处于这样一个大的历史性转折的特殊时期，充分地了解世界创新创业的发展趋势和我国在这个趋势中所处的位置至关重要。

美国一直是全球创新创业的标杆。近年来，虽然美国经济发展并没有我国表现得那么出色，但是他们整个国家对创新创业非常重视，非常值得我们学习。美国于2009年、2011年、2015年连续制定了三版创新战略，着力于建立面向未来的新一轮创新创业战略的整体布局。可以想象，这将对美国的发展及在国际上保持其影响力起到重要作用。美国在2011年发布的《美国创新战略：确保经济增长与繁荣》中提出寓创新于创业之中，实施“创业美国计划”，核心目标是促进大学实验室研究成果的转化，增加增长型企业的数量并扩大规模，促进经济增长，带动就业，核心内容包括夯实创新基础、培育市场环境和突破关键领域三大方面。

近年来，欧盟地区的经济、政治发展面临着诸多问题，但是欧盟各国也在加强创新创业的整体布局，积极完善国家创新体系建设，加强创新生态系统的内部联系，发挥创新整体效能。他们在积极推动中小企业创新创业资助计划、聚焦全球挑战性的战略新兴产业、完善战略规划推动政府采购创新、参与全球创新网络打造欧洲创新集群等方面都进行了重点推动。可以预见，这些政策措施将有力地促进欧盟地区的创新创业发展。

日本、韩国在创新创业浪潮中也不甘落后，日本提出要成立科技创新战略本部来代替综合科学技术会议，从而最大限度地发挥“创新司令塔”的指挥作用，促进科技创新创业的一体化进程。为了抢夺全球及亚洲创新人才，日本提出“亚洲人才资金构想”，设立“外国人特别研究员计划”，吸引以中韩为主的亚洲留学生。韩国政府出台了以下战略：创新管理政府部门的结构，以塑造“创造经济”生态环境为方针，从国家科技研发、信息通信技术出发，构建只要有别出心裁的构想和热情就可挑战创业的生态系统，塑造从富有创意的人才培养到创业、成长等阶段投资、回收、再挑战的循环结构，发展并保护中小企业，使其成为创造经济的主力军等。

与全球主要发达国家相比，我国的创新创业水平仍有较大差距，创新驱动在经济增长中的贡献仍较低，创新创业的制度环境仍需较大改善。不可否认的是，我国已经处于一个关键的路口，能否完成超越将关系到下一步国家和民族的发展及在世界各国中的地位。

1.3　高校创新创业教育

1.3.1　我国高校创新创业开展情况

1. 国家针对高校创新创业提出了重要引导政策

近年来，国家非常重视大学生就业创业工作的开展，国家领导人在多个会议中对大学生创业工作寄予厚望。习近平同志指出，“创业梦、中国梦”，传播创业文化，分享创业经验，弘扬创业精神，有利于激励更多青年特别是青年学生开启创业理想、开展创业活动，为实现中华民族伟大复兴的中国梦贡献力量。李克强同志于2014年4月30日主持召开国务院常务会议，确定进一步促进高校毕业生就业创业的政策措施，启动实施新一轮“大学生创业引领计划”，落实和完善创业扶持政策，帮助更多高校毕业生自主创业。在这种氛围下，国内创新创业教育也在如火如荼地开展，从中央到地方，一系列措施的逐步出台为促进我国的创新创业教育提供了有力的支撑。

国务院先后出台了很多关于创新创业教育相关的政策，其中比较有影响的有，2012 年教高〔2012〕4 号文件《教育部关于全面提高高等教育质量的若干意见》第九条就提出将创新创业教育贯穿人才培养全过程。

2014 年 5 月 9 日，国务院出台国办发〔2014〕22 号文件《国务院办公厅关于做好 2014 年全国普通高等学校毕业生就业创业工作的通知》，通知要求各地政府及各部委高度重视高校毕业生就业创业工作，切实做好政策落实与推进工作。

2014 年 5 月 22 日，人力资源和社会保障部发〔2014〕38 号文件《关于实施大学生创业引领计划的通知》，为了贯彻落实党中央、国务院关于全面深化改革战略部署和促进高校毕业生就业创业工作要求，引导和支持更多的大学生创业，人力资源和社会保障部、国家发展和改革委员会、教育部、科技部、工业和信息化部、财政部、人民银行、工商总局、共青团中央决定，2014～2017 年实施新一轮“大学生创业引领计划”。

2014 年 12 月 10 日，教育部正式公布印发的《教育部关于做好 2015 年全国普通高等学校毕业生就业创业工作的通知》，出台了相关政策，促进和支持大学生创业。比如，要求建立健全创业成果和学分转化教学管理制度，实行弹性学制；允许在校学生休学创业，并聘请创业成功者、企业家、投资人、专家学者等担任兼职导师，对创新创业学生进行一对一指导；大学生创业享税收减免优惠，鼓励扶持开设网店等多种创业形态；高校要开发开设创新创业教育专门课程，纳入学分管理；组织学生参加各类创新创业竞赛、创业模拟等实践活动；落实好创业培训等。

2015 年 5 月 4 日，国办发〔2015〕36 号文件《国务院办公厅关于深化高等学校创新创业教育改革的实施意见》中更提出，深化高等学校创新创业教育改革是国家实施创新驱动发展战略、促进经济提质增效升级的迫切需要，是推进高等教育综合改革、促进高校毕业生更高质量创业就业的重要举措，明确提出把完善高校创新创业教育体制机制作为深化高校创新创业改革的支撑点，提出集聚创新创业要素与资源，统一领导、齐抓共管、开放合作、全员参与，形成社会关心、支持创新创业教育和学生创新创业教育的良好生态环境的基本原则。随着“互联网+双创”的时代发展，创新创业教育开始在全国范围内形成良好的社会氛围。

2. 我国部分高校创新创业教育开展实施情况

2017 年初，一组学生团队对全国 243 所高校的创新创业教育开展实施状况，从学生感知角度进行了一次调查，调查范围涉及 30 个省份，基本覆盖了不同类型的高校，学校数量分布情况如表 1-1 所示。

调查内容中有一部分是关于高校创新创业教育开展实施状况的，有以下几组数据可以供参考，虽然很多学生对学校的相关情况并不全面了解，如有的大一、大二的学生并不了解大三、大四的状况，但我们也可以从中看出一些问题。

表 1-1　高校创新创业教育状况调查样本学校数量分布状况表

省份	北京	安徽	重庆	福建	甘肃	广东	广西	贵州	海南	河北	河南	黑龙江	湖北	湖南	吉林
数量	9	5	10	9	3	6	5	2	1	6	6	3	21	7	4
省份	江苏	江西	辽宁	内蒙古	青海	山东	山西	陕西	上海	四川	天津	西藏	新疆	云南	浙江
数量	4	7	8	3	1	12	6	10	6	71	6	2	2	3	5

问题一：学校提供的除国家和地方政府政策以外的鼓励支持政策情况是怎样的？

选择提供了很多政策支持，包括政策制度、场地、导师、课程、奖励等多方面支持的为 38.95%；选择提供了较多政策支持，不过还不够全面的为 26.75%；选择提供了很少政策支持的为 22%；选择只是流于形式的宣传，并没有实质性的政策支持的为 12.3%。

从中我们可以看到，目前我国高校对创新创业教育提供了很多政策支持，各高校在创新创业工作中也做了很多工作。选择很少政策支持和选择只是流于形式的宣传，并没有实质性的政策支持的占到 34.3%。在和很多高校的交流中我们发现，很多高校做了大量的相关工作，所以如何对学生进行宣传就显得十分重要了。

问题二：您所在学校的创业氛围如何？

选择学校积极引导，创业氛围浓厚，课程、活动、竞赛、专题讲座多，学生创业积极性高的为 33.55%；选择学校没有刻意引导，学生自主创业氛围较好，有很多学生自主创业的为 28.8%；选择创业氛围一般，很少学生自主创业的为 31.2%；选择完全没有创业氛围的为 6.45%。

从中我们可以看到，目前我国高校创新创业氛围比较浓厚，还有一定的提升空间，大概 37.65%的学生认为创新创业氛围一般或完全没有创新创业氛围。我们在和一些高校的交流中得知，其实各个学校的创新创业氛围都比以前有了很大提升，只是这种氛围还有很大提升空间。

问题三：您学校开设创新创业课程情况如何？

选择把创新创业融入了人才培养全过程，课程开设成为主要基础课程（4 个学分以上）的为 15.65%；选择根据国家要求部分开设了创新创业课程（2～4 个学分）的为 38.4%；选择开设了很少创新创业课程（2 个学分）的为 23.45%；选择只是把原来的课程换个说法的为 8.55%；选择完全没有开设创新创业课程的为 13.95%。

从学生的感知中我们可以看出，学校把创新创业融入人才培养全过程，开设课程主要为基础课程，并且 4 学分以上的只有 15.65%。针对这个问题，学生的感知有不足的地方，如有的大一、大二的学生没有上创新创业课程，但是不代表学校没有开设。我们在和一些高校的交流中发现，真实的情况是：有些学校由各个学院或系开设创新创业课程，普及面不够；有些学校创新创业课程以选修形式存在，学生参与度不够；有些学校创新创业课程流于形式，甚至把原来的就业指导课或者职业规划课改头换面当成创新创业课，真正做到开设 4 学分以上的课程的学校并不多见，其他的专题、竞赛、活动、讲座、专题、项目等也非常随机，未成体系化，并没有真正融入创新创业教育体系。可见，我国高校创新创业教育课程建设还有很长的路要走，才能够真正做到将创新创业融入人才培养全过程。

问题四：您所感知的您所在学校创新创业最终实现的目标应该是什么？

选择迎合国家政策形势的为 13.9%；选择培养一部分创办企业的学生，扩大学校影响力的为 24.1%；选择培养大多数学生的创新创业精神和意识，不管将来就业还是创业都有益处的为 37.2%；选择促进科研成果转化，为学校带来更多效益的为 8.35%；选择其他的为 16.45%。

从整体上来看，我国高校创新创业教育还有很长的路要走，我们可以看到，感知为培养大多数学生的创新创业精神和意识，最终实现提升综合素质能力提升的刚刚超过 1/3，我们对高校创新创业教育目标的理解有待进一步深化，而这个目标才应该是我们进行创新创业教育的最根本目的。通过和一些学校老师的交流，我们发现，很多传统高校还是沉浸在过去的以专业为基础的科研成果转化上，忽略了学生创新精神、创新思维、创业意识、创业能力的培养。我们可以认为科研成果转化对国家的发展有着重要的意义和作用，但是学生创新创业综合能力素质培养才是我国创新创业教育的基础，才是根本所在，两者都很重要，不可忽略。

3. 我国高校创新创业教育中存在的一些问题

虽然目前我国高校创新创业教育在如火如荼地开展，但是还存在着一些有待解决的问题。

1）狭义创业人数比例偏低

我国大学毕业生狭义创业比例处于较低水平。教育部哲学社会科学发展报告项目《中国大学生就业创业发展报告》显示，2015 届全国高校毕业生创业率为 2.86%。与我们所熟知的美国教育机构统计的 20%以上的创业率相差甚远，可见我国的创新创业氛围及环境还有待进一步提升。2015 年 6 月，国务院发布了《国务院关于大力推进大众创业万众创新若干政策措施的意见》，在国家政策的引导下，全国的创新创业氛围得到了进一步提升。我们已经可以看到创新创业已经形成了一种势能，我国大学生狭义创业比例将会得到大幅度提升，甚至可以预见在不远的将来，我国的创新创业及创新创业教育状况将会逐渐从量变走向质变。

2）创业能力弱、创新成果少

目前，我国高校教育还是以专业教育为主，在校大学生很难得到全面、系统的创新创业教育，导致大学生的综合创新创业能力偏弱。即使在需要和创新创业教育全面融合的专业教育领域，尤其是以学术成果、专利成果等体现的创新创业成果也有待提升。目前的创新创业氛围越来越浓厚，很多高校都非常重视各类学科竞赛及创新创业类竞赛，但在这些比赛中，也存在着很多问题。比如，没有对实际商业运作的切身感受，与市场接触较少而导致计划书大都偏离实践；很多创业项目技术水平不高、市场前景不明、产品定位模糊，计划书远离实际；获奖项目真正转化为现实生产力的极少；等等。近年来，各类比赛的主办方也逐渐意识到这个问题，在比赛中更倾向于项目落实和执行。然而，还是有很多高校学生拿着教师的项目参赛，这其中不乏很多重点高校，即使获得了奖项，教师的科研成果也有机会得到孵化，但是这样我们可能偏离了创新创业教育的根本目的，我们更应该思考的是如何提升大学生的创新创业素质，这才是未来的希望所在。

3）创新创业教育定位不明确

从国内提出创新创业教育至今，高校普遍对于创新创业教育的落实并没有很全面，并没有真正认识到怎样才能将创新创业教育融入人才培养全过程。创新创业教育的目的更应该是以培养学生创新思维、创业意识、创新创业精神、创新创业能力为目标，全面系统地开展创新创业教育、创业培训、创业实践，在全面提升多数在校学生综合素质能力的同时，着力培养具有企业家精神与创业能力的创新创业领军人才和优秀创新创业团队，而不仅仅是只培养少数一些精英。

4）创新创业教育体系相关要素互动机制还有待加强

创新创业教育不是高校自己的事情，其需要政府、企业、高校、学生等方面的资源积极协调，进行系统的设计实施，最终构建政府指导、高校主体、企业参与的联合培养机制。在目前高校创新创业教育生态体系的各相关功能机制关系中，各方之间的互动还需要进一步加强。高校创新创业教育体系相关功能机制互动模型，如图 1-2 所示。

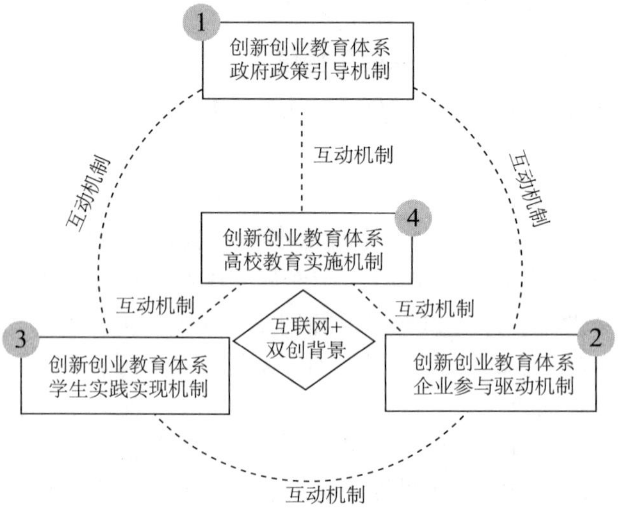

图 1-2　创新创业教育体系功能机制互动模型图

5）创新创业教育具体实施措施还需加强

创新创业教育的具体实施措施需要依托课程、活动、讲座、竞赛、项目、专题、实践等多个方面的系统融合。从课程角度说，有些学校最多开设一两门创新创业教育课程，有的学校甚至将以前的已有的职业规划类课程改个类别名称，没有形成较为完善的课程体系。从教材的角度来说，创新创业教材有很多，但是缺乏具有系统性的教材。其他活动、讲座、竞赛、项目、专题、实践等还没有形成比较系统的体系，有些高校只是孤立地进行其中的一些类别，并没有将它们有机地结合起来。有些传统高校还在将一些已有的专业教育成果包装成创新创业教育成果，鼓励大学生参加创新创业竞赛活动等。还有些高校没有形成一套系统的创新创业人才培养模式，其现有培养模式是松散的、非系统的，并不适合推广。

6）创新创业教育师资力量薄弱

随着创新创业教育成为通识类教育，创新创业教育对师资的数量要求和质量要求都在逐渐提高。然而，很多高校师资数量不足，质量也参差不齐。高素质的创新创业教师团队是培养创新创业学生的核心关键，而国内很多高校缺乏双师型教师，师资质量薄弱，更缺乏一些创新创业教育研究人员，没有核心的研究机构专门进行相关研究。

1.3.2 高校如何建立健全创新创业教育生态体系

1. 明确创新创业教育教学目标，深化创新创业教育改革的组织与领导

高校在进行创新创业教育的过程中，对教育教学目标的理解程度至关重要，我们应该明确高校创新创业教育是以培养学生创新思维、创业意识、创新创业精神、创新创业能力为目标，而不是过于强调实体创业，忽视面向全体学生的创新创业教育。当然深化高校创新创业教育改革也离不开强有力的组织与领导。目前我国很多高校对创新创业工作的具体分工负责并不明确。同时，由于传统高校的管理因素，协调起来也有一定的困难。有的高校创新创业教育和招生就业一起管理，有的高校成立专门的创业学院，有的高校学生工作者也在承担部分创新创业的职能，有的高校教务部门也承担着一定的创新创业教育职责。高校要想使创新创业教育有序推进，应将职责理顺，体系化建设必不可少，强有力的组织和领导也必不可少。

2. 更新教育理念，把创新创业教育融入人才培养全过程

创新创业教育与学科专业教育、学生素质教育、学生就业指导有着密不可分的内在联系，因此高校创新创业教育应该科学把握他们之间的关联，要以促进学生全面发展为目标，以培养学生创新精神和创业意识为核心，以创新创业项目、专题和活动为载体，树立以创新创业能力提高为关键的创新创业教育新理念。切实把创新创业教育贯穿于人才培养的全过程，注重顶层设计，注重面向全体学生，注重项目带动，注重通过深化课程体系和教学内容改革推动创新创业教育的健康发展。

3. 全方位开展创新创业教育课程体系建设

创新创业课程体系建设不能仅仅依靠简单开设几门创新创业课程就可以，需要真正理解全面培养学生创新思维、创新意识、创新创业精神、创新创业能力到底需要哪些课程的支撑。需要普适性课程、专业性课程、运营型课程，以及活动、项目、竞赛、专题、实践、孵化等多方面进行融合设计，有针对性地全方位提升学生的综合素质能力。成都东软学院据此设计了较为完善的创新创业课程体系，图1-3为创新创业课程实施路径图。

4. 改进教师传统的教学理念，树立培养创业创新型人才的观念

在进行创新创业教育的过程中，教师有着重要的作用，在高校的创新创业教育过程中，教师的教育理念转变至关重要。首先让教师树立正确的创新创业教育观，不能仅仅是单独的知识传授，更应该以提高学生综合素质能力为主要目的。教师应该积极地进行创新创业教育研究工作，积极地探索符合创新创业教育实际的人才培养理念，以及合适的教学方法和工具。高校教师应不断地通过各种渠道和方式完善自身的知识、技能、心

态、行为等，随时更新自己的思维和提高教学水平，做到理论联系实际。

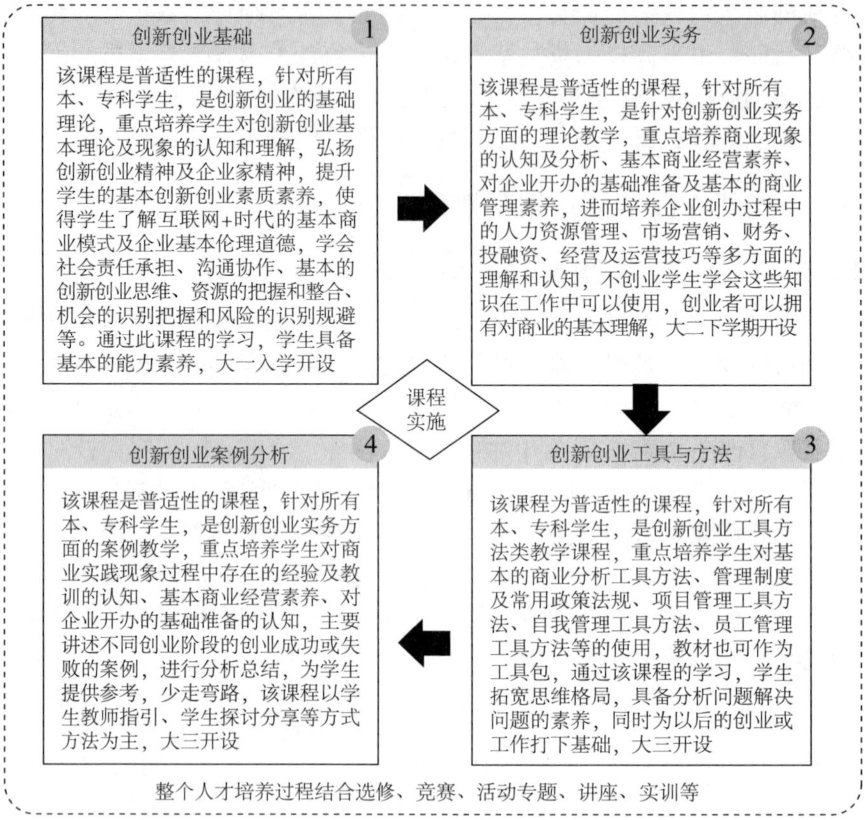

图 1-3　创新创业课程实施路径图

5. 建立产、学、研相结合的创新创业实训实践基地，建设与产业同步的实践环境和教育资源

很多高校都在创新创业教育中尝试校企合作，建立各类创新创业实践基地，让大学生充分参与社会实践活动。产教融合是将学生专业知识运用到具体的现实中的重要途径，有助于拓展学生的综合能力素质，有助于增强大学生社会责任感，形成良好的思想品德和道德修养，提高运用知识和技能解决问题的创新意识，树立团结协作共同奋斗的团队合作意识。因此，高校、企业、政府、学生应该形成一种良性的互动机制，共同为大学生的创业教育提供良好的实践环境。高校应打破传统的课堂授课模式，采用灵活的方式，积极鼓励学生到企业去实践，去参与管理经营，形成一个长期贯穿于整个大学的实训实践过程；社会企业也应该积极地与高校合作，建立长期的实习基地和创新基地；政府也应该通过政策扶持，鼓励企业与高校的产教融合。

6. 通过多种形式的教育方式配合基础创新创业课程教育，全面加强和繁荣校园创新创业文化建设

高校应该把创新创业文化建设作为大学文化建设的重要内容，通过搭建大学生创新创业教育的校内文化平台，大力营造创新创业氛围，有重点、分层次地举办高校的创新

创业教育交流周、创新创业教育展示交流会、企业家讲坛、主题论坛、创业政策进校园等活动，加大创新创业价值宣传力度，发掘树立创新创业的先进典型。此外，许多创新创业的活动、项目、竞赛、专题、实践、孵化等也是繁荣校园创新创业氛围的重要手段，同时也是创新创业教育课程的重要补充。

拓展阅读

一、锯子的发明

相传有一年，鲁班接受了一项建筑一座巨大宫殿的任务。这座宫殿需要很多木料，他和徒弟们只好上山用斧头砍木，当时还没有锯子，效率非常低。一次上山的时候，由于他不小心，无意中抓了一把山上长的一种野草，却一下子将手划破了。鲁班很奇怪，一根小草为什么这样锋利？于是他摘下了一片叶子来细心观察，发现叶子两边长着许多小细齿，用手轻轻一摸，这些小细齿非常锋利。他明白了，他的手就是被这些小细齿划破的。后来，鲁班又看到一条大蝗虫在一株草上啃吃叶子，两颗大板牙非常锋利，一开一合，很快就吃下一大片。这同样引起了鲁班的好奇心，他抓住一只蝗虫，仔细观察蝗虫牙齿的结构，发现蝗虫的两颗大板牙上同样排列着许多小细齿，蝗虫正是靠这些小细齿来咬断草叶的。这两件事给了鲁班很大启发。于是他就用大毛竹做成一条带有许多小锯齿的竹片，然后到小树上去做试验，结果果然不错，几下子就把树干划出一道深沟，鲁班非常高兴。但是由于竹片比较软，强度比较差，不能长久使用，拉了一会儿，小锯齿就有的断了，有的变钝了，需要更换竹片。鲁班想到了铁片，便请铁匠帮助制作带有小锯齿的铁片。鲁班和徒弟各拉一端，在一棵树上拉了起来，只见他俩一来一往，不一会儿就把树锯断了，又快又省力，锯就这样发明了。

在鲁班之前，肯定会有不少人碰到手被野草划破的类似情况，为什么单单只有鲁班从中受到启发，发明了锯，这无疑值得我们思考。大多数人只是认为这是一件生活小事，不值得大惊小怪，他们往往在治好伤口以后就把这件事忘掉了。而鲁班却有比较强烈的好奇心和正确的想法，很注意对生活当中一些微小事件的观察、思考和钻研，从中找到解决问题的方法和思路，甚至获得某些创造性发明。这告诉我们一个道理，留意生活中许多不起眼的小事，勤于思考，会增长许多智慧。锯发明以后，鲁班又发明了许多木工工具，古书对此有很多记载。

思考：

1. 本文中的创新属于哪一种类别的创新？
2. 创新来源于哪里？
3. 创新有固定的领域吗？
4. 创新给社会带来哪些作用？

二、赵武灵王胡服骑射

赵武灵王向北进攻中山国，大兵经房子，抵达代地，再向北直至数千里的大漠，向西攻到黄河，登上黄华山顶，与国相肥义商议让百姓穿短衣胡服，学骑马与射箭。他说："愚蠢的人会嘲笑我，但聪明的人会明白的。即使天下的人都嘲笑我，我也这么做，一定能把北方胡人的领地和中山国都夺过来！"于是改穿胡服。

国人都不愿穿胡服，其中，公子成称有病，不来上朝。赵王派人前去说服他："家事听从父母，国政服从国君，现在我要人民改穿胡服，而叔父您不穿，我担心天下人会议论我徇私情。治理国家有一定章法，要以有利人民为根本；处理政事要有一定原则，要以施行政令为重。宣传道德要先让百姓议论明白，而推行法令必须从贵族近臣做起。所以我希望能借助叔父您的榜样来完成改穿胡服的功业。"公子两拜谢罪道："我听说，中原地区在圣贤之人教化下，采用礼乐仪制，是远方国家前来游观，让周边地区学习效法的地方。现在君王您舍此不顾，去仿效外族的服装，是擅改古代习惯、违背人心的举动，我希望您慎重考虑。"使者回报赵王。赵王便亲自登门解释说："我国东面有齐国、中山国；北面有燕国、东胡；西面是楼烦，与秦、韩两国接壤。如今没有骑马射箭的训练，凭什么能守得住呢？先前中山国依仗齐国的强兵，侵犯我们领土，掠夺人民，又引水围灌鄗城，如果不是老天保佑，鄗城几乎就失守了。此事先王深以为耻。所以我决心改穿胡服，学习骑射，想以此抵御四面的灾难，一报中山国之仇。而叔父您一味依循中原旧俗。厌恶改变服装，忘记了鄗城的奇耻大辱，我对您深感失望啊！"公子成幡然醒悟，欣然从命，赵武灵王亲自赐给他胡服，第二天他便穿戴入朝。于是，赵武灵王正式下达改穿胡服的法令，提倡学习骑马射箭。最后，赵国成了强大的国家。

思考：

1. 赵武灵王的行为属于一种什么样的创新？
2. 创新为什么会遇到阻力？
3. 从中你能看到创新具有什么样的社会意义？

本章要点

1. 创新的功能
2. 创新的原则
3. 创新的领域及表现
4. 创业的社会功能及特征
5. 理解创新与创业的关系
6. 世界创新创业的发展现状和趋势
7. 我国创新创业教育开展状况
8. 高校如何建立健全创新创业教育生态体系

思考题

1. 什么是创新？创新有哪些原则？
2. 创新对社会发展有哪些作用？

3. 创新有哪些原则？
4. 什么是创业？广义的创业和狭义的创业有何区别？
5. 创新和创业之间的关系是怎样的？
6. 创业对社会发展有哪些作用？
7. 高校应如何建立创新创业生态体系？

第 2 章　创新创业精神

学习目标

1. 了解创新精神的内涵及其内容。
2. 理解创新精神的重要功能作用。
3. 掌握创新精神的培养途径。
4. 了解创业精神的内涵、基本特征。
5. 掌握创业精神的培养途径。
6. 理解企业家精神的基本内容。
7. 培养创业过程中应坚持企业伦理的精神。

导入案例

浙商新内涵

我们将当代浙商精神统括为：意志坚定、求真务实、知行合一的科学精神；诚实经营、讲求信誉的伦理精神；创业创新、百折不挠的奋斗精神和灵活变通、四海为家的包容精神。即浙商精神的新内涵是："守志笃行，诚信为怀；开天掘地，有容乃大"。

"守志笃行"着重于强调意志坚定、求真务实、知行合一的科学精神。"守志笃行"包含三层含义：其一，敢为人先，意志坚定；其二，踏实严谨，知行合一；其三，勇于求真，乐于务实。

"诚信为怀"强调的是浙商诚实经营、讲求信誉的伦理精神。"诚信为怀"包含三层含义：其一，信守内心之真。即使在闲居独处时，自己的行为仍能谨慎不苟且。其二，信守承诺。人无信则不立，认真对待自己的承诺，不失信于人。其三，待人以诚。修学不以诚，则学杂；为事不以诚，则事败；自谋不以诚，则是欺其心而自弃其忠；与人不以诚，则是丧其德而增人之怨。

"开天掘地"形象地概括出浙商创业创新、百折不挠的奋斗精神。"开天掘地"的含义之一是开拓进取、积极探索的无畏精神，一种善于把握机会、想方设法争取资源的行动方式。其含义之二是创业创新。创新是指创造在实质上不同于现有形式的新思想、新行为或新事物，它涉及经济社会生活各个领域的创造性活动，包括理论创新、制度创新、体制创新、机制创新、产业创新、科技创新、文化创新、管理创新及其他各方面的创新。其含义之三是百折不挠。总之，"开天掘地"蕴含了当代浙商不畏艰险、愈挫愈奋的大无畏精神，在意境上生动体现出当代浙商坚定和坚毅地为中国特色社会主义建设做贡献的精神。

“有容乃大”涵盖了浙商灵活变通、四海为家的包容精神。“有容乃大”其意有二：其一，虚怀若谷，“受益唯谦，有容乃大”；其二，包容兼蓄，“海纳百川，有容乃大”。两者的最终落脚点在于立德，这是古代贤哲毕生追求的目标，在中国人的文化心理当中是一个十分重要的文化符号。

总之，“守志笃行，诚信为怀；开天掘地，有容乃大”凝练出浙江商人的内在修为，侧重于个体的内在心理与外在行为的至纯至真，至诚至信。并以浙商群体为主要对象，意境高远地概括出了浙江商人的动态面貌，是对浙商在事业开创和开拓守业期所呈现出的精神面貌的生动写照，侧重于浙商的互动交往和社会属性。

讨论：

1. 从本案例看，你认为什么是创新精神？
2. 从本案例看，你认为创业应该具备什么样的精神？
3. 你认为企业家必须具备什么精神？

创新关系到一个国家的发展前途和命运，世界各国在各个领域的创新竞争日益激烈，创业也成了这个时代的号角。然而，创新创业的根源在于一个国家和民族需要有大量的具有创新与创业精神的人，他们才是这个社会生产力发展的主要动力。

2.1 创新精神

名人名言

创新是企业的灵魂，是企业持续发展的保证！

——海尔集团

在我看来有三种人，生意人：创造钱；商人：有所为，有所不为；企业家：为社会承担责任。企业家应该为社会创造环境。企业家必须要有创新的精神。

——马云

2.1.1 创新精神的定义

创新精神是指人们创新活动过程中应该具备的能够综合运用已有的知识、信息、技能和方法，提出新方法、新观点的思维能力和进行发明创造、改革、革新的意志、信心、勇气和智慧。创新精神属于科学精神和科学思想范畴，是进行创新活动必须具备的一些心理特征，包括创新意识、创新兴趣、创新胆量、创新决心，以及相关的思维活动。

1. 创新精神的内容

创新精神的内容非常多，一般普遍认为其主要内容有开拓精神、开放精神、科学精神和学习精神等。

（1）开拓精神是一种追求卓越、争先创优的开拓进取精神。这种精神是团队懒惰的克星，充分遏制团队随遇而安的悠闲心态和不思进取的苟且作风。有进取心才有创新欲，有开拓力才有创新力。创新属于永不停滞、自强不息、开拓未来的团队和个人。

（2）开放精神是一种面向世界、放眼天下的开放包容精神。狭隘的心胸无法成就事业，格局越大视野越开阔。具有开放精神的人从不局限于封闭狭隘的自我中，从不坐井观天。具有开放精神的人往往具有博大的胸怀、开阔的视野、高远的境界，他们能够站在世界的、时代的、行业的顶端，收获的不仅是满眼新鲜的向往，更主要的是扩展出包容通达的、接纳追赶的创新动力和方向。

（3）科学精神是一种实事求是、严谨缜密的遵循科学规律的思维精神。科学精神要求我们不能急功近利，急于求成，必须尊重规律，求真务实。尊重科学，就要在实施创新中尊重实际、尊重规律。俗话说，实践是检验真理的唯一标准，因此，创新必须从客观实际出发，坚决规避好高骛远甚至故弄玄虚。创新的结果应该是提高效率与效果，而不是出于猎奇、新奇、图名，因此科学精神要求我们充分遵循科学规律，绝不可盲目冒进、盲干蛮干。

（4）学习精神是一种广闻博学的、深钻细研的、虚心好学的求知精神。创新的基础是知识、技能、信息等，因此个人或团队首先必须是学习型、知识型的个人或团队。不学无术、自以为是的创新只是一种标新立异，并不是真正意义上的创新。“学而时习之，不亦说乎”“温故而知新”都告诉我们学习需要不断地进行，并且在扎实稳固的基础之上进行创新，所以我们一定要养成终身学习、反复学习的良好学习习惯。

2. 创新精神辩证观

创新精神是一个国家和民族发展的不竭动力，也是一个现代人应该具备的素质。创新精神属于科学精神和科学思想范畴，是进行创新活动必须具备的一些心理特征，包括创新意识、创新兴趣、创新胆量、创新决心，以及相关的思维活动。

创新精神需要我们勇于抛弃旧思想旧事物、创立新思想新事物。创新精神要求我们不满足已知，不断追求新知；创新精神要求我们不满足现有的生活生产方式、方法、工具、材料、物品，而是根据实际需要不断进行改革和革新；创新精神要求我们不墨守成规，敢于打破固有定式，不断探索新规律、新方法；创新精神要求我们不教条、不迷信权威，独立思考，敢于质疑；创新精神要求我们不盲从、不唯书、不唯上，有主见；创新精神要求我们追求新颖独特、追求卓越；创新精神要求我们灵活主动、精于应用。

创新精神是科学精神的一个方面，二者并不矛盾。例如，创新精神以敢于摒弃旧事物旧思想、创立新事物新思想为特征，同时创新精神又要以遵循客观规律为前提，只有当创新精神符合客观需要和客观规律时，才能顺利地转化为创新成果，成为促进自然和社会发展的动力；创新精神提倡新颖、独特，同时又要受到一定的道德观、价值观、审美观的制约；创新精神提倡独立思考、不人云亦云，并不是不倾听别人的意见、孤芳自赏、固执己见、狂妄自大，而是要团结合作、相互交流，这是当代创新活动不可缺少的方式；创新精神提倡胆大、不怕犯错误，并不是鼓励犯错误，只是出现错误认知是科学探究过程中不可避免的；创新精神提倡不迷信书本、权威，并不反对学习前人经验，任何创新都是在前人成就的基础上进行的；创新精神提倡大胆质疑，而质疑要有事实和思考的根据，并不是盲目地怀疑一切。总之，要用科学、全面、辩证的观点对待创新精神。

3. 企业文化与创新精神

一个企业的发展，其企业文化也应该与时俱进、崇尚创新，创新精神应该成为企业文化的最核心的内涵之一。变革、发展、创新已经成为当今诸多知名企业的核心企业价值观，对很多初创企业来说就更需要深刻的理解并融入这种价值观，才能在激烈的市场竞争中持续地发展。创新应该成为企业发展不竭的动力源泉，企业需要营造鼓励创新的企业文化氛围，将创新精神融入企业发展的血液，最终形成企业的核心竞争力，形成企业积极向上的氛围。

企业文化的核心是其价值观念，它决定着企业的制度执行，决定着员工的思维方式和行为方式。具有创新精神的企业文化能够激发员工的士气，充分发掘员工潜能。一个具有创新精神的企业文化氛围形成后，它所带来的是积极向上的进取精神、积极合作的团队协作精神，企业将充满活力、动力。企业的创新和发展将拥有源源不断的精神动力。因此，企业文化建设要与企业的创新有机结合起来。我们可以看到，创新一旦成为一个企业的文化核心之一，将会为企业的长盛不衰打下坚实的基础。很多世界知名的百年企业发展至今，原因就在于其创新精神经久不衰，而且作为企业文化像基因一样植入企业的细胞。而一旦在企业发展的过程中失去了创新和创新精神，对企业的发展将会是致命的，诺基亚、柯达的衰败就是很好的例子。

2.1.2　创新精神的功能作用

我们常说，创新是一个民族进步的灵魂，是一个国家兴旺发达的不竭动力。因此，我们认为，提高民族创新意识，增强民族创新能力，关系到中华民族和整个社会主义事业的兴衰成败。科学技术是第一生产力。因此，科技创新能力越来越成为综合国力竞争的决定性因素。我们可以推断，科学的本质就是创新。没有创新，总是步人后尘，经济上会永远受制于人，更不可能缩短差距。所以，整个人类历史就是一个不断创新、不断进步的过程。没有创新就没有人类的进步和未来。创业精神具有重要的功能作用，主要表现在以下几个方面。

（1）人类社会的发展史既是一部人类艰苦奋斗的创业史，也是一部创新精神的展现历史。我们可以看到人类社会的一切文明成果，无一不是艰苦创业精神的结晶。艰苦创业精神不是某个时代所特有的精神，而是与人类社会发展同在的。人类在改造自然与社会的过程中，使艰苦奋斗的创业精神逐渐积淀为一种崇高的美德，成为后人继往开来、创造更加辉煌灿烂的物质文明、政治文明、精神文明和生态文明的巨大动力。

（2）创新精神是人们成就事业必不可少的精神动力和崇高美德。不管是个人、组织还是国家，具有了创新精神就具有了前进的动力。在现阶段，我国正处于全面建成小康社会的关键阶段，更需要我们大力倡导和弘扬开拓创新精神。

（3）培养创新精神是知识经济时代发展的本质需要。知识经济是人类社会继农业经济、工业经济之后又一种崭新的经济形态。知识经济的基本特征，就是知识不断创新，高新技术迅速产业化。创新是知识经济时代的一个显著标志，它实现了从有形资产向无形资产的转变，从重视引进、模仿能力向强调创新能力转变。知识经济形态的重点就是创新。为了使学生适应现代社会的需要，必须注重学生创造力的发展，培养学生的创新精神。

（4）培养创新精神是推动一个国家社会生产力发展的需要，也是社会发展的需要。创造性劳动是社会进步的决定性力量，创造性劳动是社会经济增长的动力。当今世界各国都在争先抢占科技、产业和经济的制高点，都在提升国民创造力，大量的培养创造性人才。 当今世界经济竞争实际上是科学技术的竞争，就是创造力的竞争。社会需要创造性人才，必须培养学生的创造思维、创造意识和创造精神。

2.1.3 创新精神的培养

创新精神的培养对一个人、一个组织和一个国家的成长发展都至关重要，那么对于当代大学生来说，如何培养创新精神呢？当代大学生应该从以下几个方面来提升自己。

（1）培养强烈的好奇心和求知欲。据说，牛顿少年时期就有很强的好奇心，他在观察夜晚星星和月亮时就在思考星星和月亮为什么挂在天上？星星和月亮都在天空运转着，它们为什么不相撞呢？这些疑问激发着他的探索欲望。后来，他经过专心研究，终于发现了万有引力定律。能提出问题，说明在思考问题。好奇心包含着强烈的求知欲和追根究底的探索精神，谁想在创新创业中获取成功，就必须要有强烈的好奇心。

（2）培养科学求证的精神，不迷信权威。不是被人验证过的事情就一定是真理。科学的发展需要对旧的知识、观念进行辩证地分析，取其精华、弃其糟粕，需要我们能够有质疑权威的精神，当然，这种质疑不是无根据的质疑，需要我们科学的求证。怀疑是发自内在的创造潜能，它激发人们去钻研，去探索。对待我们所学习或研究的事物应做到：不要迷信任何权威，应大胆地怀疑。这是我们创新的出发点。

（3）激发追求创新的欲望。追求创新的欲望会引发创新的动机，最终导致创新行为的实施。如果没有强烈的追求创新的欲望，可能我们的成果只是模仿和借鉴，只能在别人既定的圈子里周旋。有了追求创新的欲望，我们接下来就需要坚持不懈地努力，勇于面对困难。成功学有一句话说的是“凡事至少有三种以上的解决办法”，现实生活中，只要我们执着地去思考、去做，办法总比困难多。我国著名学者周海中在探究梅森素数分布时就遇到了不少困难，失败过多次，但他并不气馁。凭着追求创新的欲望和坚持不懈的努力，他终于找到了这一难题的突破口。1992 年他归纳出了梅森素数分布的精确表达式。目前这项重要成果在国际上被命名为“周氏猜测”。

（4）树立凡事皆可求异的观念。我们的生活中有很多人太过于在意别人的看法，往往忘记了自己内心的主见，人云亦云，这种生活和做事态度只会让我们丧失自我。要知道，创新不是简单的模仿，需要我们认真的独立思考，有自己的理解和见地。因此，我们要树立凡事皆可有求异的观念，积极地思考，以积极的创新精神状态来追求创新成果。求异也要求我们换个角度思考，从多个角度思考，并将结果进行比较。求异者往往要比常人看问题更深刻、更全面。

（5）培养执着的冒险精神。创造实质上是有风险的，没有冒险精神的人在困难或者可能造成的后果面前选择退缩。当然，冒险不是那些危及生命和健康安全的冒险，而是一种合理性冒险，一种不怕困难和追求成功的精神，一种对创新成果的执着。

（6）培养谦虚学习、永不自满的精神。一个有很多创造性思想的人如果就此停止，害怕去想另一种可能比这种思想更好的思想，或已习惯了一种成功的思想而不能产生新思想，这个人就会变得自满，停止创造。如果把我们已知的事物用一个圈内的部分来表示的话，圈外的事物就是我们未知的事物，当我们学习得越多，知道得越多，接触的未知事物就越多，我们就越敬畏知识、敬畏科学、敬畏创新。因此，我们就会谦虚学习，永不自满，只有这样才能有不断学习新知识、新技能的动力。

2.2　创 业 精 神

2.2.1　创业精神的内涵及相关观点发展

1. 创业精神内涵

创业精神是指在创业者的主观世界中，那些具有开创性的思想、观念、个性、意志、作风和品质等。创业精神有三个层面的内涵：①哲学层面的创业思想和创业观念，是人们对于创业的理性认识；②心理学层面的创业个性和创业意志，是人们创业的心理基础；③行为学层面的创业作风和创业品质，是人们创业的行为模式。

新时期创业精神的主要内容是，创新力、执行力、必胜的信念、注重价值创造和甘冒风险的精神。创业永远是一个动态的、学习的过程，梦想和创造、创新的精神是创业精神的第一源泉，创业者应该是在创新路上狂奔的人。执行力是贯彻战略意图，完成预定目标的操作能力，是把企业战略、规划转化成为效益、成果的关键。对个人而言执行力就是办事能力；对团队而言执行力就是战斗力；对企业而言执行力就是经营能力和竞争力。创业失败者中那些能够东山再起的，失败后每天支撑自己向前的正是抱着一种必胜的精神，这种精神就是相信自己，相信自己仍然能转败为胜，创造更大的商业传奇。几乎所有的创业家都坚信，他们的事业对全人类有着重要的意义，他们能为消费者、员工和他们自己创造价值。敢于走别人没有走过的路，敢于尝试，敢冒风险是开启创业成功大门的钥匙。敢冒风险是理智基础上的大胆决断，是自信前提下的果敢超越，是新目标面前的不懈追求。

2. 创业精神相关观点发展

20 世纪的经济学家约瑟夫·熊彼特专门研究了创业者创新和求进步的积极性所导致的动荡和变化。熊彼特将创业精神看作是一股“创造性的破坏”力量。创业者采用的“新组合”使旧产业遭到淘汰。原有的经营方式被新的、更好的方式所摧毁。现代管理学之父彼得·德鲁克，称创业者是主动寻求变化、对变化做出反应并将变化视为机会的人。今天的大多数经济学家都认为，创业精神是在各类社会中刺激经济增长和创造就业机会的一个必要因素。在发展中国家，成功的小企业是创造就业机会、增加收入和减少贫困的主要动力。因此，政府对创业的支持是促进经济发展的一项极为重要的策略。2003 年经济合作与发展组织商务产业咨询委员会（Business and Industry Advisory Committee to the Organization for Economic Cooperation and Development）指出：“培育创业精神的政策是创造就业机会和促进经济增长的关键。”

创业精神在中国也是有其发展过程的。中国近代的工商业资本主义是从清朝末年的洋务运动开始的，创业精神也是从这一时期才有了萌芽。在中国，具有创业精神的第一人是清末状元张謇（1853—1926）。张謇在中日甲午战争失败后，政治革新又无望，遂投身兴办实业和教育。他一生创办了 20 多个企业，370 多所学校，而且他提倡工农业协调发展，致力于兴修水利、开垦农田、发展交通运输等，他创造性地开展南通的城市建设，且成果丰硕。他一生抓住各种可能的机遇，克服重重困难，不怕失败，兢兢业业。张謇的创业精神是同实业救国思想紧紧联系在一起的。

辛亥革命以后，恰逢第一次世界大战帝国主义强加给殖民地、半殖民地国家的枷锁有所松动，这些国家的民族经济有了发展的空隙，中国的企业家也就有了成长的机会。范旭东（1883—1945）是其典型代表人物之一。范旭东早年留学日本 12 年，爱国情深，铭耻奋志，抱着科学救国、实业救国的理想回国创业。但是，在旧中国，在半殖民地半封建社会的经济条件下，又饱受官僚资本的压迫，“范旭东式”的创业精神不但太少，而且还常常夭折。

中华人民共和国建立后，逐步走上了高度集中的计划经济的发展轨道，隐藏在民间的创业精神就被压抑了。直到改革开放以后，创业精神才有了滋生的土壤。20 世纪 80 年代到 90 年代初，是我国改革的初期。这一时期的改革是让基层单位扩大自主权，并以承包制等形式给企业一定的生产经营权，发挥主动创造精神来推进改革发展，而且主要是增量改革，资产存量并没有受到多少触动。这时的企业改革者不可能成为完全意义的企业家，其创业精神必然具有那个历史阶段的特征。

这其中很突出的是苏南乡镇企业，他们利用国家尚处于短缺经济时期的机遇，表现出“千辛万苦、千山万水、千言万语、千方万计”发展企业的精神。苏南历史上有发达的农耕与蚕桑、通达的水陆交通、精巧的手工与兴旺的商贸，以及繁华的市镇。在这基础上孕育出了善务实业、善交朋友的吴文化底蕴。所以，苏南这种“四千四万”的创业精神，实际上还是植根于发达的农业社会的。随着城市社会的来临，苏南人也必须与时俱进地培育新的创业精神。当然，改革初期整个社会也涌现出了一批具有创业精神的风云人物，如步鑫生、马胜利、陈清泰、周冠五、褚时健等。这些人的前景各异，有的升官、有的坐牢、有的黯然离场等。他们的创业精神也打上了那个历史阶段的烙印。

随着中国经济体制改革的不断深入，经过多年市场经济的发展，中国的创业精神氛围越来越浓厚。近年来，民营经济蓬勃发展，整个社会大力倡导创业精神，我国初步形成了一支具有强烈创业精神的企业家队伍，企业家逐渐被社会认可并接受，直到如今在社会中仍占据着举足轻重的地位。创业精神，已经成为这个时代的主旋律之一，完全渗透在经济活动的各个方面，汇聚成一股巨大的推动经济社会发展的精神文化动力。

2.2.2　创业精神的特征及其本质

1. 创业精神的特征

创业精神从总体上来说是以人的内心世界态度为基础，以创业内容为对象，以人的创业过程中的行为为外在表现，具有高度的综合性、整体性、先进性及鲜明的时代特征。

创业精神是由多种精神特质综合作用而成的。例如，创新精神、拼搏精神、进取精神、合作精神等都是形成创业精神的特质精神，虽然在不同的时代也许会有不同的内容出现，但是这些被人们普遍接受的特质精神是永远不会变化的。可见，创业精神具有高度的综合性。

无论是创业精神的产生、形成和内化，还是创业精神的外显、展现和外化，都是由哲学层面的创业思想和创业观念，心理学层面的创业个性和创业意志，行为学层面的创业作风和创业品质三个层面所构成的整体，缺少其中任何一个层面，都无法构成创业精神。因此，创业精神具有整体性特征。

创业精神作用于创业内容，最终会带来创业成果，它可以体现为在岗位上的杰出成就，甚至开创前无古人的事业。因此，创业精神本身必然具有超越历史的先进性，想前人之不敢想、做前人之不敢做。

不同时代的人们面对着不同的物质生活和精神生活条件，创业精神的物质基础和精神营养也就各不相同，创业精神的具体内涵也就不同。创业精神对创业实践有重要意义，它是创业理想产生的原动力，是创业成功的重要保证。

2. 创业精神的本质

创业精神类似于一种能够持续创新成长的生命力，一般可分为个体的创业精神及组织的创业精神。所谓个体的创业精神，指的是以个人力量，在个人愿景引导下，从事创新活动，进而创造一个新企业；而组织的创业精神则指在一个已存在的组织内部，以群体力量追求共同愿景，从事组织创新活动，进而形成组织的新面貌。

狭义创业是创业者依自己的想法及努力工作来开创一个新企业，包括新公司的成立、组织中新单位的成立，以及提供新产品或新服务，以实现创业者的理想。创业者本身是一种无中生有的历程，只要创业者具备求新、求变、求发展的心态，以创造新价值的方式为新企业创造利润，那么我们就能说这一过程充满了创业精神。

创业精神所关注的在于是否创造新的价值，而不在于设立新公司，因此创业管理的关键在于创业过程能否将新事物带入现存的市场活动中，包括新产品或服务、新的管理制度、新的流程等。创业精神的意义是一种追求机会的行为，这些机会并不存在于目前资源应用的范围，但未来有可能创造资源应用的新价值。因此，我们可以说，创业精神即是促成新企业形成、发展和成长的原动力。

综合以上各种说法，我们认为创业精神包括两方面的含义：第一方面是精神层面，创业精神代表一种以创新为基础的做事与思考方式；第二方面是实质层面，创业精神代表一种发掘机会，组织资源建立新公司，进而提供市场新的价值的过程。

2.2.3 创业精神的内容要素及理解误区

1. 创业者应具备五种精神要素

在创业者的创业历程中，精神要素占据着重要的地位，而对不同的创业者来说，他们具备的精神要素众多，但有些精神要素是他们共同拥有的，这些精神要素非常值得我们借鉴和学习。

1）激情

激情，是一种强烈的情感表现形式。从心理学角度来说，往往发生在强烈刺激或突如其来的变化之后，其具有迅猛、激烈、难以抑制等特点。人在激情的支配下，常能调动身心的巨大潜力。对创业者来说，持续不断的激情是创业成功的重要精神要素之一，对创业成功的不懈追求是成功的动力。具有激情的创业者，他们的激情和活力将会对团队造成良性的影响，他们也会造就一支富有激情的团队，这样的团队在市场竞争中能够积极应对各种问题，为取得成功奠定良好的精神基础。

2）积极性

积极性又称积极主动性，从来源上讲，它是指个体意愿与整体长远目标任务相统一的动机。积极主动性是士气的表现，士气是积极主动性的实质。个人或团队富有积极性，无论遇到什么困难都能够从正面进行积极思考，充满正能量，这样遇到问题反而更容易解决。亚马逊创始人杰夫·贝索斯就是一个富有积极性的人，他以“每个挑战都是一次机会”为座右铭。

3）雄心壮志

雄心壮志，意思是远大的理想和抱负。我们常说，你的视野在哪里，你的人生归宿就在哪里。从中我们可以看到，一个人的格局将决定你将来的路能够走多远。对于大学生创业者来说，具有远大的理想和抱负将会影响企业的最终发展结果。有人说过，飞机之所以能够飞上天，并不是因为飞机有了翅膀，而是因为人类有了梦想。我们的大学生创业者一定要做一个有格局的人，有梦想的人。《孙子兵法》也云:“求其上，得其中；求其中，得其下；求其下，必败。”创业者一定要深思。

4）适应性

对一个创业者来说，他的产品和服务一定要适应市场的需要，适应竞争才能够取得基本的生存条件。只有适应了商场这一战场，才能够有后期的领先或取胜。对于大学生创业者来说，适应性相对较弱大学生的阅历、经验、知识、技能都影响着其适应性。

5）领导力

领导力是指一个领导者在管辖的范围内充分地利用人力和客观条件以最小的成本办成所需的事以提高整个团体的办事效率的能力。好的领导人一定具有很强的个人魅力和感召力，他的魅力影响要大于权力的影响。这种人一般很有道德感，有诚信，勇于承担责任，也可能是个热心人，具有团队协作精神。

2. 对创业精神理解存在的误区

误区一，只有新兴企业或小型企业才需要创业精神。有人认为只有初创企业或者小企业才需要创新精神，其实不然，大企业在发展的过程中更需要创新精神，战战兢兢，才有可能持续发展。当今社会是一个科技巨变的社会，稍不注意，企业就会被以科技创新为主的创新社会抛到后面甚至所淘汰。诺基亚和柯达的衰落就是很好的例子。

误区二，创业者必须具有特别的灵感，或者是英雄式的人物。从实际来说，不是所有人都能成为成功的企业家的。但很多伟大的创新，也未必就是英雄人物的英雄业绩。例如，麦当劳已是闻名世界的大型企业。但是，麦当劳的成功主要还是靠管理观念的先进与管理技术的精湛，其创业过程中并未表现出特别的灵感或者举措。所以，成为创业者不是难事，企业家也不是一个模子刻出来的。

2.2.4　创业精神的培养途径

首先，对于个体创业精神来说，许多人回避创业可能不是因为缺乏必要的技能，而是因为他们自己认为缺乏必要的技能；其次，可以从个性特质等几个因素来评价个体创业潜能，识别优势和劣势，从而更有效地引导和运用资源来提升创业精神；最后，在创业培训方面，不但要培训个体创业技能和能力，也要强化创业者的认知和信念，还要培训创业者运用各种技能减少认知偏差，以增加成功创业的机会。可从以下几个方面来培养创业精神，增强创业信念和认知。

拥有创业精神在创业过程中至关重要，那么对于大学生来说，如何培养创业精神呢?

1）模仿法

有人说“读万卷书不如行万里路，行万里路不如阅人无数，阅人无数不如名师指路，名师指路不如成功人的脚步”。这句话并不完全正确，但是也可以看到成功的榜样能够给我们带来积极的作用。美国斯坦福大学教授推孟在 30 年中追踪研究了 800 人的成长过程。结果发现，他们中成就最大的 20%与成就最小的 20%的最明显的差异就是个性方面的不同。高成就者具有谨慎、自信、不屈不挠、进取、坚持、不自卑等心理特征。这说明个性特征对个体的创业来说是非常重要的，尤其是独立性、坚持性、敢为性、克制性等。所以，人格教育对创业精神与创业能力的培养是相辅相成的，可以采取运用创业案例剖析创业者的人格特征和心理学专题、心理训练，让学生掌握形成良好心理素质与优良人格特征的途径。从世界观和方法论的角度看，创业精神是一种实事求是的精神，创业不是纸上谈兵，需要根据实际情况提出新的思路，需要扎扎实实地付出艰苦的努力，引导学生以实事求是的态度面对学习、工作和生活。其实我们都知道成功是很难复制的，但是成功者的素质是值得我们学习和模仿的。很多成功创业者都有这样一个感受，他们的成功离不开一个或几个特定的人物，在他们的人生奋斗中，会按照这个重要人物的言行要求自己，鞭策自己。创业者从身边的创业成功者身上吸取经验，学习模仿他们的创业精神，以更快地成熟起来。

2）实践法

创业的过程充满了竞争和磨难，培养创业者的创业精神最有效的办法就是让创业者在创业实践中去经历、去磨炼。我们在创业指导的过程中，看到很多学生有非常好的创业想法，但是一说到执行，就出问题了，相对很多有创业想法的学生来说，能够勇于执行的团队少之又少。真正的创业者要具有敢想、敢做、敢闯的创业心理品质，所以想创业的人就应该积极参与竞争。另外，在不利的环境中磨炼意志，也是一种磨炼创业心理品质的方法，即使将来不创业，这些经历也会给自己的职业发展带来莫大的好处。良好创业精神的形成重在实践经验的积累，积极的实践能带来及时的反馈和成就感，也能带来节节成功的喜悦。只有经受创业实践的锻炼，创业目标才会更加明晰，创业信念才会更加强烈，创业精神也才能更加完备。

3）辅导法

参加政府或各类社会机构组织的为创业者提供个性化创业辅导服务的课程。这种服务一般是一对一的，由经验丰富的企业家或职业经理人志愿担任创业者的创业辅导老师，对提高创业成功率起到了非常重要的促进作用。目前国内很多高校都开设了创业课程,也有很多高校成立了创业学院。这些都为大学生创业提供了非常好的辅导途径，但是也存在着一些有待提升的地方，如如何提升师资力量、如何结合实践、如何产教融合等。

2.3　企业家精神

2.3.1　企业家

1. 企业家概述

“企业家”一词是从法语借来的，其原意是指“冒险事业的经营者或组织者”。在现代企业中企业家大体可分为两类，一类是企业所有者企业家，作为所有者他们仍从事企业的经营管理工作；另一类是受雇于企业所有者的职业企业家。目前对“企业家”一词还没有一个权威的、统一的定义。法国早期经济学家萨伊认为，企业家是冒险家，是把土地、劳动、资本这三个生产要素结合在一起进行活动的第四个生产要素，他承担着可能破产的风险。英国经济学家马歇尔认为，企业家是以自己的创新力、洞察力和统帅力，发现和消除市场的不平衡性，创造交易机会和效用，给生产过程提出方向，使生产要素组织化的人。由以上表述也可看出企业家的一些本质特征：冒险，创新。因此，我们不妨将企业家定义为：企业家是对土地、资本、劳动等生产要素进行有效组织和管理、富有冒险和创新精神的高级管理人才。企业家与一般厂长、经理等经营者之不同，主要在于企业家敢于冒险，善于创新。企业家是经济学上的概念，企业家代表一种素质，而不是一种职务。

2. 企业家的基本素质

有一种观点是从一些企业家的显著特征来总结的，将企业家素质分为三个方面，分别是以下几个方面。第一个是有眼光。站得高，才能看得远，要高瞻远瞩，高屋建瓴，未雨绸缪；要有战略眼光，既要把握大势，掌握全局，又要见微知著，明察秋毫。第二个是有胆量。企业家需要冒险，冒险精神是企业家精神的一个重要组成部分，但创业毕竟不是赌博，创业家的冒险，有别于冒进。第三个是有组织能力。要善于动员和组织社会资源，进行并实现生产要素重新组合。

还有一种观点是从企业家应具备的知识、见识、方法、境界及意志力五个方面素养来进行总结的，分为以下五个方面。第一是知识。一个企业家的所作所为只能局限在自己“知识岛”所能掌控的范围内，岛外行为只能属于冒险式的投机。第二是见识。见识源于个人的经历。如果把知识看成是一个岛，见识就是一条线，见识就是走过的路，见过的事。第三是方法。方法即合理的路径。第四是境界。企业家的境界决定了他站在什么高度思考问题。人的境界不一样，做事的心态完全不同。第五是意志力。

2.3.2 企业家精神

1. 企业家精神概念内涵

19 世纪，西方将企业家具有的某些特征归纳为企业家精神，在英文术语使用上，企业家和企业家精神常常互换。长期以来，企业家的概念通常是从商业、管理及个人特征等方面进行定义。进入 20 世纪后，企业家精神的定义就已拓展到了行为学、心理学和社会学分析的领域。而在当今西方发达国家，企业家转到政府或社会组织工作非常普遍，也不断提出和实施用企业家精神来改造政府服务工作和社会管理工作。也有人将企业家精神定义为个人带来的过程，确定新的创业机会，并将其转化为可销售的产品或服务。

我们可以看出，不管哪种看法，企业家精神都应该有以下内涵：一是企业家精神的主体一定是在商业领域有成功经历的人；二是企业家精神的内容一定是一些共同或相似的精神特征；三是企业家精神的表现一定有其科学的行为特质，这种特质可以表现在工作行为、管理行为、日常行为等生活和工作的方方面面。

2. 企业家精神的特征

企业家精神是表明企业家这个特殊群体所具有的共同特征，是他们独特的个人素质、价值取向及思维模式的抽象表达，是对企业家理性和非理性逻辑结构的一种超越、升华。企业家群体独有的、显著的精神特征把企业家和其他群体区别开来，人们常把它看作是成功的企业家个人内在的经营意识、理念、胆魄和魅力。企业家的成功是各种各样的，但是不同企业家的企业家精神却往往有着共同的特征，一般认为，企业家精神有如下特征。

1）创新

熊彼特关于企业家是从事创造性破坏的创新者观点，凸显了企业家精神的实质和特征。一个企业最大的隐患，就是创新精神的消亡。一个企业，要么增值，要么就是在人力资源上失败，创新必须成为企业家的本能。但创新不是 “天才的闪烁”，而是企业家艰苦工作的结果。创新是企业家活动的典型特征，从产品创新到技术创新、市场创新、组织形式创新等。创新精神的实质是“做不同的事，而不是将已经做过的事做得更好一些” 。所以，具有创新精神的企业家更像一名充满激情的艺术家。

2）冒险

坎迪隆（R. Cantillion）和奈特（F. Rnight）两位经济学家，将企业家精神与风险或不确定性联系在一起。没有甘冒风险和承担风险的魄力，就不可能成为企业家。企业创新风险是二进制的，要么成功，要么失败，只能对冲不能交易，企业家没有第三条道路。在美国 3M 公司有一个很有价值的口号：“为了发现王子，你必须和无数个青蛙接吻。”“接吻青蛙”常常意味着冒险与失败，但是“如果你不想犯错误，那么什么也别干” 。同样，对 1939 年在美国硅谷成立的惠普，1946 年在日本东京成立的索尼，1976 年在中国台湾成立的宏基，1984 年分别在中国北京、青岛成立的联想和海尔等众多企业而言，虽然这些企业创始人的生长环境、成长背景和创业机缘各不相同，但无一例外都是在条件极不成熟和外部环境极不明晰的情况下，他们敢为人先，敢于第一个跳出来“吃螃蟹” 。

3）合作

正如艾伯特·赫希曼所言：企业家在重大决策中实行集体行为而非个人行为。尽管伟大的企业家表面上常常是一个人的表演，但真正的企业家其实是擅长合作的，而且这种合作精神需要扩展到企业的每个员工。企业家既不可能也没有必要成为一个超人，但企业家应努力成为蜘蛛人，要有非常强的“结网”的能力和意识。西门子是一个例证，该公司秉承“员工为企业内部的企业家”的理念，开发员工的潜质。在这个过程中，经理人充当教练角色，让员工进行合作，并为其合理的目标定位实施引导，同时给予足够的施展空间，并及时予以鼓励。西门子公司因此获得令人羡慕的产品创新记录和成长记录。

4）敬业

马克斯·韦伯在《新教伦理与资本主义精神》一书中写道：“这种需要人们不停地工作的事业，成为他们生活中不可或缺的组成部分。事实上，这是唯一可能的动机。但与此同时，从个人幸福的观点来看，它表述了这类生活是如此的不合理：在生活中，一个人为了他的事业才生存，而不是为了他的生存才经营事业。”货币只是成功的标志之一，对事业的忠诚和责任，才是企业家的“顶峰体验”和不竭动力。

5）学习

彼得·圣吉在其名著《第五项修炼》中说道：“真正的学习，涉及人之所以为人此一意义的核心。”学习与智商相辅相成，以系统思考的角度来看，从企业家到整个企业必须是持续学习、全员学习、团队学习和终生学习。日本企业的学习精神尤为可贵，他们向爱德华兹·戴明学习质量和品牌管理；向约琴夫·M. 朱兰学习组织生产；向德鲁克学习市场营销及管理。同样，美国企业也在虚心学习，企业流程再造和扁平化组织，正是学习日本的团队精神结出的硕果。

6）执着

英特尔总裁葛洛夫有句名言："只有偏执狂才能生存。"这意味着在遵循摩尔定律的信息时代，只有坚持不懈、持续不断地创新，以夸父追日般的执着，咬定青山不放松，才可能稳操胜券。在发生经济危机时，资本家可以用脚投票，变卖股票退出企业，劳动者亦可以退出企业，然而企业家却是唯一不能退出企业的人。正所谓"锲而不舍，金石可镂；锲而舍之，朽木不折"。在 20 世纪 80 年代诺基亚人涉足移动通信，但到 90 年代初芬兰出现严重经济危机，诺基亚未能幸免遭到重创，公司股票市值缩水了 50%。在此生死存亡关头，公司非但没有退却，反而毅然决定变卖其他产业，集中公司全部的资源专攻移动通信。坚韧执着的诺基亚成功了。

7）诚信

诚信是企业家的立身之本，企业家在修炼领导艺术的所有原则中，诚信是绝对不能摒弃的原则。市场经济是法治经济，更是信用经济、诚信经济。没有诚信的商业社会，将充满极大的道德风险，显著抬高交易成本，造成社会资源的巨大浪费。其实，凡勃伦在《企业论》中早就指出：有远见的企业家非常重视包括诚信在内的商誉。诺贝尔经济学奖得主弗利曼更是明确指出："企业家只有一个责任，就是在符合游戏规则下，运用生产资源从事利润的活动。亦即须从事公开和自由的竞争，不能有欺瞒和诈欺。"

3. 企业家精神的功能作用

1）企业家精神是企业核心竞争力的重要来源

彼得・F.德鲁克认为："所谓公司的核心竞争力，就是指能干别人根本不能做的事，能在逆境中求得生存和发展，能将市场、客户的价值与制造商、供应商融为一体的特殊能力。"可见，企业核心竞争力从某种意义上讲，是企业家精神的一个反映或扩展，它体现的正是企业的创造与冒险，也是企业的合作与进取。

企业家在企业中的独特地位，决定了企业的核心价值观必然受其重要影响，决定了企业的组织创新、管理创新、价值创新等冒险活动只能由企业家自己承担。它同时也决定了企业经营发展的兴衰成败，从而也就决定了企业核心竞争力能否形成。因此，可以说，企业家在其精神的鼓励下对企业核心竞争力起着关键性保障作用，企业家精神通过企业家自身保障了企业核心竞争力的培育与提升。

2）保护企业家精神对企业竞争力具有提升作用

企业家精神是企业核心竞争力的来源之一，一个活跃的市场，土地、劳动者、资本等要素只有在具有企业家精神的人手中，才能在复杂多变的竞争环境中发展壮大起来，才会真正成为财富的源泉。电视剧《亮剑》中，李云龙在总结亮剑精神的时候说："事实证明，一支具有优良传统的部队，往往具有培养英雄的土壤。英雄或是优秀军人的出现，往往是由集体形式出现，而不是由个体形式出现。理由很简单，他们受到同样传统的影响。养成了同样的性格与气质。任何一支部队都有着它自己的传统。传统是什么？传统是一种性格，是一种气质！这种传统与性格，是由这种部队组建时首任军事首长的性格与气质决定的。他给这支部队注入了灵魂。"企业家精神也是如此，它是一个企业的魂。它是一个企业最核心的竞争力体现！

2.4 大学生创业应具有的伦理道德

2.4.1 商业道德与企业伦理

1. 商业道德

商业道德从分析商业的本质、商务活动的前期行为入手，为人们提供了判断商务活动是否符合道德规范的商业道德行为准则。中国古代就有经商要合议取利、价实量足等要求。在社会主义条件下，商业道德的基本内容是为人民服务，对人民负责；文明经商，礼貌待客；遵纪守法，货真价实；买卖公平，诚实无欺等。

商业道德是一个历史范畴，作为一种意识形态，不仅为一定的社会经济和文化所决定，而且也反作用于一定的社会经济，对商业活动具有重要的指导意义。改革开放以后，随着市场经济的最终确立和发展，我国的经济建设取得了巨大成就，社会生产力显著提高，市场经济日益发达。但是，经济领域的发展带给我们物质生活极大丰富的同时，我们也不能忽略经济领域中某些企业的道德缺失现象，“地沟油、苏丹红、三聚氰胺……”一系列食品安全事件告诉我们企业不遵守商业道德带给社会的严重后果。同样还存在着其他如环境污染、不遵守商业契约等各种不遵守商业道德的问题，不仅造成了巨大的环境压力，还严重影响了社会经济活动与社会风气，更制约了社会精神文明的发展。

从事商业活动的商业主体必须讲究商业道德，具备良好的商业信誉，树立正确的商业道德价值观，才能使他们在商业经济大潮中健康、长远地发展下去。所以说，只有加强商业道德建设，提高商业主体的道德水准，树立正确的商业道德价值取向，找寻现代商业道德建设的新思路才是解决商业领域种种问题的出路所在。

2. 企业伦理

所谓企业伦理（又称为企业道德），是指企业经营本身的伦理。不仅企业，凡是与经营有关的组织都包含伦理问题。只要由人组成的集合体在进行经营活动时，在本质上始终都存在着伦理问题。一个有道德的企业应当重视人性，不与社会发生冲突与摩擦，积极采取对社会有益的行为。

企业伦理观念是美国于20世纪70年代提出的，20世纪90年代日本也开始对企业伦理问题进行研究。而我国对企业伦理的认识与研究尚处于起步阶段，对企业伦理的内涵尚缺乏了解。有人认为，企业是将盈利作为主要目标的，伦理则追求的是道德规范，企业的经营目标与企业社会责任没有必然联系，甚至是水火不相容的，因此认为企业的经营目标和经营伦理是相矛盾的。其实这不过是表面现象，追求利润为唯一目标的思维方式是落后于新时代的。在当今时代，如果企业只追求利润而不考虑企业伦理，则企业的经营活动已越来越为社会所不容，必定会被时代所淘汰。也就是说，如果在企业经营活动中没有必要的伦理观指导，经营本身也就不能成功。树立企业伦理的观念，体现了重视企业经营活动中人与社会要素的理念。

3. 企业伦理的内容

一般认为，企业伦理的内容依据主题可以分为对内和对外两部分，内部包括劳资伦理、工作伦理、经营伦理；外部包括客户伦理、社会伦理、社会公益等，具体有以下几个方面。

（1）企业与员工间的劳资伦理。主要包括劳资双方如何互信、劳资双方如何拥有和谐关系、伦理领导与管理、职业训练（员工素质的提升，包括职前训练与在职训练）等。

（2）企业与客户间的客户伦理。其中最主要是指服务伦理。客户伦理的核心精神是满足顾客的需求才是企业生存的基础。顾客是企业经营的主角，是企业存在的重要价值。

（3）企业与同业间的竞争伦理。主要包括不削价竞争（恶性竞争）、散播不实谣言（黑函、恶意中伤）、恶性挖角、窃取商业机密等。

（4）企业与股东间的股东伦理。企业最根本的责任是追求利润，因此企业必须积极经营、谋求更多的利润，借以为股东创造更多的权益。清楚严格地划分企业的经营权和所有权，让专业经理人充分发挥其作用，确保企业公司营运自由。

（5）企业与社会间的社会责任。企业与社会息息相关，企业无法脱离社会而独立运作。取之于社会、用之于社会。重视社会公益，提升企业形象。谋求企业发展与环境保护之间的平衡。

（6）企业与政府间的政商伦理。政府的政策需要企业界的配合与支持，金融是国家经济发展的重要产业之一，因而金融政策更是政府施政的重点，企业体不但要遵守政府相关的法规，更要响应与配合政府的金融政策。

4. 企业伦理在企业经营管理中的功能作用

在企业经营管理中，企业伦理发挥着重要的作用。

（1）提倡企业树立崇高目标，为企业发展指明正确的方向。企业以发展生产力，提高经济效益，将企业的发展与国家、民族乃至人类社会的发展相联系作为企业追求的目标，这赋予了企业一种庄严的使命感，为企业发展指明了方向。

（2）提高员工的道德素质有利于企业人力资源和物质资源的配置。在企业管理过程中我们可以发现，那些德才兼备的员工往往会成为企业的核心，并能够给企业带来较大的价值，是企业可持续发展的骨干力量。

（3）运用伦理手段可以调动员工的积极性和创造性。在企业管理过程中，伦理手段不仅能够约束员工的行为，也有利于传播正能量，从而提升员工工作积极性及对企业的责任感，增强企业竞争力。目前很多企业非常重视对员工职业化的培训，这就是通过伦理影响员工行为的一类课程。

（4）增强管理者人格魅力，促进管理者管理效率、效果。管理者的人格魅力主要由管理者的道德素质决定的，它能产生威信，使管理者赢得员工的信任，有助于二者之间的沟通；它能产生感染力和号召力，使员工产生一种归属感、安全感、责任感，并进一步转化为对企业的忠诚，产生强大的内聚力。

（5）通过产品伦理道德提升产品质量，提升服务，增强企业竞争力。产品质量、企业信誉和服务对企业的发展至关重要，遵守产品伦理道德意味着企业在生产经营过程中坚持一流的产品意识，坚持信誉高于一切，坚持一流的服务意识和行动，这些是企业产品和服务在市场中竞争的基础。

（6）强化社会责任，注重社会效益。企业在追求经济效益的同时，应该强化社会责任，注重社会效益。企业不仅应为社会提供优质的产品和服务，而且要积极参与社会的公益活动，履行社会的义务，完成社会的使命，树立良好的企业形象。同时企业社会责任的履行和企业的正面社会形象也会给企业带来更多的品牌利益和经济利益。

（7）树立契约精神、崇尚伦理是企业间竞争与合作的基础。企业之间的信任建立需要一个过程，在这个过程中，契约的履行及其他企业间的伦理履行有着重要的作用，一旦企业建立互信，将会给企业间的合作带来非常好的效果。

5. 企业伦理构建

一般认为，企业可以从以下四个方面入手，推动企业伦理的建立。

1）制定并执行企业伦理守则

伦理守则所规范的主要对象是企业与其利益相关者。员工、顾客、股东、政府、社区、社会大众等责任关系同时包含公司的经营理念与道德理想，反映公司的文化与行为、生存的基本意义和行为的基本方向。企业信奉的伦理守则应贯彻到经营决策的制定及重要的企业行为中。在建立伦理法则的同时，通过一系列的奖励、审核及控制系统加以强化，并对破坏伦理规范的行为予以惩罚，公司必须让员工都明白，组织绝不允许违反伦理的行为。管理人员对违规者的默许，将会严重阻碍组织走向更具伦理气候的环境。

2）设定伦理目标

企业伦理目标强调企业行为不仅具有经济价值，还必须具有伦理价值。企业在追求经济目标的时候，往往不由自主地将获利作为衡量行为价值的唯一尺度，于是为了实现利润最大化，不惜损害他人利益的行为在现实生活中时有发生，这说明企业的经济目标需要伦理目标的调节和制约。企业目标制约下的行为不仅不能违背以法规形式体现出来的经济活动的游戏规则，而且要进一步以伦理准则来约束自己，主动实现道德自律。经营者必须不断提醒自己：企业生存的根本意义是什么？企业的生存其实不是一个目的，而是一种手段，是通过企业的生存，求得顾客的满意。所以，当一个企业非要用不伦理的手段才能生存的话，它就不再有存在的意义和价值了。

曹德旺，福耀玻璃集团创始人、董事长。他建立的福耀玻璃集团目前是中国第一、世界第二大汽车玻璃供应商。他是不行贿的企业家，自称“没送过一盒月饼”，以人格做事；他是行善的佛教徒，从 1983 年第一次捐款至今，曹德旺累计个人捐款已达 80 亿元，他认为财施不过是“小善”。他认为，做事业，有崇高的感觉，才可以做成。2009 年 5 月，曹德旺登顶有企业界奥斯卡之称的“安永全球企业家大奖”，是首位华人获得者。从中我们可以看出，企业和企业家一定要确定自己的伦理目标，企业的发展才有意义。

3）加强员工企业伦理教育

现在不少国外的大企业，在员工的教育训练课程中，邀请诗人、哲学家为员工上课，目的就是希望员工能对身边的人与物有更高的敏感度，帮助员工在道德思想和行为中注入强大的个人意志，防止道德沦丧。企业也可参与一些有意义的社会活动，协助推动社会良性改革，这样不仅可以提高公司的向心力，激励员工士气，同时也可提升个人品质，满足员工更高层次的精神需求。这种需求的满足会进一步激发员工的积极性、创造性和敬业精神，从而更有利于企业经济目标的实现。这样，道德伦理风范不再是企业必须维持的一个负担，而是统治一个企业的精神风貌。因此，企业应加强员工企业伦理教育，注重培养反映企业价值观的态度观念、思考方式等，让员工深刻了解到企业更高一层的使命。

4）企业高层推动伦理建设

高层领导的重要职责之一是赋予企业的指导价值观以生命，建立一个支持各种道德行为的环境，并在员工中灌输一种共同承担的责任感，让员工体会到遵守伦理是企业积极发展的一面，而不是权威强加下的限制条件。领导要敢于承诺，敢于为自己所倡导的价值观念而采取行动，同时当与道德义务存在冲突时，敢于以身作则。

企业管理的主要责任是教导、促进并启发员工的诚实、正直、公正感。一个真正的企业家，应该是净化社会风气的先锋。

目前，中国企业处于公平开放的国际化竞争中，这更要求企业以诚信为本，在创造经济利益的同时，将企业伦理作为体制改革的一个重要部分，在组织内建立一套行之有效的伦理监督机制，肩负起应尽的社会责任，共创人间净土，实现企业的可持续发展。

2.4.2　大学生创业伦理道德建设

高校创业教育包括理论教育与创业实践两个方面，创业实践是提升创业素质的重要途径之一，创业者通过向社会提供各类产品和服务进行创业实践。如何在合理、合法的情境中获得最大发展，如何处理好企业与社会、企业与消费者、企业内部员工间利益关系等问题，都涉及道德的问题。

（1）大学生创业过程中还存在着很多的伦理问题需要提升，大学生创业目前在各个高校已经成为一种普遍的现象，然而在这个过程中，还是存在着很多的伦理问题需要培养和提升，如契约精神、团队合作、客户为中心的理念等。这需要我们的课程教育、实践教育、创业指导都应有针对性地涉及。

（2）从创业目标指向看，要鼓励大学生创业者在物质层面、道德层面上都追求更高的价值，开创新的事业。要创业，必须向社会提供具有竞争力、能增进社会福利的产品，这些产品具有物质和道德两个层面，既是物质产品又是道德产品。物质产品是生产活动的结果，道德产品则是指附加在实物产品上的，能够提高实物产品的价值并为大众所信任的产品，尤其要鼓励创业者树立良好的伦理道德。具有道德的物质产品，能够使企业获得良好的商业信誉和声誉，反过来这又会促进企业物质产品的销售，增加实体资本，推动企业做大做强。道德产品和物质产品共同关系到企业的生死存亡，任何企业都应该秉持对社会和他人高度负责任的态度、诚实守信的精神，为他们提供优质高效、物美价廉的人性化商品，这是创业企业命运攸关的核心任务。但是这种道德品质不是天生的，只能在创业教育实践中进行引导和培养。

（3）我们应当鼓励大学生创业者在整个创业过程中建立良好的企业伦理道德，做一些简单或短期的有益的事情。从创业过程看，创业实践是实体资本与道德资本共同作用，开发新产品、提供新服务的过程。任何一项事业发展都须经历由小到大、由量变到质变、由不完善到完善的发展过程。在创业过程中，创业者要顺应社会发展的要求，制订可行的创业方案，整合人力资本、物质资本等资源，克服困难完成任务。这一过程既是实体资本实现经济价值的过程，也是道德资本推动实体资本发展、实现其社会价值的过程。因此，企业伦理道德的建立需要长期坚持。

拓展阅读

一、李嘉诚的创业

1950年夏天，李嘉诚立志创业，向亲友借了5万港元，加上自己不多的全部积蓄，在筲箕湾租了厂房，正式创办“长江塑胶厂”。不过，李嘉诚预料塑胶花生意不会被永远看好，于是转投生产塑胶玩具。果然，两年后塑胶花产品严重滞销，而“长江”玩具年产出口额达1000万美元，为香港塑胶玩具出口业之冠。

1965年2月，香港发生了严重的银行信用危机，人心惶惶，投资者及市民纷纷抛售房产，离港远走。不过，李嘉诚却看好香港工商业的前景。他在人们低价抛售房产的时候，却大量购入地皮和旧楼。不到3年，风暴平息，香港社会恢复正常，经济复苏，大批当年离港的商家纷纷回流，房产价格随即暴涨。李嘉诚趁机将廉价收购来的房产，高价抛售获利，并转购具有发展潜力的楼宇及地皮。

20世纪80年代以后，李嘉诚除了房地产外，还经营航运服务、电力供应、货柜码头及零售等，形成了在香港的大型综合性财团。1990年后，李嘉诚开始在英国发展电信业，组建了Orange电信公司，并在英国上市，总投资84亿港元。到2000年4月，他把持有的Orange四成多股份出售给德国电信集团，作价1130亿港元，创下香港有史以来获利最高的交易记录。

李嘉诚多次荣获世界各地颁发的“杰出企业家”荣誉称号，还五度获得国际级著名大学颁授的荣誉博士学位。经过20多年的“开疆辟土”，李嘉诚已拥有4家蓝筹股公司，包括长江实业、和记黄埔、香港电灯及长江基建。其集团旗下员工超过3.1万名，是香港第4大雇主。

思考：

1. 李嘉诚有哪些创新精神?
2. 李嘉诚具有的创业精神包括哪些要素?
3. 什么样的企业家精神和素养，引领着李嘉诚的事业长盛不衰?
4. 在李嘉诚事业发展过程中，他是如何运用创新创业原则的?

二、美媒：中国创业精神遥遥领先，其他国家能否跟上?

《华盛顿邮报》2015年3月5日发表技术专家、企业家、作家、投资者兼公共演说家Linda Bernardi的分析文章称，过去十年来，我去过中国十几次。在这段时间，我目睹了中国发生的巨变。但与过去18个月以来发生的一切相比,之前的变化都算不了什么。如今的中国非常不同。按照现在的变化速度，今年中国又将迎来一个非常与众不同的年份。但问题是世界其他国家该怎样去适应这一状况？它们将与中国一同发展，还是会被甩在后面？这不仅与美国有关，而且对任何试图在21世纪保持领先地位的国家，都有着重要的意义。以下是我在这方面的一些想法。

当我第一次去中国时，大型跨国企业是中国经济和就业市场中的主导力量。这些企业是最好的求职选择，成为其中一员意味着有面子、高收入、有保障。因此，这些企业曾一度是中国最优秀大学生的求职目标。随着跨国企业在中国日益增多，技术型员工呈爆发式增长。对教育和研发的大量投资，使中国拥有了一支年龄在18～36岁的高素质人才队伍，但这也只是一个开端。大概5年前，中国的思想观念开始出现重大转变。中国新一代的企业家不再认为他们只有两个选择——加入在华跨国企业或到美国硅谷创业，他们开始相信，他们也能在中国创业。这是一种令人躁动的美妙氛围。最近，我在北京的感受是：当我在缓慢上升的电梯中与一些年轻的创业者进行了短暂交谈后，我非常想和他们一起走出电梯，跟随他们做任何事情。而在5年前，他们可能还在为其他人所做的事情敬畏不已。

阿里巴巴效应

2014年9月，阿里巴巴在纽约证券交易所挂牌上市，估值达1676亿美元，创美股史上最大IPO记录，成为全世界市值最大的网上零售商。阿里巴巴总部位于杭州，距离上海南端大约一个半小时的车程。就在几年前，杭州还是一个默默无闻的地方。如今，这里云集了一部分中国最成功的创业公司，其中很多都是在阿里巴巴成功的驱动下创立的。与此同时，中国还有数十个“硅谷”。它们的资本来源多种多样，其中包括政府投资和天使投资人。因此，在中国已有一些企业获得超过1亿美元的融资，市值也在数十亿美元以上。对我而言，比起这些企业的成功，更让我感兴趣的是它们的融资规模与其市值的对比。这些企业的市值增长速度与美国的创业企业相当，甚至更快，但资本却相对较少，而且均是在过去数年间所获得。

当我置身于阿里巴巴的总部时，我感到了一丝硅谷的创业气息。这里规模巨大，生气勃勃，且充满能量。在这个非常成功的企业中，虽然看不到在后花园中做烧烤的厨师，也没有人在打排球，但却让人仿佛置身大学校园。即使你在上海或北京对别人提起阿里巴巴，对方也会两眼放光——因为成为阿里巴巴的一员是一件令人非常自豪的事。

这种精神与中国巨大的资本规模（一直以来，这些资本都被投往包括美国在内的其他国家）结合在一起后，将极大地推动中国经济的增长和创新。

培养企业家精神

中国有企业家成功所需的元素，主要有以下几方面。

（1）智慧与好点子。如今，培育好点子比以往任何时候都更容易，而且可以来自世界各地。

（2）可用的资本。中国有大量资本，而且这些资本正越来越多地转向国内投资。

（3）商品和服务市场。中国是一个巨大的市场，人们的生活也越来越富裕。同时中国也可进入全球市场。如今，技术在哪儿开发并不重要，因为只要开发出来，世界各地都能使用。

（4）人才和人力资源。中国的跨国企业创造了受过良好教育、有资本主义头脑的一代人。如今，中国是全世界招贤纳士最理想的地方之一，越来越多的中国人愿意放弃跨国企业的稳定工作，去争取在创业公司工作的机会，这与过去截然不同。

（5）渴望、热情和自信。这是 10 年或 15 年前硅谷给我的感受。我在中国的感觉是，人们对可能性抱有极大热情。阿里巴巴让数以百万计的人们尝到了成功的滋味。你所需要的只是一次成功，它会让你开始认为自己也可以做到（同样的事情）。马云和阿里巴巴的出现，让中国数百万人开始相信他们能够复制这一成功。

（6）中国拥有数量庞大的19～35岁的适龄工作人口，也是一大优势。

中国将超越西方吗？还是已经领先了？

美国有谷歌、亚马逊、苹果和脸书。但硅谷花了 50 年才走到今天的地步，而中国只用了不到6年的时间——这让我们见识到中国的发展目标和发展速度。我们得到了风险投资，但钱并不是所有问题的答案——如果这么想将是极其危险的。我们已经展现了融资和花钱的能力，但这会扭曲我们的期望，使估值泡沫化。我担心美国企业家会因他们融资的多少而感觉良好，而不关心他们实际能制造些什么。

让我们看看我们拥有哪些以上所提及的成功要素吧。目前，不仅硅谷面临人才短缺问题，而且我们还需要更多的融资渠道。同时，我们的资源日益昂贵，而我们又把整个创业文化压缩在一个60英里的山谷中，而不是纽约、奥斯丁或洛杉矶，其实美国本应该有 50 个硅谷。接下来是心态的问题，当我在北京或上海时，我对未来能够做的事情充满愉悦的热情，这种感觉永无止境，且非常明显。而硅谷给我的感觉似乎是，如果你不能筹集到 10 亿美元，那你就是失败的。问题是，我们还有那种对成功的渴望吗？企业家精神去哪儿了？但事实上，中国任何一家蒸蒸日上的创业公司都能很轻易地成为下一个阿里巴巴，而且它们将不再仅仅关注中国市场。因此，问题不再是中国能否赶上西方，而是我们能否追上中国。

我并没有给任何人制造恐慌的意思。但我们须重新审视“西方领先所有人”的想法。的确，我们有很多企业，但中国正在迎头赶上——而且所花资本更少。对于政府、跨国企业、以及任何关心中国这个世界科技强国未来成就的人而言，这都意义重大。中国发生的一切令人叹为观止，我们需要对此投入更多的注意力。对中国了解得越多，我们就越能做出更好的决策。

我希望其他国家能感受到我今天在中国感受到的这种乐观态度。但如果只有一两个国家能与中国齐头并进，那么其他所有国家就被落在后面了。我不希望我们在这场并未获胜的游戏中自我感觉遥遥领先。

思考：

1. Linda Bernardi 怎样看中国的创业精神？
2. Linda Bernardi 对中国环境和创业精神感受到乐观的态度，你们对现实是怎样的一种感受?

3. 你们准备如何培养自己的创业精神?

本章要点

1. 创新精神的含义和内容
2. 创新精神的功能作用
3. 创新精神的培养
4. 创业精神的内涵
5. 创业精神的特征与本质
6. 创业精神的要素
7. 企业家精神的内涵、特征及功能作用
8. 商业道德与企业伦理
9. 大学生创业伦理道德建设

思考题

1. 什么是创新精神?
2. 什么是创业精神? 创业精神有哪些基本特征?
3. 什么是企业家精神?
4. 企业建设过程中应具备哪些伦理道德?
5. 大学生创业伦理道德建设中应具有什么样的辩证观?

第3章　创新创业思维与方法

学习目标

1. 了解思维的概念、要素及分类。
2. 理解思维的过程。
3. 理解创新思维的基本概念、特征。
4. 了解思维定式及其作用。
5. 理解打破思维定式对创新思维的作用。
6. 理解常见的创新思维障碍。
7. 掌握和运用常见的创新思维方法。
8. 了解创新思维技法的特征。
9. 掌握和运用常见的创新思维技法。
10. 理解大学生常见的创新思维问题。
11. 理解大学生应该具备的常见思维方式。

导入案例

有一个奇异的小村庄，村庄里除了雨水没有任何水源，为了解决这个问题，村里的长者决定对外签订一份送水合同，以便每天都能有人把水送到村子里，有两个人愿意接受这份工作，于是村里的长者把这份合同同时给了这两个人。

得到合同的两个人中有一个叫艾德，他立刻行动了起来，每日奔波于1公里以外的湖泊和村庄之间，用他的两只桶从湖中打水并运回村庄，再把打来的水倒在由村民们修建的一个结实的大蓄水池中。尽管这是一项相当艰苦的工作，但是艾德很高兴，因为他能不断地挣钱。

另外一个获得合同的人叫比尔。令人奇怪的是自从签订合同后比尔就消失了，几个月来，人们一直没有看见过比尔。这点更令艾德兴奋不已，由于没人与他竞争，他挣到了所有的水钱。

比尔干什么去了呢？他做了一份详细的商业计划，并凭借这份计划书找到了4位投资者，和他一起开了一家公司，6个月后，比尔带着一个施工队和一笔投资回到了村庄。花了整整一年的时间，比尔的施工队修建了一条从村庄通往湖泊的大容量的不锈钢管道。

此时，比尔却在思考：如果这个村庄需要水，其他有类似环境的村庄一定也需要水。

于是他重新制订了他的商业计划，开始向全国甚至全世界的村庄推销他的快速、大容量、低成本并且卫生的送水系统。每送出一桶水他只赚 1 便士，但是每天他能送几十万桶水。无论他是否工作，几十万的人都要消费这几十万桶水，所有的钱都流入了比尔的银行账户中。显然，比尔不但开发了使水流向村庄的管道，而且还开发了一个使钱流向自己的钱包的管道。

从此以后，比尔幸福地生活着，而艾德在他的余生里仍拼命地工作，最终还是陷入了永久的财务问题。

讨论：

1. 比尔和艾德面对同样的问题各采取了何种不同方式？
2. 不同的思维方式是怎样影响我们的成功路径的？

在大学生创新创业过程中，不同的思维将会决定创业者不同的做事方式，不同的做事方式会带来不同的结果，好的思维方式方法将有利于创业者更好地进行创业。很多人在学习创业成功的例子时，经常拿比尔·盖茨、马云、史玉柱、马化腾、李彦宏等著名人士做例子，其实这些人的成功往往是不可复制的，我们更应该学习的是我们身边成功人士的思维方式，这些可能会给我们带来不一样的成功。成功具有个性化，但思维方式方法却是可以总结及学习的，也将会在我们创新创业的过程中起到重要的作用。

3.1　思维与创新思维

3.1.1　思维

1. 思维的概念及要素

“思维”在《词源》中有“思索、思考”的意思。生理学将思维定义为：“思维是一种高级生理现象，是脑内一种生化反应的过程，是具有意识的人脑对客观现实的本质属性、内部规律的自觉的、间接的和概括的反映。”心理学把思维定义为：“思维是人脑对客观事物概括的和间接的认识过程，通过这种认识，可以把握事物的一般属性和本质属性及其内部规律。”哲学上把思维定义为：“理性认识的过程，即外在刺激或内在刺激所引起的对事物的一种间接的和概括的反应。”思维科学认为，思维是人接受信息、存储信息、加工信息及输出信息的活动过程，也是概括地反映客观现实的过程。思维的对象主体是信息及信息过程，钱学森教授在《关于思维科学》一文中曾指出：“研究信息和信息过程的学问……是思维科学的基础科学之一。”思维是认识的理性阶段，人们在感性认识的基础上，形成概念，并用其构成判断（命题）、推理和论证。高校学生在创业过程中，深刻地理解思维的内涵，并充分地拓展自己的思维方式，积极进行创新创造，对个人未来发展具有重要意义。

思维来源于劳动，是在人类认识自然、改造自然的过程中，逐渐形成的对客观世界及现实的信息化反映。思维对事物的间接反映，往往通过其他媒介作用及借助于已有的知识和经验，通过已知的条件推测未知的事物。人因为具有思维而伟大，思维是人类有别于万物的主要特点，东汉王充在《论衡》中说："人，物也，万物之中有智慧者也。"亚里士多德也说："植物有营养和生殖，动物有运动和感觉，人类有智慧和思维。"思维的体现是多种多样的，可以体现于人类认识自然改造自然的过程，可以体现为社会的发展和进步，可以体现为思想与艺术的表达展现，可以体现为科技成果的创造，可以体现为我们的生活及日常管理。

思维包含思维对象和思维主体两个要素。思维对象就是人们的思维所指向的目标。从思维方法的角度来考察思维对象，其主要特点表现在"无穷多的数量""无穷多的属性""无穷多的变化"三个方面。思维主体，就是从事实践活动的人或正在进行思考的人的头脑。大学生创业过程中，在项目运营阶段和企业运营阶段思维对象有显著的不同，在项目中的思维对象更多的是项目相关要素，以项目完成为目的，而在企业思维对象更多应该关注各个商业要素以营利为目的。作为思维主体的大学生，其思维形式还不够完善，知识和经验还需要进行大量的积累，积极进行思维训练将会对其综合素质的提升起到极大的促进作用。

2. 思维的特性

（1）思维具有内隐性，思维不是一种直接的感觉活动，是一种间接的抽象过程，是人脑对外界事物直接或间接刺激的反映，也可以说人们的知觉在其中起着重要的作用。我们无法直接观测到人脑的思维过程，只能观测到人们思维后的主观反应，如语言、行为、表情等。

（2）思维具有概括性，人脑的功能可以将一类事物甚至多种事物通过概括或归纳总结，提炼出其本质特征及规律，并加以应用。

（3）思维具有间接性，人的感知是有感觉阈限的，如超声波、次声波等听觉阈限，红外线、紫外线等视觉阈限。同样，嗅觉、触觉等都存在着感觉阈限。所以，思维的活动往往需要以其他事物为媒介，来认识客观事物或者借助已有的知识经验，来理解和把握那些没有或者不可能感知的事物，以预见和推理事物的发展过程。

（4）思维具有预见性，预见性并不是思维者与生俱来的天赋和灵性，而是客观事物在人脑中主观反应的产物。马克思主义认为，事物的发展不是杂乱无章的，而是有序的，是有规律可循的。事物发展的规律规定了事物发展的方向和事物发展的趋势，人们不但可以认识、推测对象的过去，还可以对对象的未来进行科学的预测。人们可以根据自身经验及感知，通过对客观规律的分析，预见未来可能存在的科技发展趋势、社会发展趋势。

（5）思维具有时代性，也可以说具有历史性及现实性。人们的思维活动容易受到所处时代的实践经验的制约，思维的历史性提醒人们既不能固守传统思维模式，又不能割裂历史，思维的现实性要求我们认清当代社会发展的趋势，充分考虑现实的要求，扬弃传统的思维方式中不好的方面，努力培养新的符合时代发展的思维方式和方法。

（6）思维具有创造性，在人类历史过程中，时刻都有人向陈规旧律挑战，时刻都有人在打破旧的传统和习惯。人的思维及人类社会的诸多发现、发明、创造都体现了思维的创造性，人类具有强大的分析问题、解决问题的能力，随着时代的发展，这一速度在加快。对常规事物怀疑，否定原有框架，解放思想、锐意改革、勇于创新也成了现代社会的强烈呼唤。

（7）思维具有逻辑性，事物及社会的发展是有其规律可循的，人们在改造自然的过程中，自然而然地学习和理解事物及社会的发展规律，同时在充分地利用规律来影响事物及社会发展，可见思维具有逻辑性。逻辑性反映出思维是一种抽象的理性认识，表明思维过程有一定的形式、方法和规律。

（8）思维具有形象性，思维常借助形象化的材料来进行，形象既是思维的载体，也是思维的工具。

（9）思维具有统一性，人类具有普遍性的思维，在基本思维层次上，人类的反应具有统一性和一致性。

（10）思维具有差异性，人类思维能力的最基本的东西是一致的，但并不是说人与人之间在思维上就没有差别，实际上每个人深层上的思维常常有很大的不同，存在着个体差异性。

3. 思维的分类

思维有很多分类方法，其中从抽象性来划分，主要可分为直观行为思维、具体形象思维与抽象逻辑思维。

1）直观行为思维

直接与物质活动相联系的思维，又称感知运动思维。这种思维主要是协调感知和动作，在直接接触外界事物时产生直观行动的初步概括，感知和动作中断，思维也就终止。比如，儿童玩积木不是想好了再玩而是玩起来再想，边玩边想，边想边玩，儿童最初的这种思维就是直观行为思维。运动员对技能和技巧的掌握也需要直观行动思维做基础。

2）具体形象思维

以具体表象为材料的思维，是一般形象思维的初级阶段，它不具备真正揭示事物的本质特征，具有开始认识事物的属性及具体形象性。它往往凭借事物的具体形象、表象或语言来进行，其在文艺创作中经常运用。

3）抽象逻辑思维

这是高级的思维方式，以抽象概念为形式，依靠概念、判断和推理进行思维，最终反映事物的本质属性和规律性联系，它是人类思维的核心形态，也是人类最基本的、运用最广泛的思维方式。

从思维的目的性来看，可以分为上升性思维、求解性思维、决策性思维。

1）上升性思维

以实践所提供的个别经验为起点，把个别经验上升为普遍性的认识。个别思维大多来自日常生活体验，因而不具有普遍的指导意义，其真实性有待实践检验，最终上升为普遍性认识。

2）求解性思维

这种思维始终是围绕问题展开的，依靠已有的知识去寻找与现状之间的中间环节，从而使问题获得解决。例如，小孩子解答数学题，先分析已知条件，看看问题，最后再找由条件到问题之间的桥梁。

3）决策性思维

它是以预测未来效果为中心的思维活动，是人们面对某一事物的发展趋势而做出果断抉择的思维，是以规范未来的实验过程或预测其效果为中心的思维。它遵循具体性、发展转化、综合平衡三条原则。

从智力品质上划分，可以分为再现思维、创造思维。

1）再现思维

这是一种一般性思维，主要依赖过去所获得的知识和经验，对过去的记忆进行思维再现，按现成的方法或程序去解决问题，这种思维方式往往是对自己或他人以往的思维活动进行重复与模仿，缺乏创新性。

2）创造思维

这种思维形式是人们在已有的知识和经验的基础上，对问题找出新答案、发现新关系或创造新方法的过程，是思维的一种高级形式，虽然依赖过去的经验和知识，但却是把它们综合组织而形成全新的东西，其最突出的标志是新颖、独特。在很多行业取得突破性成绩和见解的人往往具备这种思维，如发明创造过程中的人往往具备创造性思维。

从思维技巧上划分，可以分为以下几种。

1）归纳思维

它由一系列具体的事实概括出一般原理的思维（与“演绎思维”相对），它需要从一个个具体的事例中，推导出它们的一般规律和共同结论。比如，数学中就经常用到归纳思维。

2）演绎思维

演绎思维是把一般规律应用于一个个具体事例的思维。在逻辑学上又称演绎推理。它是从一般的原理、原则推及个别具体事例的思维方法。

3）批判思维

人们在解决问题的时候，往往强调批判思维，它一方面需要品评和批判既定的想法或假说，另一方面需要思考者积极进行思维，提高思考的质量，巧妙地运用思维内在的结构并用智能标准对思考施加影响。批判思维体现为独立自主、自信、思考、不迷信权威、头脑开放、尊重他人等。

4）收敛思维

收敛思维是与发散思维相对而言的，又称集中思维、求同思维，是指从已知的种种信息中产生一个结论，从现成的众多材料中寻找一个答案。从许多资料中，找出合乎逻辑的联系，从而导出一定的结论，对几种解决方案加以比较研究，从而导出一种解决办法的，就属于这种思维。

5）发散思维

发散思维也称求异思维、辐射思维、放射思维、扩散思维，大脑在思维时呈现的一种扩散状态的思维模式，它表现为思维视野广阔，思维呈现出多维发散状。最常见的发散思维形式如“一题多解”“一事多写”“一物多用”“一词多义”等。

6）侧向思维

使用侧向思维思考时，要求避开问题的锋芒，从侧面去想，在最不起眼的地方、次要的地方多做文章，进行侧面挖掘，扩大价值。这种利用局外信息来发现解决问题的途径的思维往往会有意想不到的效果，也更简单、更方便。

7）求证思维

求证思维是用自己掌握的知识和经验去验证某一个结论的思维，现实生活中很多问题需要求证才能为人们所信服。求证思维的结构包括论题、论据和论证方式，如我们写议论文，就需要充分论证我们的观点，才能被读者接受。

8）逆向思维

逆向思维是对司空见惯的、似乎已成定论的事物或观点反过来进行思考，看看结果是什么，也就是我们常说的“反其道而思之”。从问题的反向进行探索，有利于树立新思想，创立新形象。其实，对于某些特殊问题，当人们习惯于沿着事物发展的正方向去思考，往往难以寻求到解决办法，如果从结论往回推，倒过来思考，或许会使问题简单化。我们常常说的“以终为始”就是运用了这种思维方式。

9）横向思维

横向思维是在更广阔的领域进行思维拓展，打破逻辑局限，它的特点是不限制任何范畴，以偶然性概念来逃离逻辑思维，从而创造出更多新想法、新观点、新事物。这种思维大都是从与之相关的事物中寻找解决问题的突破口，围绕同一个问题，从不同的角度去分析或在与之相关的事物分析中寻找答案。我们常说的“左思右想，思前想后”就是运用了这种思维方式。

10）递进思维

递进思维以当前现状为起点，以最终目标为方向，有条理、有步骤、有序地递进思考，由浅入深，逐步深化，最终达到想要的目标或者结果。例如，数学运算中的多步运算就是运用了这种思维。

11）想象思维

想象思维是人们在联想中进行思维，大脑通过形象化概括，对已有记忆表象进行加工、改造或重组，经过新的组合创造出新形象，是形象思维的具体化，是人类进行创新活动的重要的思维形式。

12）分解思维

分解思维又称分离思维，将研究对象或问题进行科学分解，使之本质属性和发展规律从复杂现象中暴露出来，从每个部分及其相互关系中去寻找答案，从而使研究者能够理清研究思路，抓住主要矛盾，以获得新思路或新成果的思维方法。

13）推理思维

推理思维是一种逻辑思维，通过一个或几个已知前提推出新判断（结论）的过程，思维过程中需要对一个事物进行分析、判断，得出结论，再以此类推通过判断、推理去解答问题。

14）对比思维

通过对两种相同或是不同的事物进行比较，寻找事物的异同及其本质与特性。比如，我们生活中的排序、目标达成情况、横向对比、纵向对比等都属于这种思维方式。

15）交叉思维

交叉思维是在寻找答案的过程中，在一定的点暂停，同时再从另一个方向寻找答案，也在同一个地方暂停，交叉汇合沟通思路，找出正确的答案。

16）转化思维

转化思维是在解决问题的过程中遇到障碍时，把问题由一种形式转换成另一种形式，使问题变得更简单、更清晰。

17）跳跃思维

跳跃思维又称跳跃式思维或跳跃性思维，跳过事物中的某些中间环节，省略某些次要的过程，直接达到终点。该思维不依照逻辑步骤，直接从一种可能跳到另外一种可能，并再一步推而广之到其他相关的可能。

18）直觉思维

直觉思维是对一个问题未经逐步分析，仅依据内因的感知迅速地对问题答案作出判断、猜想、设想，直觉思维是一种心理现象，是可以有意识地加以训练和培养的。

19）渗透思维

渗透思维是分析问题时，看到错综复杂的、互相渗透的因素，通过对这些潜在因素关系的分析来解决问题。

20）统摄思维

统摄思维是用一个概念取代若干概念，并对事物进行高度抽象，把握事物的全貌，统摄推论各个环节。

21）幻想思维

幻想思维是人的大脑思想天马行空，在毫无现实干扰的理想状态下进行任意方向的发散，进行任何形态的幻想与思考。当然，由于幻想有时会脱离实际，无法避免错误的产生，但只要幻想最终能回到现实中来并加以检验，错误就会被发现并纠正。

22）灵感思维

灵感思维常常以“一闪念”的形式出现，是由人们潜意识思维与显意识思维多次叠加形成，一般凭借直觉进行，具有快速、顿悟性的表现。它是逻辑性与非逻辑性相统一的理性思维整体过程，是人们创造过程中出现的一种最富有创造性的突破思维。

23）平行思维

平行思维是指从不同角度认知同一个问题的思考模式，它能够使人们跳出原有的认知框架，打破思维定式，通过转换思维角度和方向来重新构建新概念和新认知。平行思维能够促使人们进行创造性思考和建设性思考，看到解决问题的更多的可能性。平行思维往往是为了解决一个较为大型的问题，需要从不同的方向寻求互不干扰、互不冲突即平行的方法来解决问题的一种思路，也是发散思维的一种形式。

24）组合思维

组合思维又称连接思维或合向思维，是一种把多项貌似不相关的事物通过想象加以连接，从而使之变成彼此不可分割的新的整体的一种思考方式。其在思维过程中，通过对若干要素的重新组合，产生新的事物或创意。

25）辩证思维

辩证思维通常以变化发展视角认识事物，被认为是与逻辑思维相对立的一种思维方式。在思维过程中，事物可以在同一时间里“亦此亦彼”“亦真亦假”而无碍思维活动的正常进行。

26）综合思维

很多问题光靠一种思维方式是不能解决的，必须有多种思维方式综合运用才能解答。综合思维就是把某一事物的某些要素分离出来，组接到另一事物或事物的某些要素上的创造性、创新性思维的过程，其核心是将多种思维方式结合起来运用。

4. 思维的过程

思维是对一个信息反馈及加工的过程，典型的思维过程由准备、立题、搜索、获取和解释构成。

1）准备

这是一个信息积累的阶段，人们通过学习性或搜集性的形式积累信息。学习性的积累可以没有具体目标，只为积累更多的知识，以利于今后解决更多的问题。当然也可以有目的、有方向地进行积累，为后期的研究方向奠定基础。在“大众创业、万众创新”的时代，学生的信息积累更应该是多样的，学习的积累更多地应以提升自身综合素质，努力具备创新创业精神、创新创业素养、创新创业能力为方向，不管将来就业或是创业，都会为其奠定良好的基础。搜集性的信息积累一般有明确目标，有明显的针对性，为解决某个具体问题而进行信息积累。比如，学生团队在做某个项目时，对项目进行相关信息、素材的积累搜集，大学生创业初期进行市场信息收集等，这类信息积累具有明显的目标性及针对性。

2）立题

立题是思想上的跃升，是思维的一个新阶段。从信息的角度看，立题就是思维主体对已经接受的基本信息的一个总的反映或跃迁、繁衍和深化的表现形式。在大学生创新创业的过程中，立题体现为对已经收集的项目信息或创业需要信息进行总体的思考，进行有目的性的甄选，选择有用的信息进行再次深化、总结、思考，为后面的项目进行或创业运营打下基础。

3）搜索

为解决问题，需要继续在原有的思维阶段进行新的思维，这就是搜索。搜索是明确目标下的思维，是围绕目标进行的有针对性的、全方位的思维。搜索的思维过程包括问题分解和设计搜索方案两个阶段，可以运用个体思维，借助社会思维，还可借助机械仪器。在大学生创新创业过程中，围绕项目目的或经营目的，对信息进行新的加工，在加工的基础上得到更进一步的信息，并能够针对问题提出针对性解决方案。

4）捕获

捕获是解决问题的一种跃升。捕获有实事捕获和思想捕获两种形式。实事捕获常常来自资料查询和实验观察等。思想捕获更能使问题的解决跃上一个新的阶梯。在大学生创新创业过程中，解决方案的实施会给项目或经营带来事实的捕获，但我们的学生更应该获取的是思想的捕获，思想的捕获和升华，将为他们走向社会后的就业或创业过程中，遇到类似问题或更困难的问题提供更高层次的思维基础。

5）解释

解释又称接通。解决问题的过程随着搜索、捕获而逐渐升级，逐渐明朗化，经适当步骤之后，再实行一次对全过程的综合整理，这叫接通。接通思维在解决问题全过程中的每一阶段都需要。例如，在立题前的信息积累过程中，没有接通综合思维就不可能产生立题的飞跃。经过整体思维过程的经常性思考和训练积累，人们的思维将会产生质的飞跃。因此，大学生在校期间，应抓住可能的机会，在项目的锻炼中，在创业的经营中，突破思维的局限与障碍，最终实现思维方式的质的提升。

3.1.2 创新思维

创新思维是人类所独有的，它既有一般思维的特征，又有其独特的魅力特征。在人类不断认识自然、改造自然的过程中，人类正是凭借着创新思维不断地认识世界、改造世界，不断推动生产力变革。创新思维是人类思维中的精华部分，是人类智慧的结晶，是人类不断增强的创造力和创新活动的基础。目前国际上公认的21世纪重点研发的高新技术领域分别是信息技术、生物技术、新材料技术、新能源技术、空间技术和海洋技术等，他们将会带来世界的又一次变革。一个国家、一个行业、一个企业、一个团队只有充分具备了创新思维，才能够在这个时期，在这些领域走得更远。

关于创新思维，见仁见智，有人认为创新思维是指以新颖、独创的方法解决问题的思维过程，通过这种思维能突破常规思维的界限，以非常规甚至反常规的方法、视角去思考问题，提出与众不同的解决方案，从而产生新颖的、独到的、有社会意义的思维成果。有人认为创新思维是人类思维的高级形式，它运用逻辑思维和非逻辑思维揭示事物的本质属性、内部规律和事物之间的非常规的活动轨迹，创造出独特的、新颖的和有社会价值的成果。也有人认为创新思维是在客观需要的推动下，以获得新的信息和已储存的知识为基础，综合地运用各种思维形式和思维方式，克服思维定式，经过对各种信息、知识的匹配、组合，或者从中选出解决问题的最优方案，或者系统地加以综合，或者借助类比、直觉、灵感等思维方式创造出新理论、新方法、新概念、新形象、新观点，从而使认识或实践取得突破性进展的活动。

从以上各种观点可以看出，创新思维主要有以下几个层面：①创新思维和常规思维不同，需要突破常规思维，具有新的特点；②创新思维可以体现为方法或者解决方案，总的来说是各种思维的综合运用；③创新思维的最终结果是产生新的社会价值或成果，以社会客观需要为前提。

在我们的日常工作生活中，创新思维在本质上更重要的是将创新意识的感性愿望提升到理性的探索上，实现创新活动由感性认识到理性思考的飞跃。

关于创新思维特征的总结有很多，一种观点认为创新思维具有创新性、突破性、风险性、开拓性、综合性等特征，还有一种观点认为创新思维具有实践性、求新性、价值性、方法性、社会性、系统性等特征。不管是哪种观点，我们都可以看出“创新性（求新性）、系统性（综合性）”都是创新思维必不可少的特征。另外，创新思维应该产生价值，满足社会或个人某个方面的需求，所以价值性也是其必不可少的一个特征。

思维的创新性可以理解为具有独创性和新颖性。独创性也称原创性或初创性，是创作者经过独立创作产生的，具有非模仿性和差异性。独创性在思路的探索、思维方式方法和思维结论上，都能提出新的创见，做出新的发现，实现新的突破。独创性要求我们要打破陈规旧俗，敢于想人之所未想或不敢想之事，做别人未做或者不敢做之事。所谓新颖性，新颖原指植物刚生的小芽，新而别致，体现了我们思维的求异性，不同于他人。在我们的创新活动中，尤其是初始阶段，对新颖性要求非常高，人们更多地关注现象与本质、形式与内容的不一致，更多地关注差异。

创新思维的系统性主要是从系统创新的角度来说的，我们在创新活动过程中，需要对创新活动整体系统的组成要素之间的关系、结构、流程及环境进行动态的、全面的梳理，并依据其内在规律对创新活动进行有序的组织实施，以促进创新活动系统整体功能优化，使整个创新活动系统发生质变。在许多情况下，创新思维是对已有成果的系统综合，是对多种思维方法的系统综合应用，是对多种思维形态的综合运用。

创新思维的价值性在于它能够带来社会价值，不管是知识的增加、科技的进步，还是问题的解决、事物的发明、管理的改善都是具有价值的。

3.2　思维定式与创新思维障碍

3.2.1　思维定式

1. 思维定式及作用

有一个试验，把六只蜜蜂和同样多的苍蝇装进一个玻璃瓶中，然后将瓶子平放，让瓶底朝着窗户。蜜蜂不停地想在瓶底上找到出口，一直到它们力竭倒毙或饿死；而苍蝇则会在不到两分钟之内，穿过另一端的瓶颈逃逸一空。先不说试验事实真相到底如何，我们就这个试验描述来看，蜜蜂基于出口就在光亮处的思维方式，想当然地设定了出口的方位，并且不停地重复着这种合乎逻辑的行动，没能走出“囚室”。苍蝇则对所谓的逻辑毫不留意，全然没有对亮光的定势，而是四下乱飞，终于走出了“囚室”。

所谓思维定式，就是按照已有的思维活动经验教训和已有的思维规律，在反复使用中所形成的比较稳定的、定型化了的思维，也称“惯性思维”。思维定式往往是由以往活动经历而造成的一种特殊心理准备状态或活动倾向性，对以后的感知、记忆、思维、情感等心理活动和行为活动起正向的或反向的推动作用。在环境不变的条件下，思维定式使人能够应用已掌握的方法迅速解决问题。而在情境发生变化时，它则会妨碍人采用新的方法。消极的思维定式是束缚创造性思维的枷锁。

思维定式是有积极作用的，在解决相似问题过程中可以将新问题特征与旧问题特征进行比较，抓住新旧问题共同特征，将其与已有知识经验与问题情境建立联系，利用过去处理该类问题的知识经验进行处理，或者把新问题转化成一个自己熟悉并已解决过的问题，从而为新问题的解决做好积极的心理准备。从这个角度来说思维定式是有其积极作用的，但也要注意以下几种情况。

（1）思维定式解决问题需要有一个明确的方向和清晰的目标。否则，解题将会陷入盲目性。

（2）思维定式方法只是实现目标的手段，不同类型的问题总有相应的、常规的或特殊的解决方法，定势能使我们对症下药，是解题思维的核心。

（3）思维定式解决问题是一个有目的、有计划的活动，必须有步骤地进行，并遵守规范化的要求。

因此，采用按常规处理问题的思维方式，发挥思维定式的积极作用可以省去许多摸索、试探的步骤，缩短思考时间，提高效率。

思维定式往往也具有很大的消极作用，不利于创新思考，不利于创造。个人已经形成的知识、经验、习惯都会使人们形成认知的固定倾向，从而影响后来的分析、判断，我们生活中经常会遇到很多人喜欢拿自己过去的经验和认知来对现实的事物或活动进行判断，并采取相对应的措施，殊不知，事物是发展变化的，同样的道理过去适用，不代表现在就适用，甚至一天之内，下一秒情况都可能不同。《吕氏春秋·慎大览·察今》中说道："荆人欲袭宋，使人先表澭水。澭水暴益，荆人弗知，循表而夜涉，溺死者千有余人，军惊而坏都舍。向其先表之时可导也。今水已变而益多矣，荆人尚犹循表而导之，此其所以败也。"可见，我们切忌静止、孤立地分析问题，要用动态的、发展的眼光看待问题。我国古代"智子疑邻、刻舟求剑"等很多典故都说明了思维定式的消极作用。大量事例表明，当一个问题的条件发生质的变化时，思维定式会使解题者墨守成规，难以涌出新思维，做出新决策，造成知识和经验的负迁移，对问题解决具有较大的负面影响。

2. 打破思维定式

有一个故事，说清朝时期，通山县有个叫谭振兆的人，小时候因为家里比较宽裕，父亲给他定了亲，亲家是同村的乐进士。后来，谭父死了，谭家渐渐衰退，经济条件远不如以前，乐进士便想赖婚。一天，谭振兆卖菜路过岳父家，就进去拜见岳父。乐进士对他说："我做了两个阄，一个写着'婚'字，另一个写着'罢'字。你拿到'婚'字，就把女儿嫁给你；拿到'罢'字，咱们就退婚，从此谭乐两家既不沾亲也不带故。不过，两个阄你只看一个就行了。"说完就把两个阄摆出来。谭振兆心想：这两个阄分明都是"罢"字，我不能上他的当。想到这，他立刻拿了一个阄吞在腹中，指着另一个对乐进士说："你把那个阄打开看看，如果是'婚'字，我马上就离开这，咱们退婚；若是'罢'字，那就说明我吞下的是'婚'字，这门亲事算定了。"乐进士煞费苦心制造骗局却被谭振兆识破，没办法只好把女儿嫁给谭振兆。这件事是一个打破思维定式的例子，成功学上"凡事至少有三种以上的解决办法"告诉我们，很多问题看似无解，但只要我们多思考，善于打破常规，往往是可以找到解决办法的，能够把人限制住的，只有人自己。

大学生在创新创业的过程中也常常会遇到类似的情况，遇到问题自己觉得无解，其实很多是可以解决的，只是从他们自己过去的知识和经验出发而难以解决。我们经常遇到一些学生过来咨询项目或创业经营中的问题，其中有些在我们看来还是非常简单的，但是他们的经验和阅历使得他们难以解决。所以我们在关注大学生创业的过程中，要充分重视导师或者咨询顾问的作用，导师可以是自己的学校教师，也可以是企业经营管理者，他们的思维和解决问题方式可以给学生更多的启迪，有助于学生增长相关的知识和经验，有更多的可能性去打破思维定式。

3.2.2　创新创业的思维障碍

1. 思维障碍

《韩非子·五蠹》记载：宋人有耕田者。田中有株，兔走触株，折颈而死。因释其耒而守株，冀复得兔。兔不可复得，而身为宋国笑。今欲以先王之政，治当世之民，皆守株之类也。这个故事是一个典型的思维障碍表现的例子。思维障碍通常指思维联想活动量和速度方面发生异常，从心理学的角度上，一般把思维障碍分为四类，概括过程障碍、思维动力障碍、思维动机成分的障碍、思维内容的障碍。常见的思维障碍有思维奔逸、思维迟缓、思维贫乏、思维破裂、思维散漫、思维中断、思维不连贯等。

2. 创新创业思维障碍

在我们大学生的创新创业过程中，很多思维障碍往往是由思维定式造成的，也有一些其他因素会造成思维障碍，常见的导致思维障碍的状况有如下几种。

1）经验定势导致思维障碍

清朝后期，欧洲列强不断侵扰我国，侵略者的洋枪火炮打开了中国的大门，然而清朝官兵拿的全是刀、剑、弓箭，顶多几支火枪。这时，有一个人研究出了可连发 28 颗子弹的枪与将军炮，但是清朝皇帝却说 “骑射乃满族之根本”，拒绝使用这些东西。原因很简单，当初满族就是用这些传统的武器来打天下的。这是一种典型的经验定势导致的思维障碍，直线思维是一种单维的、定向的、视野局限、思路狭窄、缺乏辩证性的思维方式，但同时也被认为是以最简洁的思维历程和最短的思维距离，直达事物内蕴最深层次的一种思维方式。养成了直线型思维习惯，就不善于从侧面、反面或迂回地去思考问题，不免会陷入思维的误区。

高校学生在创新创业过程中，经验定势导致的思维障碍也是经常存在的，有的学生受自己高中经历的影响，有的学生受家庭环境的影响，有的学生受周围同学、朋友的影响，做一件事情的时候希望拿他们以前所看到的东西作为判断，有时候在别人看起来不是困难的情况下做出错误的判断，最后导致事情的失败。有一个例子，有几位学生的创业项目是通过校园网上商城向其他学生销售日用商品，其中一个环节是需要进货，他们为了降低成本，多次进行了供货询价，发现有很多价格低得很离谱的商品，甚至可乐只要几毛钱一瓶的进价，而对方要求先付款或先付定金，后发货，这是一个非常明显的骗局，当时笔者提醒学生，这很有可能是个骗局，完全可以让对方货到付款，学生则根据家人的经验说现在很多超市第一次进货都要先付款，后发货，他们亲戚就是这样的，笔者费了很大工夫，竭力劝阻，过了很久学生才明白，差一点被骗子欺骗，而且这类骗局网上已经有很多人上当了，如果他们能进行充分的信息收集、分析，也就不会被家人超市经营的经验所迷惑了。

2）从众定势导致思维障碍

心理学家阿希在 1956 年进行了关于从众现象的经典性研究。他的实验旨在研究从众现象的具体表现、产生及其原因。该实验以大学生为被试，每组 7 人，坐成一排，其中 6 人为事先安排好的实验合作者，只有一人为真被试。实验者每次向大家出示两张卡片，其中一张画有标准线 X，另一张画有三条直线 A、B、C。X 的长度明显地与 A、B、C 三条直线中的一条等长。实验者要求被试判断 X 线与 A、B、C 三条线中哪一条线等长。实验者指明的顺序总是把真实被试者安排在最后。第一、第二次测试大家没有区别，第三至第十二次前 6 名被试按事先要求故意说错，借此观察被试的反应是否发生从众行为。阿希实验卡片，如图 3-1 所示。

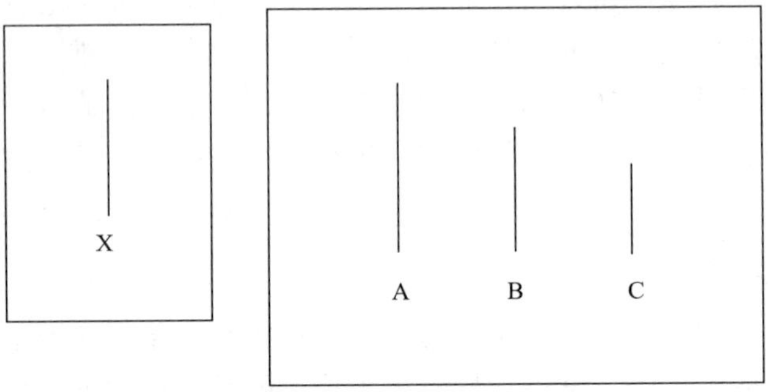

图 3-1　阿希实验卡片

在两次正常判断之后，5 个假被试故意异口同声地说出一个错误答案。于是许多真被试开始迷惑了，从总体结果看，平均有 33%的人的判断是从众的，有 76%的人至少做了一次从众的判断，而在正常的情况下，人们判断错的可能性还不到 1%。当然，还有 24%的人一直没有从众，他们按照自己的正确判断来回答。

在高校有相当一部分学生表现了从众行为，部分学生到了新的环境，为了使自己合群，不被同伴孤立，往往缺乏自己的主见，跟随众人思维，经常做自己不愿意做的事情，这些对学生的成长是非常不利的，尤其在创新创业的过程中。

3）权威定势导致思维障碍

北宋年间，大文豪苏东坡有一次去看望济南监镇宋保国。宋保国将王安石写的《华严经注解》拿出来展示。苏东坡说："华严经本来有八十一卷，现在却只有一卷，这是怎么回事呀？"宋保国说："荆公（指王安石）注解的这一卷才是佛语，非常精妙，其他卷都是菩萨语（指废话）。苏东坡见他这么崇拜王安石，就说："我从经书中，取出几句佛语，夹杂在菩萨语中，再找出几句菩萨语，夹杂到佛语中，你能分辨清楚吗？"宋保国说："不能。"东坡又说："我以前曾住在岐下那个地方，听说附近河阳县的猪肉味道很好，就叫人去买，这人回来的路上喝醉了酒，猪夜间逃走了，于是他就另买了一头普通的猪来顶替。客人尝了这猪肉后，都赞不绝口，连说好吃，认为非一般的猪肉可比。后来，这件用假猪顶替的事情败露了，客人知道后，都为自己当初的表态感到惭愧。今天荆公写的假话就如同那头假猪一样，只是没有败露罢了。如果你用心去体会，就会发现墙壁瓦砾，都昭示着很精妙的佛法。至于说什么佛语很精妙，不是菩萨语能比得上的，这难道不是梦话吗？”宋保国惭愧地说：“您说的有道理。”

从这个故事中我们可以看到，王安石对宋保国的影响有多大，现实生活中我们很多人也经常因为别人的影响而做出错误的判断。比如，有些人生病看医生喜欢选择专家，选择大医院，不管自己大病小病；有些人遇到难以解决的问题时，喜欢征求亲友家族里影响较大的人物的意见，而不是根据实际分析问题，或者请教专业人士；就连小孩子都经常说，我们老师怎么怎么说，权威的影响在我们社会中非常常见，所以我们的大学生在做事做人上要尊重他人意见，但一定不能一味地盲从，尤其是在创新创业的路上，盲从往往是成功的绊脚石。

4）规则定势导致思维障碍

一位年轻的炮兵军官上任伊始，到下属部队视察操练情况，他在几个部队发现了相同的情况：在一个单位操练中，总有一名士兵自始至终站在大炮的炮管下面纹丝不动。军官不解，询问原因，得到的答案是：操练条例就是这样要求的。军官回去后反复查阅了军事文献，终于发现长期以来，炮兵的操练条例仍因循非机械化时代的规则。站在炮管下士兵的任务是负责拉住马的缰绳，在那个时代，大炮是由马车运载到前线的，以便在大炮发射后调整由于后坐力产生的距离偏差，减少再次瞄准所需的时间。现在大炮的自动化和机械化程度很高，已经不再需要这样一个角色了，但操练条例没有及时调整，因此才出现了“不拉马的士兵”，军官的这一发现使他获得了国防部的嘉奖。从这个故事我们可以看出，我们所认为的规则，随着时间的变化往往会成为束缚事物发展的枷锁，如果我们一味地遵从教条，可能会导致意想不到的失败。

大学生在创新创业过程中，教条主义现象很常见。有些商业思维和商业逻辑，不一定能跟得上时代的发展，如商业经营，随着互联网时代的发展，很多新的商业模式、现象及经营方法都在变化。有些学生没有注意观察，往往忽略这些东西，只是遵循自己所了解的过去的商业信条，拿到市场中检验时才发现，有些东西不一定适用，所以学生要学习理解一些基本的商业原理，但也不能一味地遵循教条。互联网时代，任何新的商业原理取代过去的商业原理都不足为奇。

5）简单思维定式导致思维障碍

有这样一个问题：一位公安局长在路边同一位老人谈话，这时跑过来一个小孩，急促地对公安局长说：“你爸爸和我爸爸吵起来了！”老人问：“这孩子是你什么人？”公安局长说：“是我儿子。”请你回答：这两个吵架的人和公安局长是什么关系？其实这个问题非常的简单：“局长是个女的，吵架的一个是局长的丈夫，即孩子的爸爸；另一个是局长的爸爸，即孩子的外公。” 但是如果按照成人的经验，公安局长应该是男的，从男局长这个心理定势去推想，自然找不到答案；从故事中我们可以看出我们已经形成的经验有时候其消极作用会制约我们的思考。

大学生在创新创业过程中也会经常出现这种现象，有一次笔者参加一个比赛的评审，一个学生在做他们的商业项目路演，说到该商业项目的第一年盈利状况，他说可以达到 400 万的年收入，而在我们看来难度是非常大的。在问辩环节我就问：“你这个盈利状况估计的逻辑依据是什么？”这位同学回答道：“根据市场上同类型的公司估计的。”

其实这就是简单思维形成的障碍，他们只是看到类似公司的盈利状况，却没有看到别的公司在整个经营过程中曾经的亏损或失败，以及曾经的努力和刻苦，有些东西是不能简单拿来直接用的。

6）书本定势导致思维障碍

有个故事说，很久以前，有位学子不远千里四处访师求学，为的是能学到真才实学，可是让他感到苦恼的是，他学到的知识越多，却越觉得自己无知和浅薄。有一次他遇到一位高僧，便向他倾诉了自己的苦恼，并请求高僧想一个办法让自己从苦恼中解脱出来。高僧听完了他所诉说的苦恼后，静静地想了一会，然后慢慢地问道："你求学的目的是求知识还是求智慧？"那位学子听后大为惊诧，不解地问道："求知识和求智慧有什么不同吗？"那位高僧听了笑道："这两者当然有所不同了，求知识是求之于外，当你对外在世界了解得越广，了解得越深，你所遇到的问题也就越多越难，这样你自然会感到学到的越多就越无知和浅薄。而求智慧则不然，求智慧是求之于内，当你对自己的内在世界了解得越多和越深时，你的心智就越圆润无缺，你就会感到一股来自内在的智性，也就不会有这么多的烦恼了。"学子听后还是不明白，继续问道："大师的话我还是不明白，请您讲得更简单一点好吗？"高僧就打了一个比喻："有两个人要上山去打柴，一个早早地就出发了，来到山上后却发现自己忘记磨砍柴刀，只好钝刀劈柴。另一个人则没有急于上山，而是先在家磨快刀后才上山，你说这两个人谁打的柴更多呢？"学子听后恍然大悟，对高僧说："大师的意思是，我就是那个只顾砍柴忘记磨刀的人吧！"高僧笑而不答。从故事中我们可以看出，盲目崇拜书本知识，把书本知识当作框框，会束缚我们的思考，而看不到书本知识与现实世界之间的巨大反差。

有些学生在创新创业过程中，过于执着于书本，连写商业计划书都严格按照既有书本范例，而在我们实际写商业计划的过程中，要重点关注我们为什么写计划书？给谁看？而不是平铺直叙采用同样的模式，俗话说"尽信书不如无书""纸上得来终觉浅，绝知此事要躬行"，学生在学习书本的过程中要注意充分地联系实际。

7）自我定势导致思维障碍

赤壁之战后，荆州七郡被刘备、曹操、孙权三家瓜分，刘备入蜀（四川），留关羽镇守占据的荆州五郡。刘备得到蜀川后，将长沙、桂阳两郡还给了孙权（相当于还了南郡）。后来关羽出兵攻打曹操的襄樊地区，孙权派吕蒙乘虚偷袭荆州三郡（南郡、武陵、零陵）失陷，导致荆州三郡失陷。这就是我们常说的大意失荆州，失去荆州最主要的原因是关羽盲目自信、疏忽大意、骄傲轻敌。陈寿在《三国志》中指出关羽："称万人敌，为世虎臣。然刚而自矜。"从中我们可以看出，自我定势对做事情的影响是非常大的，盲目自信会导致失败。同样，盲目自卑也会导致失败。

在大学生创新创业过程中，很多学生给自己过早地进行自我定势，有的学生过度自信，认为自己非常强，完全可以立于不败之地，有些学生过度自卑，认为很多事情自己做不到，而忽略了人是有潜能的。曾经有个学生自己非常想创业，也有一定的物质基础条件，但是很自卑，他认为自己做不好，问笔者："老师，我万一失败了怎么办？"笔者问他："你真的想创业吗？"他回答"是"，然后笔者就告诉他："你本来就没成功，哪里来的失败，大不了回到原点。"他仔细想想还是去尝试了，还取得了不错的效果。

因此，我们不要过早地进行自我定势，凡事勇于尝试，相信自己能做到。

8）非理性定势导致思维障碍

有一对夫妻，闹到要离婚的地步，调解员问他们："为什么要离婚呢？能否说一下原因。"原来是因为一件极小的事情引起的，早晨刷牙，丈夫牙膏挤得有点多了，妻子说："败家子，就不能省着点用。"丈夫心里非常不高兴，就把牙膏甩到了妻子的脸上，妻子顺手就打了丈夫一个巴掌……就这样从小事闹到离婚，双方都处于非理性的思维定式里，人偏离了理性的引导，而处于感情、欲望、情绪、潜意识等因素的支配下，无法清醒而准确地把握事物和问题，这种情况下做出的决策可能是错误的，会带来很严重的后果。

大学生在创业过程中也经常有这种情况，有些学生凭借一股热血和冲动就去创业，然而由于个人素质、物质基础等多方面都没有准备好，最后以失败告终。所以当我们在非理性的情况下尽量不要去做决策，等冷静下来了再思考，决策出现错误的可能性就会小很多。

9）习惯性定势导致思维障碍

明英宗朱祁镇，从小就依赖他的启蒙老师——太监王振。朱祁镇幼年登基，一直由王振带着，对王振十分依赖、信任，言听计从。偏偏王振是个好高骛远，又贪心又没能耐的人。后来王振挑起了瓦剌和明王朝的战争。王振为了自己获得兵权名垂青史，怂恿皇帝朱祁镇带领全部精锐御驾亲征。结果数十万大军因为王振的指挥连战场都没上就全军覆灭了，明朝积累数十年的精锐武器全被瓦剌抢走，皇帝朱祁镇被瓦剌俘虏，众多随驾的朝廷命官殒命。朱祁镇成了俘虏后，留在京城的朝臣为了防止瓦剌以皇帝要挟大明朝，废了朱祁镇的皇位，改为太上皇，并在北京拥立朱祁镇的弟弟朱祁钰登基为帝。从这个历史故事中，我们可以看出习惯性定势会导致人们在很多事情出现后习惯性依赖别的人、事、物，而缺乏自己的主见和思考，从而失去主动权，难以掌控失败。

有些大学生在创业过程中存在习惯性依赖，依赖的对象可能是家长、教师、同学、朋友。充分地听取周围人的意见，尊重周围人的意见没问题，一旦出现了习惯性依赖，创业能否成功就不是由自己决定了。

10）时间管理不当导致思维障碍

蒯通是韩信的谋士，在韩信还是齐王的时候就看出刘邦会杀韩信，劝韩信起兵造反，建议韩信与刘邦、项羽三分天下，韩信说："汉王待我不薄，我怎能见利忘义、背恩忘德呢？"韩信念及刘邦恩情不忍背叛，后被吕后杀死。韩信临死长叹："吾悔不用蒯通之计。"其实在整个过程中， 韩信一直犹豫不决，一再拖延，时机最后发生了变化，他也错失了机会。

大学生在创新创业过程中，也经常会因为犹豫、拖延、时间管理不当带来失败的后果，懒惰是多数人的行为习惯，当没有足够的动力促进人们勤奋时，个人的自觉性就显得十分重要，大学的学习、生活更多地需要自觉性，创新创业中的人们更要及时地克制懒惰的欲望，方能走得更远。

11）缺乏独立思考导致思维障碍

有个人很想找个生意做。一天，有一个朋友找到了他，声称自己有个餐馆，非常不错，客人也多，地段也不错，由于自己要去其他地方，想转让出去。看在朋友的份上，转让价格也很便宜。这个人空闲的时候也去餐馆看了，果然里面有很多就餐的，就相信了朋友的话，并没有认真思考事情背后的东西，花钱把餐馆盘了下来。当他接手几个月以后发现，餐馆的生意并不好，一直在亏损，后来他才明白，原来他去看的时候在朋友餐馆吃饭的人都是托，如果朋友餐馆经营得非常好，非常赚钱，为什么会这么便宜就转让给他了呢？可见，当我们缺乏独立思考的时候，往往会忽略很多事物背后本质的东西，最终会导致自己失败。

近年来，在校大学生因为遇到事情没有认真思考而受骗屡见不鲜。同样，经历得不够多，缺乏思考，也是大学生创新创业中一个常见的问题，因此我们支持大学生在条件允许的情况下，积极地尝试做项目，甚至尝试着创业，不管成功或失败，这种经历都值得大学生进行认真的总结与思考，学会思考，可以避免毕业后在生活工作中多走弯路。

12）缺乏乐趣导致思维障碍

1965 年 9 月 7 日，世界台球冠军争夺赛在纽约举行，路易斯·福克斯的得分一路遥遥领先，只要再得几分便可稳拿冠军了，就在这个时候，他发现一只苍蝇落在主球上，他挥手将苍蝇赶走了。可是，当他俯身击球的时候，那只苍蝇又飞回到主球上来了，他在观众的笑声中再一次起身驱赶苍蝇。这只讨厌的苍蝇开始破坏了他的情绪，而且更为糟糕的是，苍蝇好像是有意跟他作对，他一回到球台，它就又飞回到主球上来，引得周围的观众哈哈大笑。福克斯的情绪恶劣到了极点，终于失去理智，愤怒地用球杆去击打苍蝇，球杆碰动了主球，裁判判他击球，他因此失去了一轮机会。福克斯方寸大乱连连失利，而他的对手约翰·迪瑞则愈战愈勇，赶上并且超过他，最后夺走了冠军的桂冠。第二天早上，人们在河里发现了福克斯的尸体，他投河自杀了。其实在我们的生活中存在着许多影响我们心情的事物，导致我们对事业失去乐趣，当我们的事业受到其他影响而对其失去乐趣时，离失败就不远了。

有些学生在面临某些事情的时候总会说“对不起，我不感兴趣”，还把这个作为不做事情的理由，其实这是一种不理智的行为。我们以后工作也好，创业也好，不可能所有的事情都符合我们的兴趣。我们可以尝试着对他们产生兴趣，我们也可用另外一个词来代替，做这件事不过是我们通往成功路上的一个工具而已，能这样想，心态就会平和，做事的效果也会不一样。

3.3　创新创业活动中常见的创新思维方法和技法

3.3.1　常见的创新思维方法

创新思维方法有逻辑创新思维方法和非逻辑创新思维方法。常见的逻辑创新思维方法有辩证逻辑思维和形式逻辑思维；常见的非逻辑创新思维方法有形象思维、直觉思维、发散思维、收敛思维、逆向思维、系统思维、横向思维、分合思维、转换思维等。

1）辩证逻辑思维

一位老婆婆去找禅师说：“我每一天都很忧愁，禅师能否帮帮我?”禅师问是为何，老婆婆说：“我有两个女儿，大女儿嫁个卖伞的，小女儿嫁给卖帽子的。如果是晴天，我就担心大女儿家没生意；如果是雨天，我就担心小女儿家没生意。因此，每一天都很忧愁。”禅师笑笑：“呵呵，其实你应该每天都很开心呀。如果是晴天，小女儿家生意好。如果是雨天，大女儿家生意好。这样来看，天天是好天。”其实，我们发现，好与坏其实是辩证的来看的，这个老婆婆只看到负面，而没有看到正面，用负面的思路思考问题，会形成消极心态，甚至钻牛角尖自寻烦恼。有时候，换一个角度看看，或许，心灵也会获得一种自由。

辩证逻辑思维的最基本形式有分析与综合、抽象与具体、演变与概括三种。辩证逻辑思维，往往从看似对立无法调和的事物之间，深刻认识它们的相互关系，就能从中寻找到解决问题的有效途径。从对立中寻求转机或方案的辩证逻辑思维，其思维轨迹往往穿行于两个相互对立的事物之间，形成一条循环往复、螺旋上升的曲线。对立双方的转化，往往是有条件的，只有当事物发展到一定阶段，对立双方确实具备转化的条件促使其向着对立方向转化时，才成为可能，这就是事物发展变化的转机。在这一思维过程中，关键在于能否把握对立双方的转化规律，及时捕捉转化时机，积极创造转化条件。

2）形式逻辑思维

一个女儿问妈妈的头发为什么白了，妈妈说女儿不听话导致妈妈生气头发就白了，女儿听后说姥姥的头发全白了，原来是妈妈气得啊。虽然女儿推论的前提是妈妈的错误判断，但是我们可以看出，逻辑已经融入了人们的生活，哪怕只是形式逻辑。

形式逻辑思维是个体抽象思维的初级表现形式，着重从思维逻辑结构方面来研究思维及其规律，是概念、判断、推理等思维方法所具有的共同的组成方式和联系方式，任何一个思维正常的人都离不开形式逻辑。

3）形象思维

众所周知，牛顿研究苹果落地的故事。有一天，牛顿在午后走进花园休息，在一棵苹果树下坐了下来，与朋友史特克莱一起谈着物理学中的各种问题。谈着谈着，树上的一只苹果正好落在牛顿的头上。这时牛顿脑海里突然冒出一个奇怪的念头，苹果为什么不往天上飞，而要往地下落呢？是什么力在吸引它呢？吸引它的可能是地球。地球吸引着苹果，苹果也一定吸引着地球，但是为什么只看见苹果落地，不见地球向苹果飞去呢？那么可不可以把天上的月亮看作是一个很大的苹果呢？地球对它也有一个引力，可它为什么不像苹果一样落向地球呢？月亮难道不受地球引力的作用吗？不对，它肯定受地球引力的作用，但是月亮在天空中做着圆周运动。对了，它做圆周运动，这样就会产生一个离心力。就这样牛顿发现了万有引力。他又进一步思考万有引力的大小，发现了伟大的万有引力定律。可见，形象思维会给我们带来很多的启示。

所谓的形象思维，主要是指人们在认识世界的过程中，对事物表象进行取舍时形成的，是用直观形象的表象，解决问题的思维方法。形象思维是对形象信息传递的客观形象体系进行感受、储存的基础上，结合主观的认识和情感进行识别（包括审美判断和科学判断等），并用一定的形式、手段和工具（包括文学语言、绘画线条色彩、音响节奏旋律及操作工具等）创造和描述形象（包括艺术形象和科学形象）的一种基本的思维形式。

4）直觉思维

青年数学家阿普顿，刚到爱迪生的研究所工作时，爱迪生想考考他的能力，于是给了他一只实验用的灯泡，让他计算灯泡的容积。一个小时过去了，爱迪生回来检查，发现阿普顿仍然忙着测量和计算。爱迪生说："要是我，就往灯泡里灌水，将水倒入量杯，就知道灯泡的容积了。"毫无疑问，身为数学家的阿普顿，他的计算才能及逻辑思维能力是令人钦佩的，然而，这个问题表明，他所缺少的恰恰是像爱迪生那样的直觉思维能力。

直觉思维，是指对一个问题未经逐步分析，仅依据内因的感知迅速地对问题答案做出判断、猜想、设想，或者在对疑难百思不得其解之中，突然对问题有灵感和顿悟，甚至对未来事物的结果有预感、预言等都是直觉思维。直觉思维是一种心理现象，它不仅在创造性思维活动的关键阶段起着极为重要的作用，还是人生命活动、延缓衰老的重要保证。直觉思维是完全可以有意识地加以训练和培养的。

5）发散思维

心理学家曾做过这样的试验：在黑板上画一个圆圈，问在座学生这是什么？其中大学生回答很一致："这是一个圆。"而幼儿园的小朋友则给出了各种各样的答案：太阳、皮球、镜子……可谓五花八门。或许大学生的答案更加符合所画的图形，但是比起幼儿园孩子来说他们的答案是不是显得有些单调呆板呢？曾经有个老师出题："雪融化后是什么？"很多孩子回答是水，有一个孩子却回答是春天，这是多么美妙和浪漫的思维，它开阔了我们的眼界，让我们想到许多意想不到的美好。

发散思维是最基本的创新思维方法，是创新思维的核心，是一种开放型思维。采用这种思维思考问题全面周到，有利于决策的正确与准确，避免或减少失误；有利于在各种方案中选优；头脑中有尽可能多的可能性，有利于避免"上当"；有利于捕捉"战机"。头脑风暴法是我们最常用的发散思维方式之一。在创新创业的过程中，发散思维也往往可以给我们带来许多奇妙的思路。我们可以用发散思维思考：人们非常想解决而没有解决的问题，往往就是我们的商业机会。人们因为不想关电视就发明了遥控器，人们因为想上天就发明了飞机，如果能有一种东西非常好吃，而且又不会吃胖，一定也会很受女性欢迎。商机来源于我们的生活，我们天马行空地思考人们需要什么，一定能够得出很多意想不到的收获。

6）收敛思维

20 世纪 60 年代，美国阿波罗登月计划提出后，采取什么方案才能切实可行地按时完成登月任务呢？当时科学家和工程师提出了三种方案。第一种方案是"直接登月法"，使用推力极大的火箭将巨大的阿波罗飞船直接推向月球，然后使用制动火箭使整个飞船在月球上软着陆。这个方案的优点是飞行过程简单，但它需要研制出强大推力的火箭。第二种方案是"地球轨道交会法"。用几枚土星火箭将阿波罗飞船及其装载推进剂的逃逸火箭等分别送入地球轨道，在那里使它们交会对接起来，再飞往月球，飞船整体在月球软着陆。第三种方案是国家航空航天局兰利研究中心霍博尔特博士提出的"月球轨道交会法"。运载火箭先将载有三名宇航员的阿波罗飞船送入月球轨道，在沿月球轨道的飞行中，两名宇航员进入登月舱，然后登月舱脱离飞船的主体指令舱，用制动火箭逐步降低速度，在月面上降落。完成登月和月球考察以后，登月舱从月球表面上升返回月球轨道，并与一直在月球轨道上运行的阿波罗飞船主体交会对接，然后三名宇航员抛弃登月舱，启动指令舱火箭，脱离月球轨道，返回地球。这个方案给人的直觉印象是成功率较小。不过，由于不再需要使整个阿波罗飞船在月球上软着陆的庞大推进系统，被运载的空间飞行器的重量将减轻将近一半，只使用一枚土星火箭就足够了。霍博尔特的方案得到了兰利研究中心空间小组的赞同。这是一种典型的先发散思维然后再收敛思维的方式。

收敛思维也是创新思维的一种形式，与发散思维不同，发散思维是为了解决某个问题，从这一问题出发，想的办法、途径越多越好，总是追求还有没有更多的办法。而收敛思维也是为了解决某一问题，在众多的现象、线索、信息中，朝着问题一个方向思考，根据已有的经验、知识或发散思维去得出最好的结论和最好的解决办法。

收敛思维的另一种运用方式是先进行发散思维，越充分越好，在发散思维的基础上再进行集中，从若干种方案中选出一种最佳方案，同时注意将其他方案中的优点补充进来，加以完善，围绕这个最佳方案进行创造，效果自然会好。

7）逆向思维

我们很多人都听过北宋著名文学家司马光砸缸的故事，司马光字君实，陕州夏县（今山西夏县）人也。光生七岁，凛然如成人，闻讲《左氏春秋》，爱之，退为家人讲，即了其大旨。自是手不释书，至不知饥渴寒暑。群儿戏于庭，一儿登瓮，足跌没水中，众皆弃去，光持石击瓮破之，水迸，儿得活。这是一个典型的不从正面思考的故事，司马光没有通过司空见惯的救人方式去救人，使人脱离水，而是通过逆向思维，使水脱离人，想办法救出了小伙伴。

逆向思维也称求异思维或反向思维，它是对司空见惯的似乎已成定论的事物或观点反过来思考的一种思维方式。敢于“反其道而思之”，让思维向对立面的方向发展，从问题的相反面深入地进行探索，树立新思想，创立新形象。在商业营销运作中，也常有逆向思维应用。例如，做钟表生意的都喜欢说自己的表准，而一个表厂却说他们的表不够准，每天会有 1 秒的误差，不但没有失去顾客，反而大家非常认可，踊跃购买。

8）系统思维

北宋真宗时期，皇城失火，皇宫烧毁。宋真宗派大臣丁渭主持修复。当时修复的任务相当繁重，既要清理废墟，又要挖土烧砖，还要从外地运来大批建筑材料。要又快又省地完成这一修复任务，就需要制定一个最优的施工方案。丁渭经过分析研究之后，确定了这样一个方案：首先，把皇宫前面的大街挖成一条大沟，利用挖出来的土烧砖；然后把京城附近的汴水引入大沟，通过汴水运进建筑材料；等皇宫修复之后，再把碎砖烂瓦填入沟中，最后修复原来的大街。按照这一方案修造，取得了“一举三得”的效果，通过挖沟，一是省去了从远处运土，解决了烧砖的问题；二是把陆运改成水运，方便了运输，省工省时，节省了运输费用；三是为工程后期解决废墟的处理问题创造了条件。从修皇宫这件事情来看，丁谓将系统思维运用到了极致，以最小的成本，最短的时间，完成了宏大的工程。

系统思维把认识对象作为系统，从系统和要素、要素和要素、系统和环境的相互联系、相互作用出发，对事情全面思考，不止就事论事。系统思维把想要达到的结果、实现该结果的过程、过程优化及对未来的影响等一系列问题作为一个整体系统来进行研究，极大地简化了人们对事物的认知，从整体上带来较好的效率、效果。

9）横向思维

我们都听过曹冲称象的故事。冲少聪察，生五六岁，智意所及，有若成人之智。时孙权曾致大象，太祖欲知其斤重，访之群下，咸莫能出其理。冲曰："置象大船之上，而刻其水痕所至，称物以载之，则校可知矣。"太祖大悦，即施行焉。我们可以看出，曹冲的思维有横向、往宽处发展的特点，且善于举一反三，具有较强的横向思维。

横向思维是爱德华·德波诺教授针对纵向思维，即传统的逻辑思维提出的一种看问题的新程式、新方法。他认为纵向思维者对局势采取最理智的态度，从假设一个前提、一个概念开始，进而依靠逻辑认真解决，直至获得问题答案；而横向思维者是对问题本身提出问题、重构问题，它倾向于探求观察事物的所有的不同方法，而不是接受最有希望的方法，并按照此种去做。这对打破既有的思维模式是十分有用的。当然，横向思维也有其不足，有一个形象的比喻，这种思维就像河流一样，遇到宽广处，很自然地就会蔓延开来，但其欠缺的是深度。

10）分合思维

《晏子春秋·内篇·谏下第二》中说道：春秋时代齐景公帐下有三员大将——公孙接、田开疆、古冶子，他们战功彪炳，但也因此恃功而骄，晏子为避免未来造成可能的祸害，建议齐景公早日消除祸患。晏子设了一个局：让齐景公把三位勇士请来，要赏赐他们三位两颗珍贵的桃子；而三个人无法平分两颗桃子，晏子便提出协调办法，三人比功劳，功劳大的就可以取一颗桃。公孙接与田开疆都先报出他们自己的功绩，分别各拿了一个桃子。这时，古冶子认为自己功劳更大，气得拔剑指责前两者；而公孙接与田开疆听到古冶子报出自己的功劳之后，也自觉不如，羞愧之余便将桃子让出并自尽。尽管如此，古冶子却对先前羞辱别人吹捧自己及让别人为自己牺牲的丑态感到羞耻，因此也拔剑自刎——就这样，只靠着两颗桃子，兵不血刃地去掉三个威胁。虽然这是一个计谋杀人的故事，我们不提倡，但是我们从中可以看出，晏子通过分合思维逐步实现既定目的方式是值得我们学习的。

所谓分合思维就是将对象的有关部分，从思想上将他们分离或合并，试图找到一种新事物的思维方法。包括分离思维与合并思维，从哲学上讲就是我们经常说的"一分为二""合二为一"，数学上我们常讲的"分解"与"组合"，军事上我们常讲的"各个击破""集中兵力"等都是分合思维的体现。我们在生活和学习中善用分合思维，一分为二地看待问题将两者有机地结合起来可以得到更好的效果，往往会事半功倍。

11）转换思维

有一个故事说：一个热气球上有三个人，上升时遇到故障，必须舍弃一人才能安全升空，三人中一个是环保学家，一个是核专家，一个是农学家，该舍弃谁呢？大家讨论半天，也找不到正确答案，因为任何一个人都太重要了。这时，一个孩子喊了一句"把最胖的扔下去"。其实，我们这个时候很多人的思维是纠结于谁最重要，如果积极进行思维转换就会发现，问题的关键点是如何才能使热气球安全升空。

转换思维实际是一种多视角思维方式，从多个层次、多个方面、多个角度观察和思考同一现象或问题，用联系的发展的眼光看待问题，会得到更加全面的认识，也会得到更加完满的解决方案。转换思维要求我们思考问题时要多尝试转换视角、转换问题、转换思路、转换方式，一般情况下，如果我们对某一问题的思考方式对自己不利，就应该转换一个思路，从另一个角度考虑问题，说不定可以使问题迎刃而解。

3.3.2　创新创业活动中常见的创新技法

1. 创新技法及其特征

创新技法是利用创新思维的基本理论，总结创新主体在创新活动中的经验；总结创新者的传记材料和专利文献中创造发明的案例；总结理论创新、观念创新、知识创新、技术创新、制度创新和自主创新等各种创新活动中概括出来的，用以拓宽新思维空间、启迪创新思路、指导创新过程、提高创新能力、促成创新成果的各种具体方法技巧的总称。如果把创造创新活动比喻成我们要到达某个目标城市的话，那么方法和技法就是到达目标城市的交通工具，好的交通工具可以使得我们更快、更便捷地到达目的地。可见，创新方法和技巧可以说是我们达成创新目的的重要手段或工具。

创新技法有四个方面的特征。

1）实践性

我们常说，实践是检验真理的唯一标准，创新技法是否有效，是否能够在创新创业活动中真正提升效率，是需要通过实践检验的，是需要在创新实践活动中总结出来的。它能够很方便地运用于创新实践。因此，所有的创新技法都是经过实践检验的，被证明是行之有效的。

2）指向性

创新技法的目的是解决创新过程中的问题，以缩短创新探索过程、提高创新效率、激发创新思维为主要方向。因此，在讲创新技法的时候不应过多地纠结于理论，更多地应该思考如何将创新技法应用于技术发明创新、制度创新、知识创新、管理创新等具体的应用方向。

3）可操作性

创新技法应该是可操作的，可以落地执行的，而不是仅仅限于理论上。创新技法易于操作不仅可以提高创新活动的效率、效果，更容易被普及推广，使得技法可以被更多的人应用于我们工作生活中的更多方面。

4）差异性

创新技法没有固定的模式，实质是在于调动主体的非逻辑思维，从而激发创新思维的产生。因此，创新技法不是一成不变的，世界上已有数百种创新技法为人们所用，有着力于组织角度运用的，有着力于思维方法运用的，有着力于非智力因素调动的，有宏观的、微观的，因此创新技法更多的是非固定性的，使用哪种创新技法取决于我们要解决问题的对象。

2. 常见的创新技法

创新技法源于创造学的理论与规则，是创造原理具体运用的结果，是促进事物变革与技术创新的一种技巧。这些技巧提供了某些具体改革与创新的应用程序，提供了进行创新探索的途径。关于创新技法有很多，下面我们介绍一些常用的创新技法。

1）集成创新法

“集成”在《现代汉语词典》中解释为集大成，意思是指将某类事物中各个好的、精华的部分集中、组合在一起，达到整体最优的效果。有研究者认为，集成不是简单的连入、堆积、混合、叠加、汇聚、捆绑和包装，而是将各种创新要素通过创造性地融合，使各项创新要素之间互补匹配，从而使创新系统的整体功能发生质的变化，形成独特的创新能力和竞争优势。有研究者从系统的观点提出，“集成从一般意义上可以理解为两个或者两个以上的要素（单元、子系统）集合成为一个有机系统，这种集合不是要素之间的简单相加，而是要素之间的有机结合，即按照某种集成规则进行的组合和构造，其目的在于提高有机系统的整体功能”。

从以上观点我们可以看出，要素简单地结合在一起并不能称为集成，只有当要素经过主动优化、选择搭配，以最合理的结构形式结合在一起，形成一个由适宜要素组成，相互优势互补、匹配的有机整体时，才能称为集成。集成从管理学的角度来说，不仅是一般性地、机械地结合，更应该是一种创造性地融合过程，需要在各要素的结合过程中融入创造性思维。集成创新的概念虽然还无定论，但大家都一致认为，集成创新的主体应该是企业，集成创新的目的是有效集成各种要素，更多地占有市场份额，创造更大的经济效益。

在社会经济发展过程中，集成创新的重要主体一般是企业，企业以盈利为目的，而盈利的前提是充分满足客户需要，因此现代企业集成创新更重视质量和产品多样化、强调用户在创新活动中的参与和互动。企业需要与用户密切联系，提高沟通交流的有效性，通过互动交流从用户处得到需求反馈信息，将其作为产品创新的基本依据。用户希望产品达到的功能、质量、价格和交货期等都会影响企业产品开发。可见，企业集成创新是利用各种信息技术、管理技术与工具等，对各个创新要素和创新内容进行选择、集成和优化，形成优势互补的有机整体，最终实现企业发展目的的动态创新过程。

企业集成创新主要有以下几种形式：①技术集成创新，按照市场需求开发新产品，将有关的技术单元组织集成创新，使新产品快速进入市场。②服务集成创新，让处于同行业或同一供应链中的企业进入大市场，把物流、资金流、信息流等组织集成服务，以提高市场的经营效率。③资源集成创新，将不同企业的优势资源进行整合，以达到互惠互利的目的。比如，拥有足够资金的企业与拥有好项目并有经营能力的企业的合作。④平台集成创新，将供应商、客户、合作商等不同功能的组织平台集成为一个有机组织体，使其整体效率得到极大提高。

2）集智法

该种技法是一种群体操作型的创新技法，需要集中大家智慧，并激励智慧，进行创新，通过将不同知识结构、不同工作经历、不同兴趣爱好的人聚集在一起分析问题、讨论方案、探索未来，由于探讨时会在感觉和认知上产生差异，进而形成一种智力互激、信息互补的氛围，从而可以很有效地实现创新效果。

集智法常采用的具体做法有以下几种。

（1）会议式。会议式也称头脑风暴法，1939 年由美国 BBDO 广告公司副经理奥斯本所创立。该技法的特点是通过召开专题会议，并对会议发言作若干规定，造成与会人员之间的智力互激和思维共振，用来获取大量而优质的创新设想。会议的一般议程是：会议准备——确定会议主持人、会议主题、会议时间、参会人（5～15 人为佳，且专业构成要合理）；热身运动——看一段创造录像，讲一个创造技法故事，出几道脑筋急转弯题目，使与会者身心得到放松，思维运转灵活；明确问题——主持人简明介绍，提供最低数量信息，不附加任何框架；自由畅谈——无顾忌，自由思考，以量求质，有人统计，一个在相同时间内比别人多提出两倍设想的人，最后产生有实用价值的设想的可能性比别人高 10 倍；加工整理——会议主持人组织专人对各种设想进行分类整理，去粗取精，并补充和完善设想。

（2）书面式。书面式方法是由德国创造学家鲁尔巴赫根据德意志民族惯于沉思的性格特点，对奥斯本智力激励法加以改进而成。该方法的主要特点是采用书面畅述的方式激发人的智力，避免了在会议中部分人因疏于言辞、表达能力差的弊病，也避免了在会议中部分人因争相发言，彼此干扰而影响智力激励的效果。该方法也称“635 法”，即 6 人参加，每人在卡片上默写 3 个设想，每轮历时 5 分钟。具体程序是：宣布创造主题、发卡片、默写 3 个设想、传阅；在第二个 5 分钟要求每人参照他人设想填上新的设想或完善他人的设想，30 分钟后就可以产生 108 种设想，最后经过筛选，获得有价值的设想。

（3）卡片式。卡片式是在奥斯本的头脑风暴法的基础上创立的。其特点是将人们的口头畅谈与书面叙述有机结合起来，以最大程度地发挥群体智力互激的作用和效果。具体程序如下所述，召开 4～8 人参加的小组会议，每人必须根据会议主题提出 5 个以上的设想，并将设想写在卡片中，一个卡片写一个，然后在会议上轮流宣读自己的设想。如果在别人宣读设想时，自己因受到启示产生新想法时，应立即将新想法写在备用卡片上。待全体发言完毕后，集中所有卡片，按内容进行分类，并加上标题，再进行更系统的讨论，以挑选出可供采纳的创新没想。

3）系统分析法

系统分析最早是由美国兰德公司在第二次世界大战结束前后提出并加以使用的。1945 年，美国道格拉斯飞机公司组织了各个学科领域的科技专家为美国空军研究“洲际战争”问题，目的是为空军提供关于技术和设备方面的建议，当时称为“研究与开发”计划。1948 年 5 月，执行该计划的部门从道格拉斯公司独立出来，成立了兰德公司，“兰德”（RAND）是“研究与开发”英文的缩写。

系统分析法是指把要解决的问题作为一个系统，对系统要素进行综合分析，找出解决问题的可行方案的咨询方法。兰德公司认为，系统分析是一种研究方略，它能在不确定的情况下，确定问题的本质和起因，明确咨询目标，找出各种可行方案，并通过一定的标准对这些方案进行比较，帮助决策者在复杂的问题和环境中做出科学抉择。系统分析是咨询研究的最基本的方法，我们可以把一个复杂的咨询项目看成系统工程，通过系统目标分析、系统要素分析、系统环境分析、系统资源分析和系统管理分析，准确地诊断问题，深刻地揭示问题起因，有效地提出解决方案并满足客户的需求。

系统分析方法的具体步骤包括限定问题、确定目标、调查研究、提出方案和评价标准、方案评估和提交最可行方案。

第一步，限定问题。限定问题的前提是确定问题，需要明确问题的本质或特性、问题的存在范围和影响程度、问题产生的时间和环境、问题的症状和原因等，要清楚地界定是现状与计划目标或理想状态之间的差距，这个差距就是系统最终要解决的问题。系统分析的核心内容有两个：其一是进行“诊断”，即找出问题及其原因；其二是“开处方”，即提出解决问题的最可行方案。限定问题是系统分析中关键的一步，因为如果问题限定出错，解决方案就不可能解决本质的问题。在限定问题时，我们要注意区别症状和问题，有些问题可能不是我们要解决的主要问题，这里的问题具有一定的迷惑性，同时，探讨问题原因不能先入为主，要判别哪些是局部问题，哪些是整体问题，哪些是表面问题，哪些是实质问题。

第二步，确定目标。系统分析目标应该根据需要解决的问题加以确定，如有可能应尽量通过量化指标表示，以便进行定量分析。对不能定量描述的目标也应该尽量用文字说清楚，以便进行定性分析和评价系统分析的成效。将定性指标进行锚定量化是一件专业性非常强的工作，需要对问题背景、问题本质有深刻的理解。

第三步，调查研究。没有调查就没有发言权，调查研究是解决问题的逻辑基础，调查研究和收集数据应该围绕问题起因进行，一方面要验证在限定问题阶段形成的假设，另一方面要探讨产生问题的根本原因，为下一步提出解决问题的备选方案做准备。收集的数据和信息包括事实、见解和态度。信息收集完成后要对部分缺失数据进行处理，同时要对数据和信息去伪存真，交叉核实，以保证真实性和准确性。调查研究最常用的方式有资料解读、问卷调查、行为事件访谈、观察调查等。

第四步，提出方案和评价标准。通过对调查信息的分析，最终对真正有待解决的问题进行确定，使产生问题的主要原因得到明确，在此基础上就可以有针对性地提出解决问题的方案。备选方案是解决问题和达到咨询目标可供选择的建议或设计，一般可以根据实际情况做出若干备选方案，以便提供进一步评估和筛选。为了对备选方案进行评估，要根据问题的性质和客户具备的条件。提出约束条件或评价标准，以供下一步应用。

第五步，方案评估。根据上述约束条件或评价标准，对解决问题备选方案进行评估，根据评估结果确定最可行方案。方案评估应该是综合性的，不仅要考虑技术因素，也要考虑价值因素。评估小组成员的选取应该有一定的代表性，并且尽可能地减少个人对方案的主观倾向。

第六步，提交最可行方案。最可行方案并不一定是最佳方案，我们常说没有最好，只有更好，选定的方案是在约束条件之内，根据评价标准筛选出的较优方案。如果达到目标，则系统分析结束；如果达不到目标，则需要重新分析。比如，重新限定问题、调整约束条件或评价标准，最终直到成功达到目标为止。

4）联想类比法

有些事物之间具有接近、相似或相对的特点，在此基础上进行由此及彼、由近及远、由表及里的思考问题的方法就是联想类比法。联想类比法的特点是以大量联想为基础，以不同事物间的相同、类比为纽带，它最终通过对两种以上事物之间存在的关联性与可比性，去扩展人脑中固有的思维，使其由旧见新，由已知推未知，从而获得更多的设想、预见和推测。

联想类比法具有联想思维，具有启迪性、支配性、逻辑性和扩展性。我们可以把联想思维分为因果联想、相似联想、推理联想和对比联想四种类型。因果联想是从已掌握的知识信息与思维对象间的因果关系中获得启迪的思维形式；相似联想是将观察到的事物与思维对象之间做比较，根据两个或两个以上的研究对象与设想之间的相似性创造新事物的思维方式；推理联想是指由某一概念而引发其他相关概念，根据两者之间的逻辑关系，推导出新的创造构想的思维方式；对比联想是将已掌握的知识与思维联系起来，从两者的相关性中加以对比后获得新知识的思维方式。

5）因果分析法

因果分析法通常是通过因果图表现出来，因果图又称要因图、鱼刺图或石川图，这种技术经常运用于项目管理中，就是以结果作为特性，以原因作为因素，逐步深入研究和讨论项目目前存在问题的方法，其交付成果就是因果分析图。该方法是 1953 年日本川琦制铁公司质量管理专家石川馨最早使用的，当时是为了寻找产生某种质量问题的原因，发动大家谈看法，做分析，将群众的意见反映在一张图上，形成了因果图。因果图反映的因果关系直观、醒目、条理分明，用起来比较方便，效果好，所以得到了许多企业的青睐。

使用该法首先要分清因果地位，因果分析法的应用需要按事物之间的因果关系，从已知的因素来检测结果或者根据已知的结果倒查原因。其次，要注意因果对应，这种对应不能混淆，任何结果都由一定的原因引起，一定的原因会产生一定的结果。最后，要循因导果，执果索因，从不同的方向用不同的思维方式去进行因果分析，这也有利于发展多向性思维。

确定了因果分析图后，项目团队就应该对之进行解释说明，通过数据统计分析、测试、收集有关问题的更多数据或与客户沟通来确认最基本的原因。确认了基本原因之后，项目团队就可以开始制订解决方案并进行改进了。

6）资源分析法

资源分析法是通过对企业资源的分析，了解企业在资源上表现出来的优势和劣势，在资源使用上的需要进行调整，将优势的资源用在合适的地方，最终使得企业的利润最大化。资源分析的目的是确定企业拥有的资源量及有可能获得的资源量，其实在此基础上还可以更进一步分析资源如何进行配置才能达到优化，通过资源评估为企业制定发展战略提供可靠的依据和基础。

资源分析法的基础是列出企业拥有和可以获得的资源清单，资源清单至少包括企业管理力量、企业员工、市场和营销、财务、生产、设施和设备状况、企业的组织、企业形象及与外部环境的关系等。

资源分析的目的是进行资源的有效利用。因此，利用情况分析更加重要，需要通过利用情况分析发现企业的生产效率，即产出与资源投入的比例，可以用利润和成本的比例表示。资源的利用情况分析可以让我们知道资源最终应该如何优化利用才能达到最好的效果。

7）思维导图法

思维导图，又称心智图，是表达发射性思维的有效的图形思维工具。思维导图运用图文并重的技巧，把各级主题的关系用相互隶属与相关的层级图表现出来，把主题关键词与图像、颜色等建立记忆联结，充分运用左右脑的机能，利用记忆、阅读、思维的规律，协助人们在科学与艺术、逻辑与想象之间平衡发展，从而开启人类大脑的无限潜能。

思维导图是一种将放射性思考具体化的方法。放射性思考是人类大脑的自然思考方式，每一种进入大脑的资料，无论是感觉、记忆或是想法（包括文字、数字、符码、食物、香气、线条、颜色、意象、节奏、音符等），都可以成为一个思考中心，并由此中心向外发散出成千上万的关节点，每一个关节点代表与中心主题的一个联结，而每一个联结又可以成为另一个中心主题，再向外发散出成千上万的关节点，而这些关节的联结可以视为记忆，也就是个人数据库。

思维导图以放射性思考模式为基础的收放自如方式，除了提供一个正确而快速的学习方法与工具外，运用在创意的联想与收敛、项目企划、问题的解决与分析、会议管理等方面，往往会产生令人意想不到的效果。

8）特性列举法

特性列举法，也称属性列举法，是美国布拉斯加大学教授 R.克劳斯特发明的一种创造技法，他认为通过对需要革新改进的对象做观察分析，尽量列举该事物的各种不同的特征或属性，然后确定应加以改善的方向及如何实施，可以大大提高创新效率。该技法是一种通过创新对象的特征，包括名词性、形容词性和动词性等一一列举出来，然后分析、探讨能否以更好的特性替代，最后提出革新的方案的创新技法。

特性列举法中有很多种特性，如有名词特性、形容词特性、动词特性及类比方式等。①名词特性，可以是整体的、部分的一些结构的名称，还可以是建造时所用材料的名称及其制造方法等。②形容词特性，一般来讲是用来描述所用事物性质的形容词，如一件物品外观、颜色等。③动词特性，主要是用来描述其功能的，如此东西是用来做什么的。④类比方式，类比也可分为很多种，如直接类比、亲身类比、幻想类比、对称类比、因果类比等。

3.4　大学生创业常见思维问题

2012 年教育部提出，将创新创业融入人才培养全过程，目前的高校创新创业氛围浓厚，在校大学生创业的数量也越来越多，在大学生创新创业过程中，各种思维问题也在出现，如何发挥大学生积极的创新创业思维，规避消极的思维障碍，对大学生创业发展有着重要意义。知识经济的时代，创新引领着社会发展的潮流，创新的作用日益显示出其重要性。在对当代大学生的创业创新创业教育过程中，创新思维教育就是创业教育核心之一。

3.4.1　创业思维教育对大学创业的积极作用

1）完善创业教育，提升创新思维能力

不同行业和时代背景下，创新思维有着不同的表现形式，但实质上，都是该时代背景下人的一种思维能力的表现，对个人发展至关重要。创新思维的培养能够激发和保护大学生的想象力，能够促进大学生学习生活中积极主动思考，寻找问题答案的主观能动性。当大学生遇到问题或困难时，不是退缩，而是大胆设想、积极求证。因此，大学生创新思维的培养对创业教育的完善发展、大学生创新思维能力的提升有着重要作用。

2）优化知识结构，提升综合能力素质

高校教育更多的是专业教育，关于创新创业思维方面的教育并没有成为普及的课程，而大学生的成长离不开创新思维的学习，创新思维的学习有利于优化组合知识结构，有利于大学生将专业理论与实践结合。创业需要知识、技能、态度、行为的综合提升，培养大学生的创新思维并通过创新思维不断促进在校大学生学习新的知识、提升新的技能、塑造好的态度与价值观、养成好的行为习惯，进而全面提升大学生的综合能力素质。

3）扩大创新成果，促进社会经济发展

创新思维更多地作用于实践，有利于产生更多的成果，如科技专利、创新的管理制度及商业管理模式等。当今市场各行各业的竞争都很激烈，大学生要想创业成功，必须以专业知识为依托，开拓创新，在自己经营的企业创新产品，创新管理模式和经营模式，充分依托市场，才能在激烈的竞争中立足。创新思维能够促进大学生在创业的过程中积极思考，积极创造新的产品、建立新的品牌、开拓新的市场。自主品牌的建立，以及企业文化创新、研发创新、管理模式创新等，都离不开创新思维的支持，因此创新思维对于大学生创业而言，非常重要。

4）完善学生思维，促进创业教育体系发展

创新思维有助于大学生充分发挥想象力，积极探索，进而通过对大学生创业创新思维的培养，提升大学生创业技能，完善大学生的创业人格。在创新创业教育中，需要重点培养大学生的创新思维，而这种思维培养，需要新的教育教学方法与手段，有助于教师在教学中打破传统教条主义教学束缚，尝试通过更多的方法手段促进大学生打破传统的思维定式，大胆尝试，勇于创新，充分发挥想象力，在激烈的就业竞争中，开创出一份事业。创新思维教育本身就需要创新，最终促进创业教育体系的发展。

3.4.2　大学生创业中常见的思维问题

1）创新思维训练不足，对创业思考得过于简单

多数大学生由于在很长时间内一直都没有接触到更多的创新方面的教育，一直接受的是传统的以高考为目的的应试教育，接受的思维训练更多的是逻辑规则的训练，没有更多的创新思维训练，创新的经验不足，需要通过训练来补足这方面的素养。很多学生把创业想得过于简单，凭着一股热血就开始了创业旅程。笔者曾经遇到一个学生，想做一个连接餐馆与大学生的外卖平台。他有强烈的创业意愿，团队也有软件开发的技术，

有足够的初始创业资金，表面上看来他和团队应该可以进行创业了。他们没有咨询专业顾问和教师的意见，凭着激情很快就开始创业了，然而他们没有经过周密的市场调查，没有了解到所在高校的市场总容量非常小，就这样，他们做了一年，亏损了，公司也倒闭了。

2）创业经验不足，对创业方面的问题判断武断

部分大学生在创业的过程中，由于没有创业的经历，从亲友处学习的创业经历也比较浅显。他们在创业的过程中，由于经验定势，往往对事物的判断产生较大的误差，采取的措施也不具有针对性，这种条件下，往往会导致问题处理朝错误的方向进行。有一个学生的创业项目——校园商城，网上采购询价的时候差点被骗，前文已提到过。然而后来，他们和一个批发商贩联系，在货物批发的过程中，只是部分产品进行了价格谈判，有些产品根本没有进行价格谈判，对方要求全款，他们都答应了。当货物运到学校的时候，笔者再三叮嘱学生不能付全款，因为还会涉及后续的退换货，但学生还是基本上付了全款。后来某些商品销量并不好，部分产品价格上也吃了亏，学生退货的时候对方要求学生付运费，由于学生基本付了全款，谈判中没有了筹码，最后这批商品亏损了。

3）从众思想严重，缺乏独立思考

有部分学生在学校创业也好，兼职工作也好，都缺乏自己的独立思考，往往看别人怎么做，自己就怎么做。殊不知，我们模仿的只是别人的表象，很多本质的东西我们不一定模仿得好，别人背后的努力我们不一定能看得到。还有一些学生，创业中遇到问题咨询毫无经验的人，采纳他们的建议，最后导致项目失败。学生创新过程中向其他项目学习，向其他人咨询学习，都是好事情，但学习的东西要和实际进行很好的结合，进行深刻的二次思考才行。

4）迷信权威经历，不结合本地创业实际

现在有很多创业辅导、创业讲座，讲课的教师一提到创业代表必然会提到马云、刘强东、李彦宏、马化腾、史玉柱等，以至于有些同学创业的时候喜欢拿他们的经历与自己的创业项目对比。然而，这些人的创业背景已经和现在不一样了，创业时机也和现在不一样，他们的成功经历真的可以复制吗？答案是否定的，他们的精神、他们的心路历程值得我们思考，但是那条路已经不一样了。我们更应该告诉学生的是结合实际的东西，如关于商业模式的、关于市场的、关于客户的、关于组织的、关于企业家精神的……学生应学会更多的分析问题、解决问题的思维方式，以及通用的基本知识、基本技能、基本态度、基本行为等。

5）思维惯性较强，难以轻易改变

现在很多人思维惯性都比较强，需要通过训练逐步改变。有一个故事说，一个老师在课堂上问学生："售货员曾接待过一个聋哑人，凭借聋哑人的手势，他完全听懂了聋哑人的话。聋哑人走后，又有位盲人顾客走了进来，他想买把剪子。那么，这位盲人将会如何表达他的购买意图呢？请将你认为最快的那种表达方法写在纸条上，然后交上来。"不久，答案交上来了，大家的小纸条上居然都写着："他只要用两根手指比画剪东西的样子就能买到！"而那位老师看了看大家说："你们都错了，盲人不是哑巴，他

只要说句‘我买剪子’就行了！”我们生活中还有很多脑筋急转弯的案例，思维惯性较强的人一般都很难回答。大学生要多想想，不是一切东西都是理所当然的。

6）迷信书本知识，缺乏实践结合

有些学生在创业的过程中，过于迷信书本知识，商业计划书写得也不错，然而在落地执行的时候就思考得不够周到了。笔者在阅读有些学生的商业计划书的时候，看到这样一个问题，本来项目在一个小地方，受到大环境影响较小，不需要拿到更大的环境中进行分析。而他的计划书中，把政治、经济、技术、环境等宏观的背景分析得特别仔细，却忽略了对当地市场环境的深入分析。这些都是缺乏和实践结合的表现，大学生在创业项目中一定不要忽略了市场调查，不要忽略了客户真正的感知和需求。

7）过于自信，不愿深入学习，不愿征询他人建议

有些学生创业前期还算比较顺利，也取得了一定的成绩，心理就开始膨胀，过于相信自己的判断。殊不知，在既定的条件下，如果他们适当地征求专业人士意见，结合公司实际明确发展战略，积极实施，可能会取得更大的成果。就这样他们丧失了飞速发展的时机。有的学生也在征求教师或者创业导师意见，然而咨询的问题往往是现在有什么样的国家政策可以让他减少税收，怎么拿到国家补贴等。即使自己的公司发展过程中有经营困惑，他们也宁愿自己摸索。

8）思维发散，天马行空，缺乏系统思维

有些学生在创业的过程中，发散思维非常优秀，技术也不错，一旦有了好的想法也可以迅速去执行。他们这种思维值得认可，也能够创造出很多好的项目。然而，如果一旦缺乏系统思维，想到哪做到哪，虽然最后也能够把东西做出来，却浪费了很多的时间，也加大了成本，后期可能还有很多的漏洞需要他们不断去完善。

9）“管而不理”，个人英雄主义盛行

有些学生在创业过程中思维上很享受当老板的“管”的感觉，招了很多人，自己带着他们，在市场竞争中冲击，然而由于个人缺乏“理”的实施，管理无序，人工成本极高。虽然也挣了一些钱，但却非常辛苦，员工中也缺乏独当一面的人。其实，他们在创业过程中，缺乏企业管理知识，这样的企业即使短时间能够存活，却也走不了多远。

10）懒惰拖延，时间管理不当

懒惰拖延是很多人的生活习惯，然而大学生在创业的过程中，最需要的一种精神就是勤奋，有效地利用自己的时间。有些创业者在创业过程中时间管理无序，个人生活都安排得一团糟。笔者遇到有些创业同学，没有协调好创业与学业的关系，短期内挣了些钱，学习成绩一塌糊涂，不及格科目几乎达到要强制退学的情况。一个好的创业者应该能够很好地协调好自己的各项事务。

3.4.3　大学生创业中应该树立的思维方式

1）从思维上告诉自己要成功，并且激发成功的欲望

张三和李四是邻居，都以耍猴谋生。张三的生意很火，因为猴子很敬业听话，所以帮张三赚了不少钱；李四的猴子却经常消极怠工，还时不时地有猴子逃走。李四请工匠加固了猴舍，还在每个猴子的脖子上都加了一道绳索束缚，但仍然收效不大。无奈之下，

他去找张三取经。在张三家待了半天，李四也没有发现张三有什么绝招。然而，到了吃饭时间李四发现张三准备了许多新鲜水果的模型。张三先把模型摆出来，然后才拿出真正的水果喂猴子，喂完猴子，就拿起水果模型，向猴子晃一晃，才小心地放回屋里。李四不解地问张三："你摆这么多水果模型干什么?虽然漂亮，但是不能吃啊。"张三轻轻一笑，说："虽然不能吃，但可以激起猴子的欲望，想着这些新鲜的水果，就有了工作的动力和忍受委屈的理由。所以，我的猴子一般不会逃走，因为一旦逃走，它就永远失去了拥有这些新鲜水果的机会。"想要得到更好的东西源自你的动力，而动力就来自你心中想要成功的欲望。

欲望是一个人心底最深处也是最真切的动力，自己想要做什么只有自己知道，不要被外界束缚。做某件事是否全力以赴和尽力而为，带来的结果一定是不一样的。当我们懒惰的时候，成功的欲望将成为我们前进的主要动力。多思考我们肩负的家庭责任，这可以成为我们取得成功的原始动力。古人有："有志者、事竟成，破釜沉舟，百二秦关终属楚；苦心人、天不负，卧薪尝胆，三千越甲可吞吴。" 成功的开始需要强烈的成功欲望，这就是奋斗拼搏的动力。

2）集思广益

唐太宗善于听取魏征正确的见解，他认为"人以铜为镜，可以正衣冠；以古为镜，可以知兴替；以人为镜，可以知得失"。正是因为唐太宗擅于纳谏，才有了贞观之治，才成就一代明君，也造就了他的成功。历史上也有固执己见的人，鸿门宴上，谋士范增劝项羽杀掉刘邦，但是项羽没有听取谋士的建议，放过了刘邦，这也就直接导致其兵败于刘邦，乌江自刎。所以面对困难和超出自己能力的事，积极向创业导师、成功人士或其他朋友征求意见，自己深思判断，可能会少走弯路。可能某个人、某句话，就会给我们很大启发。时机成熟逐渐建立自己的"智囊团"或"研究中心"。

3）及时反思，善于总结

司马光少时贪睡，为此他没少受先生的责罚和同伴的嘲笑，在先生的谆谆教诲下，他决心改掉贪睡的坏毛病，为了早早起床，他睡觉前喝了满满一肚子水，结果早上没有被憋醒，却尿了床，于是聪明的司马光用圆木头做了一个警枕，早上一翻身，头滑落在床板上，自然惊醒，从此他天天早早地起床读书，坚持不懈，终于成为学识渊博的文学家。曾子也曾经说："吾日三省吾身——为人谋而不忠乎？与朋友交而不信乎？传不习乎？"可见，反思与总结会提醒我们很多被忽略的东西。运气不会一直伴随我们，处理问题时多一些理性判断，少一些感性的判断，多总结，遵循客观规律，这样在创新创业的路上才会少走弯路。

4）打破固有经验定势，结合实际

东汉安帝时期，羌族举兵反叛，寇掠武都郡。邓太后用虞诩为武都太守。羌族酋长听说虞诩要到武都赴任，就率领几千人在陈仓崤谷拦截他。虞诩见有兵拦击，就命令军队停止前进，扬言要上书请求援兵，等援兵赶到再出发。羌族酋长听到消息，分兵骚扰其他地区。虞诩趁着羌族兵力分散的机会，命令部队日夜急行军。他还下令，要每个士兵垒筑两个锅灶，每天加倍。这样一来，羌族武装力量便不敢逼近。事后，有人问虞诩说："孙膑当年采取减灶的方法，而您却反其意而用之，采取增灶的方法……这是什么原因呢？”虞诩听了说：“敌众我寡，行军速度慢怕被他们追上；而行军迅速，他们则摸不到底细。敌人看我军锅灶每天都在增加，一定会认为郡中派兵来增援我们了。他认为我们人多而且行动迅速，一定会害怕不敢追赶。”从中我们可以看出，固有的经验有时候不一定适合实际的情况，只有充分地结合实际情况，解决问题方有针对性。

大学生创新创业过程中不宜过多依赖于经验，在“互联网+时代”，经济形势变幻莫测，企业做经营决策或是对市场进行分析仅靠过去的经验、别人的经验都是十分危险的。

5）树立坚定的意志

东汉班固的《汉书》中说道：“孙敬，字文宝，好学，晨夕不休。及至眠睡疲寝，以绳系头，悬屋梁。”这是悬梁刺股中孙敬悬梁的故事，给了后人很多启示。虽然如今我们已经不需要悬梁刺股了，但是这种思想及精神值得我们发扬。大学生创业初期，不可避免地会遇到很多困难，可能稍微气馁，便会失败，这就需要我们有坚定的意志。对创业者来说，遭遇坎坷和困难的时候，要坚信自己能战胜一切困难，并立即付诸行动。

6）保持创新思维，不断创新前行

企业在市场经济的发展中需要不断的创新来驱动前行，缺乏创新的企业将很难站稳脚跟。不管是知识创新、技术创新、制度创新、管理创新还是其他创新，其源泉都来自创新思维。如果我们说社会需要社会创新的动力源的话，创新思维就是社会创新的方法源、催化剂。我们个人想要获得长足的可持续发展，创新思维永远不可或缺，只有一直保持着创新思维，我们的事业、工作、生活才能不断地推向前进。

拓展阅读

一、“卡介苗”的诞生

卡介苗是用于预防结核病的疫苗，用活的无毒牛型结核杆菌制成。接种人体后通过引起轻微感染而产生对人型结核杆菌的免疫力。90%以上的受种者会在接种局部形成溃疡持续数周至半年，最后愈合形成疤痕，俗称卡疤。牛型结核杆菌在特殊的人工培养基上，经数年的传代，丧失对人类的致病能力，但仍保持有足够高的免疫原性，成为可在一定程度上预防结核的疫苗，对于预防结核性脑膜炎和血行播散性结核有效。但它是如何产生的呢?

20世纪初，法国两位细菌学家卡默德和介兰，有一天一起来到一个农场。他俩看见地里长着一片低矮的玉米，穗小叶黄，便向农场主问道：“这玉米为什么长得这么差呀?是缺肥料吗?”农场主回答说：“不是。这种玉米引种到这里，已经十几代了，已经有些退化了。”卡默德和介兰听后不约而同地陷入了沉思，他们都马上联想到了自己正在研究的结核杆菌。他们想：毒性强烈给人类带来了巨大危害的结核杆菌，如果将它一代一代地定向培育下去，它的毒性是不是也会退化呢?如果也会退化的话，将这种退化了的结核杆菌注射到人体内，那它不是就能使人体产生免疫力了吗?他们二人花费了整整13年时间，培育了230代结核杆菌，研究终于获得成功。为了纪念这两位功勋卓著的科学家——卡默德和介兰，世人便将他们所培育出来的人工疫苗称为

“卡介苗”。

卡默德和介兰听说地里的玉米长得差是因为玉米种子的退化，便联想到了自己正研究的结核杆菌，这是因为这两位科学家知道，玉米与结核杆菌虽然属于不同的领域，但却可能存在着一致的物种退化的机理。由玉米种子的特性一代比一代退化，从而推想结核杆菌的毒性也可能一代一代地逐步退化。他们思考这个问题运用了形象思维中思维联想的对比联想创新思维方法。

思考：

1. 这是一种什么样的创新思维？
2. 创新思维对象的来源在哪里？
3. 创新思维是否有固定的模式？
4. 创新思维会给社会带来哪些作用？

二、天才也需要突破思维的障碍

思维定式例子一：拿破仑滑铁卢兵败后

拿破仑被流放到圣赫勒拿岛后，他的一位善于谋略的密友通过秘密方式给他捎来一副用象牙和软玉制成的国际象棋。拿破仑爱不释手，从此一个人默默下起了象棋，打发着寂寞痛苦的时光。象棋被摸光滑了，他的生命也走到了尽头。

拿破仑死后，这副象棋经过多次转手拍卖。后来一个拥有者偶然发现，有一枚棋子的底部居然可以打开，里面塞有一张如何逃出圣赫勒拿岛的详细计划！

思维定式例子二：心算家阿伯特·卡米洛的故事

卡米洛从来没有失算过。这一天他做表演时，有人上台给他出了道题：

“一辆载着283名旅客的火车驶进车站，有87人下车，65人上车；下一站又下去49人，上来112人；再下一站又下去37人，上来96人；再再下站又下去74人，上来69人；再再再下一站又下去17人，上来23人……”

那人刚说完，心算大师便不屑地答道：“小儿科！告诉你，火车上一共还有——”

“不，”那人拦住他说，“我是请您算出火车一共停了多少站口。”

卡米洛呆住了，这组简单的加减法成了他的“滑铁卢”。

两个故事，两个遗憾。

他们的失败，其实都是败在思维定式上。心算家思考的只是老生常谈的数字，军事家想的只是消遣。他们忽略了数字的“数字”，象棋的“象棋”。由此可见，在自己的思维定式里打转，天才也走不出死胡同。

无数事实证明，伟大的创造、天才的发现，都是从突破思维定式开始的。

思考：

1. 拿破仑和卡米洛为什么会失败？
2. 思维定式会给创新带来哪些不利的影响？
3. 思维定式的突破会给我们带来什么？我们如何去打破我们的思维定式？

本章要点

1. 思维的过程
2. 创新思维的概念及特征
3. 打破思维定式对创新思维的作用
4. 常见的创新思维障碍
5. 常见的创新思维方法
6. 常见的创新思维技法
7. 大学生常见的创新思维问题

思考题

1. 思维的过程有哪些环节？
2. 什么是创新思维？创新思维有哪些特征？
3. 什么是思维定式？如何打破思维定式？
4. 大学生有哪些常见的思维障碍？如何打破思维障碍？
5. 常见的创新思维方法有哪些？
6. 常见的创新思维技法有哪些？

第4章　创业团队

学习目标

1. 了解创业团队的定义及类型。
2. 理解创业团队的组成程序。
3. 熟悉创业团队组建的五要素。
4. 了解优秀团队的八大特征。
5. 了解组建优秀创业团队的必要性。
6. 熟悉组建和管理创业团队的基本原则。
7. 了解组建创业团队的模式。
8. 理解创业团队的组建程序。
9. 熟悉创业团队组建的主要影响因素。
10. 了解创业团队管理的基础架构及其需承担的社会责任。
11. 熟悉大学生创业团队管理建设。

导入案例

实现梦想的创业之路

仅仅毕业两年的张锐，将万学教育集团从 8 个人发展到 1000 多人；分支机构从两家扩张到 26 家，覆盖全国 4 个直辖市和 22 个省份；在所在行业中，企业规模和市场份额遥遥领先。而传统的教育公司发展到万学教育集团今天的规模，一般需要 10 年。

就读于中国人民大学期间，张锐开始利用业余时间到海文培训学校做管理咨询工作。初到海文，他发现貌似相对领先的海文培训学校，其实还有非常大的发展空间。张锐结合自己所学的管理理念和教育模型，快速形成了一套改革方案，并通过在两个区域的实践，迅速取得了明显成绩。张锐也从一名兼职人员，被提升为校长助理，最后被任命为首席执行官（CEO）。

2006 年底，张锐辞去海文培训学校 CEO 的职位，成立了万学教育。

张锐深知创业不能单打独斗，必须团队携手并肩才能成功。但当时在海文培训学校帮助过张锐的团队成员，每个人毕业后都可以找到一份更好的工作。

“为了说服这些曾经壮志凌云、彼此欣赏的朋友，我更多地采用强势的方法否定团队成员其他的工作选项，这是源于我对教育行业和我的项目的未来充满信心。”张锐说。

正如万学的创业团队成员之一，原北京大学教育学院研究生会主席吴本文所说："教育是伟大的工艺，因为教育生产加工的对象是人的思想。伟大工艺的奥秘和魅力是吸引我们团队坚持创业的原因之一。"

张锐用了 11 天，说服了所有人员跟随他一起创业，为了共同的理想一起奋斗，创业团队的组建问题迎刃而解。

在张锐看来，创业协同与核心团队需经过初期的成员筛选、凝聚与融合，并且要经过团队能力发育、分阶进化。创业团队成员的知识领域，要包含经济学类、文学类、艺术学类、法学类、心理学类等。

万学教育集团副总裁张强认为"很多企业都死在了在发展中期团队磨合上"。而创业过程中要付出自己全部的时间、金钱和情感，因为人一生的精力是有限的，想要获得成功，必须在某一种阶段付出努力。万学教育集团之所以有今天的成绩，是对这支创业团队的肯定。

讨论：

1. 从本案例中，你如何组建创业团队？
2. 创业团队有什么样的重要作用？
3. 如何使创业团队有凝聚力？

我们常说，一个人的成功往往离不开一个优秀的团队支撑，一个篱笆三个桩、一个好汉三个帮。创业者想要取得成功除了个人优秀的素养、毅力及信念外，还需要和创业团队抱成一团，用共同的智慧去创造新的财富。每个优秀的集体都是由个人组成的，他们团结协作，他们有优秀的领导者和才华各异、相得益彰的成员。组成创业团队是一种结合远景、理念、目标、文化、共同价值观的行为，它使创业团队成为一个生命与利益共同体的组织。

4.1 创业团队概述

4.1.1 创业团队的定义及要求

创业团队是指在创业初期（包括企业成立前和成立早期），由一群才能互补、责任共担、愿为共同的创业目标而奋斗的人所组成的特殊群体。从团队的定义我们可以看出，创业团队的组成人员不是一个人，而是一群志同道合的人；创业团队的成员有共同目标，才能互补并愿意共同承担责任。初创团队尤其需要注意以下两点。

（1）创业初期必须选择好自己创业团队的创始人团队，对初创团队来说，尽量不要接纳兼职团队成员，如果确实需要兼职的创业团队成员，那么必须规定好任何兼职加入团队的成员不能拥有公司的股份。大学生创业团队更多时候成员是兼职成员，但是创始人团队一定是一群志同道合的团队，不能随便任何一个人就能加入。

（2）任何一个加入到创业团队的成员必须深思熟虑，这些成员都需要很强的综合管理能力和软技能，同时具有极强的学习能力，然后才是独当一面的专业技能。前期创业团队任何一个成员的选择失误都会对后续团队发展造成很大的障碍，创业团队核心竞争力一定在于管理团队的思维合力和思考的互补性。同时创业团队更没有单纯的管理者，需要市场销售、技术产品、财务管控各方面的专业技术型人员。

创业团队的层级结构涉及成员薪酬待遇的等级结构。它既涉及薪酬、分红，也涉及团队管理、股权结构和公司治理等多方面的问题。这将直接影响后续团队的可持续发展。因此，初创团队一定要通过充分的思考来确定。

4.1.2 创业团队的类型

创业团队大体上一般可以分为三种类型：星状创业团队、网状创业团队和虚拟星状创业团队。

1）星状创业团队

星状创业团队，一般在团队中有一个核心主导人物，充当领军的角色。这种团队在形成之前，一般是核心主导人物有了创业的想法，然后根据自己的设想进行创业团队的组织。因此，在团队形成之前，核心主导人物已经就团队组成进行过仔细思考，根据自己的想法选择相应人物加入团队。这些加入创业团队的成员也许是核心主导人物以前熟悉的人，也可能是不熟悉的人，但其他的团队成员在企业中更多时候是支持者角色。

2）网状创业团队

这种创业团队类型的成员一般在创业之前都有密切的关系，如同学、亲友、同事、朋友等。一般都是在交往过程中，共同认可某一创业想法，并就创业达成了共识以后，开始共同进行创业。在创业团队组成时，没有明确的核心人物，大家根据各自的特点进行自发的组织角色定位。因此，在企业初创时期，各位成员基本上扮演的是协作者或者伙伴角色。

3）虚拟星状创业团队

这种类型的创业团队是由网状创业团队演化而来，基本上是前两种类型的中间形态。在团队中，有一个核心成员，但是该核心成员地位的确立是团队成员协商的结果。因此，核心人物某种意义上说是整个团队的代言人，而不是主导型人物，其在团队中的行为必须充分考虑其他团队成员的意见，不像星状创业团队中的核心主导人物那样有权威。

各类型创业团队比较情况，见表 4-1。

表 4-1　各类型创业团队的比较

类型	概念	优点	缺点
星状	有一个核心主导人物 充当领军人物	决策程序简单，效率极高 组织结构紧密 稳定性较好	容易形成权力过分集中的局面 冲突严重时，往往选择离开
网状	由志趣相投的伙伴组成 共同认可创业想法 共同进行创业	成员的地位较平等 关系较密切，易达成共识	结构较为松散 决策效率相对较低 易导致整个团队涣散 容易造成多位领导的局面
虚拟星状	有一个核心成员，但是该成员地位的确立是团队成员协商的结果	核心成员具有一定威信 既不过度集权，又不过于分散	核心人物的行为必须充分考虑其他成员的意见，不像星状创业团队中的核心主导人物那样有权威

4.1.3 创业团队五要素

任何组织的团队，都包括五个要素，简称“5P”，即目标（purpose）、定位（place）、权限（power）、计划（plan）和人员（people）。

（1）目标。对于一个企业来说，自从打算在组织内部建设团队开始，就必须树立明确的目标，目标是将人们的努力凝聚起来的重要因素，从本质上来说创业团队的根本目标都在于创造新价值。

（2）定位。明确个人在创业团队中担任的职务和承担的责任，才能优势互补。

（3）权限。所谓权限，是指团队负有的职责和相应的权利大小。创业团队成员要明确各自的工作范围、工作重心、工作目标，并根据创业团队发展阶段和所涉及的行业变化做不同的调整。

（4）计划。一是根据外部环境与内部条件的分析，提出未来一定时期内要达到的目标及实现目标的方案。二是用文字和指标等形式，表述在未来一定时期内关于行动方向、内容和方式的安排。

（5）人员。团队是由个人组成的。确定团队目标、定位、职权和计划，都只是为团队取得成功奠定基础，最终能否获得成功取决于个人。人作为知识的载体，所拥有的知识对创业团队的贡献程度将决定创业团队在市场中的命运。

4.1.4 优秀团队的八大特征

一个有凝聚力的充满激情的创业团队是优秀团队的最低基准，专业化是创业团队成功的必经之路。

（1）创业团队要有凝聚力。凝聚力是一切执行力得到体现的基础。它体现了这个团队的文化、合作精神、执行效率等。没有凝聚力的团队，就没有领导力，即使这个团队的成员个个都是各方面一等一的好手，这个团队也不可能有真正的执行力。团队是一体的，成败是整体的而非个人的，成员能够同甘共苦，经营成果能够公开且合理地分享，团队就会形成坚强的凝聚力与一体感。

（2）创业团队要有激情，并愿意与企业同成长。所谓激情，应该是一种发自内心的，不以任何外力所转移的对成功的渴望。这种对成功的渴望，应该是事业上单纯的渴望。诚然，每个人都向往财富。但是我们要认识到这些物质层面的回报一定会随着我们事业的成功，自然而来。也就是说，它们是我们事业成功的附产品。我们创业团队的激情如果建立在这些附产品上面，就不会是真正的激情，因为在创业的路上有太多的艰辛和磨砺。选择创业，就等于选择了一条通往未知目的地的但绝对是充满艰辛的道路。可能成功，也可能失败，各种滋味都要自己去品味。享受创业的艰辛过程，享受创业成功后的喜悦，享受创业成功后的鲜花、掌声、荣誉等。有良好承受能力的创业团队，才能够真正面对那些创业途中的各种困难。如果创业团队成员的着眼点仅仅在于那些物质回报，而不是去学会享受创业过程的话，那这个团队创业成功的可能性很小。团队成员应一直保持对企业长期经营的信心，对于企业经营成功给予长期的承诺，每一位成员均了解企业在成功之前将会面临的挑战。

（3）企业价值发掘。团队成员全心致力于创造新企业的价值，认为创造新企业价值才是创业活动的主要目标，并认识到唯有企业不断增值，所有参与者才有可能分享到其中的利益。

（4）股权分配合理。平均主义并非合理，团队成员的股权分配不一定要均等，但需要合理、透明与公平。

（5）利益分配公平有弹性。创业之初的股权分配与之后创业过程中的贡献往往并不一致，因此会发生某些具有显著贡献的团队成员，拥有股权数较低，贡献与报酬不一致的不公平现象。

（6）能力搭配完美。创业者寻找团队成员，应该基于这样的考虑，主要是弥补当前资源能力上的不足，也就是说考虑创业目标与当前能力的差距，来寻找所需要的配套成员。

（7）创业激情。建立优势互补的团队是创业的关键。作为创业者还需要特别注意，那就是一定要选择对项目有热情的人加入团队，并且要使所有人在企业初创时就要有每天长时间工作的准备。任何人，不管他的专业水平多么高，如果对事业的信心不足，将无法适应创业的需求，而这样一种消极的因素，对创业团队所有成员产生的负面影响可能是致命的。

（8）互信。猜疑会令企业瓦解。近年来，中关村每年的企业倒闭率在25%左右，其中一个很重要的原因，就是创业团队内部不团结。

在创业的路上，打造一个优秀团队还必须要做的就是提高团队的专业化水平。专业化很重要，它的最低作用能使整个创业团队成员保证在一个水平层次上沟通，是企业文化形成的基准。同领导力所不同的是，管理要的是效率，没有专业化，就没有执行力，也就谈不上任何效率。所以，专业化是优秀创业团队的一个必经之路，一个优秀的创业团队想要成功，都必须由不专业走向专业。

4.2 创业团队的组建

通常情况下，创业团队的形成过程有两种典型方式。一是一个人有了一个创意，或只是想创办一个企业，然后几个朋友在接下来的企业形成过程中加入进来。二是一个完整的团队基于一个共同的创意、一种友谊、一段经历等因素从创业过程一开始就形成。笔者在辅导大学生创业的过程中发现，大学生创业团队的形成以第一种形式居多。

4.2.1 创业团队的组建原则

1）合伙人原则

一般企业都是招聘员工，而员工都是在做“工作”。但创业团队需要招聘的是“合伙人”，而“合伙人”做的是事业。一个人只有把工作当作事业，才有成功的可能，一个企业只有把员工当作“合伙人”，才有机会迅速成长。

2）目标明确合理原则

目标必须明确，这样才能使团队成员清楚认识到共同的奋斗方向。与此同时，目标也必须是合理的、切实可行的。

3）激情原则

激情是衡量一个人是否能够成功的基础标准。创业团队一定要选择对项目有高度热情的人加入，并且要使所有人在企业初创期就做好每天长时间工作的准备。任何人，不管其专业水平如何，如果对事业的信心不足，将无法适应创业的需求，而这种消极因素，对创业团队所有成员产生的负面影响可能是致命的。创业初期，整个团队成员可能需要每天十几个小时不停地工作，并要求在高负荷的压力下仍能保持创业的激情。

4）互补原则

建立优势互补的团队是创业成功的关键。“主内”与“主外”的不同人才，耐心的“总管”和具有战略眼光的“领袖”，技术与市场两方面的人才，都不可缺少。创业者寻找团队成员，首先要弥补当前资源能力上的不足，要针对创业目标与当前能力的差距，寻找所需要的配套成员。好的创业团队，成员的能力通常能形成良好的互补，而这种能力互补也会有助于强化团队成员间彼此的合作。并且，为减少创业初期的运作成本、最大比例地分享成果，创业团队人员构成应在保证企业高效运作的前提下尽量精简。

5）团队原则

团队是企业凝聚力的基础，成败是整体的而非个人的。成员能够同甘共苦，经营成果能够公开且合理地分享，团队就会形成坚强的凝聚力与一体感。

团队中没有个人英雄主义，每一位成员的价值表现为其对于团队整体价值的贡献。每一位成员都应将团队利益置于个人利益之上，个人利益是建立在团队利益基础上的，因此团队成员必须愿意牺牲自己的短期利益来换取团队的成功果实，而不计较短期薪资、福利等，将利益分享放在成功之后。同时，在组建创业团队时，应注意保持团队的动态性和开放性，使真正完美匹配的人员能被吸纳到创业团队中来。

4.2.2 组建优秀创业团队的必要性

组建团队，能够满足客户日益增长的要求，并且提供更好的服务、更全面的产品，赢得顾客持续的信任，而没有团队，则不能紧跟顾客增长的需要，不能提供让顾客满意的服务，最终错失发展良机。

1）因业务需要而“招兵买马”

公司招聘，一般都是在需要的前提下，根据市场的供求因素与公司的发展提供人员需求的可能。公司“招兵买马”业务需要的情况有：当公司的业务量越来越大，负责业务的员工越来越繁忙的时候，需要增加员工；公司由于员工离职或者其他原因，职位空缺需要紧急替补；公司增加了新业务、新任务、新项目的时候，需要进行招募；为了公司战略规划和企业转型的需要，创始人或者企业主职位的转换，需要从以往的事务性工作中或者单纯战术层面脱离，转型为策划与战略方向的把握的时候，需要招聘人员；为了公司长远发展的人才战略规划，需要进行人才储备。

当然，公司有利润的保证后才能让招聘变为现实，而且良好的经营状况也是招聘的保证和前提。所谓经营状况良好，就是月盈利能支付雇用员工的薪水。在对未来市场预期良好，有能力支付员工薪资的情况下，“招兵买马”就简单得多。

2）取得和留住骨干

日趋激烈的市场竞争，使得公司必须走团队之路。要成为行业最有影响力的专业公司，专业化、特色化及服务的高水准是必然的，还要为顾客提供更多细节化、周到化、个性化的服务，单纯依靠一个人的力量是永远都不可能实现的，必须建立团队。而团队负责人是很难找到、很难用得恰当、很难留住的。

杭州某管理咨询有限公司首席猎聘官沈敏跃，通过大量的招聘实践得出一个结论：企业对电商人才的需求，已经从“刚需”转为“优化型需求”，更多的是需要精于运作某一市场细分领域的特需型电商人才。

在杭州某人力资源开发有限公司首席顾问郎越时看来，电商有许多机会，进来的人不太舍得走，但是当从业者经验积累到一定程度、资历渐深时，薪酬不是能打动他们的必要条件，“电商就是这样一个圈子，虽然有不少人在圈子里跳来跳去，但他们更关注企业的品牌和规模”。这些成了电商一将难求的壁垒。

在电商圈里小有名气的王某，一开始在移动互联网上销售家乡的农特产品。靠着他的勤奋和忠厚，在农产品电商圈小有名气，并取得了不错的销售成绩。一家专卖罗平蜂蜜的创业公司，通过猎头公司找到王某，并聘请他做营销总监助理。

但是，王某来到公司工作了六个月，在工作期间，经观察发现，王某的工作不如期望得好，指定的工作经常不能按时完成，有时甚至表现出不能胜任其工作的行为，所以引起了管理层的不满。

王某也很委屈：在来公司工作了一段时间后，招聘时所描述的公司环境和各方面情况与实际情况并不一样。原来谈好的薪酬待遇在进入公司后又有所减少。工作的性质和面试时所描述的也有所不同，也没有正规的工作说明书作为岗位工作的基础依据。

此案例中，王某是电商行业奇缺的人才，公司虽然找到了他，但是没有相关制度，也没有相对成熟的执行体制，因此是很难使用好人才的。

4.2.3 创业团队的组织形式

团队管理是所有成功管理的基础，如美国著名管理学家史蒂文·科维所述：人成长的过程为依赖期—独立期—互赖期。因为没有人是无所不知、无所不晓、无所不能的，所以当你要完成一个项目时，不再仅仅需要一个人，而是需要一个团队。在高度信息化、科技化、商业化的今天，人们也越来越发现团队的重要性。因此，无论多大的企业，其内部应该是由一个个的团队组成，正如人是由一个个的细胞组成的一样。

一般而言，创业团队在创业时可采用的组织形式主要有公司制、合伙制两种，两种形式各有其特点。

1）公司制

创业投资采用公司制形式，即设立有限责任公司或股份有限公司，运用公司的运作机制及形式进行创业投资。采用公司制的优势主要体现在以下几个方面：①能有效集中资金进行投资活动；②公司以自有资本进行投资有利于控制风险；③对于投资收益，公司可以根据自身发展，做必要扣除和提留后再进行分配；④随着公司的快速发展，可以申请对公司进行改制上市，使投资者的股份可以公开转让，从而获得资金用于循环投资。有限责任公司是由两个以上的创业投资者共同出资，每个投资者以其认缴的出资额对公司承担有限责任，公司以其全部资产对其债务承担责任的企业法人。股份有限公司是指全部资本由等额股份构成并通过发行股票筹集资本，股东以其认购的股份对公司承担责任，公司以其全部资产对公司债务承担责任的企业法人。一般非家族成员的创业者采用公司制比较多。

2）合伙制

合伙制是指依法在中国境内设立的由各合伙人订立合伙协议，共同出资、合伙经营、共享收益、共担风险，并对合伙企业债务承担无限连带责任的营利性的经营组织。创业团队投资采取合伙制，有利于将创业投资中的激励机制与约束机制有机结合起来。

合伙人执行合伙企业事务有两种形式，一是全体合伙人共同执行合伙企业事务，二是委托一名或数名合伙人执行合伙企业事务。全体合伙人共同执行合伙企业事务是指按照合伙协议的约定，各个合伙人都直接参与经营，处理合伙企业的事务，对外代表合伙企业。委托一名或数名合伙人执行合伙企业事务是指由合伙协议约定或全体合伙人决定一名或数名合伙人执行合伙企业事务，对外代表合伙企业。我国现阶段主要有四种合伙形式：亲戚内部合伙、家族内合伙、朋友间合伙、同事间合伙。咨询类、律师事务所和会计师事务所多数采用合伙制形式。在全世界90%以上的中小企业中有80%是家族企业，甚至在《财富》杂志排名前500名的大企业中，就有1/3的企业由某个家族控制。不同类型的合伙制形式都有自身的优势。

4.2.4 创业团队的组成程序

对创业团队来说，不是简简单单地一些人集合在一起就能成为一个团队。一般的创业团队组建程序，见图4-1。

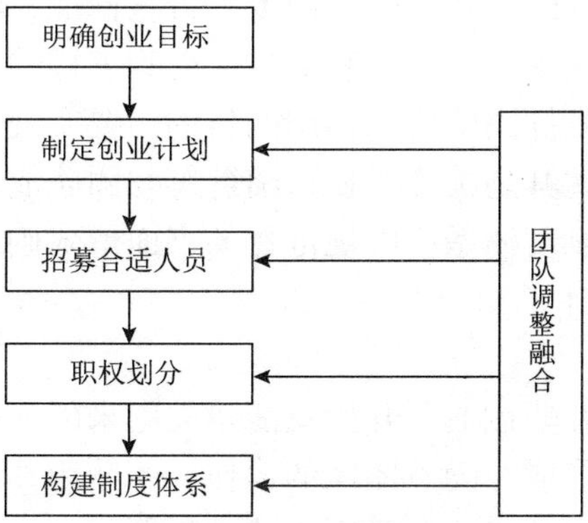

图4-1 创业团队的组建程序图

1）明确创业目标

创业团队的目标就是要通过完成创业阶段的技术、市场、规划、组织、管理等各项工作，实现企业从无到有、从起步到成熟。

2）制订创业计划

在确定了一个个阶段性目标及总目标之后，紧接着就要研究如何实现这些目标，这就需要制订周密的创业计划。创业计划是在对创业目标进行具体分解的基础上，以团队为整体来考虑的计划，创业计划确定了在不同的创业阶段需要完成的阶段性任务，通过逐步实现这些阶段性目标来最终实现创业目标。

3）招募合适人员

招募合适的人员也是创业团队组建中最关键的一步。关于创业团队成员的招募，主要应考虑两个方面：一是互补性，即考虑其能否与其他成员在能力或技术上形成互补。这种互补性的形成既有助于强化团队成员间的彼此合作，又能保证整个团队的战斗力，更好地发挥团队的作用。一般而言，创业团队至少需要管理、技术和营销三个方面的人才。二是适度的规模，适度的团队规划是保证团队高效运转的重要条件。一般认为，创业团队的规模控制在 2～12 人最佳。

4）职权划分

为了保证团队成员执行创业计划、顺利开展各项合作，必须预先在团队内部进行职权的划分。创业团队的职权划分就是根据执行计划的需要，具体确定每个团队成员所要负担的职责及享有的权限。团队成员间职权的划分必须明确，既要避免职权的重叠和交叉，也要避免无人承担造成工作上的疏漏。此外，由于还处于创业过程中，面临的创业环境又是动态复杂的，会不断出现新的问题，团队成员可能不断出现更换，因此创业团队成员的职权也应根据需要不断地进行调整。

5）构建制度体系

创业团队制度体系体现了创业团队对成员的控制和激励能力，其主要包括了团队的各种约束制度和激励制度。一方面，创业团队通过约束制度（主要包括纪律条例、组织条例、财物条例、保密条例等）指导其成员避免做出不利于团队发展的行为，并对其进行有效的约束、保证团队的稳定秩序。另一方面，创业团队想实现高效运作要有有效的激励机制（主要包括利益分配方案、奖惩制度、考核标准、激励措施等），才能使团队成员看到随着创业目标的实现，其自身利益将会得到怎样的改变，从而达到充分调动成员的积极性、最大限度地发挥团队成员作用的目的。要实现有效的激励首先就必须把成员的收益模式界定清楚，尤其是关于股权、奖惩等与团队成员利益密切相关的事宜。需要注意的是，创业团队的制度体系应以规范化的书面形式确定下来，以免带来不必要的混乱。

6）团队调整融合

完美组合的创业团队并非创业一开始就能建立起来的，往往在企业创立一定时间以后才随着企业的发展逐步形成。随着团队的运作，团队组建时在人员匹配、制度设计、职权划分等方面的不合理之处会逐渐暴露，这就需要对团队进行调整融合。由于问题的暴露需要一个过程，因此团队调整融合也应是一个动态持续的过程。在完成了前面的工作步骤之后，团队调整融合工作专门针对运行中出现的问题，不断地对面前的步骤进行调整直至满足实践需要。在团队调整融合的过程中，最为重要的是要保证团队成员间经常进行有效的沟通与协调，培养强化团队精神，提升团队士气。

4.2.5 创业团队成功组建的影响因素

创业团队的组建受多种因素的影响，这些因素相互作用、共同影响着组建过程并进一步影响着团队建成后的运行效率。创业团队组建的主要影响因素，包括创业者、商机、团队目标与价值观、团队成员和外部环境五个方面。

1）创业者

创业者的能力和思想意识从根本上决定了是否要组建创业团队、团队组建的时间表及由哪些人组成团队。创业者只有在意识到组建团队可以弥补自身能力与创业目标之间存在的差距，才有可能考虑是否需要组建创业团队，以及对什么时候需要引进什么样的人员才能和自己形成互补做出准确判断。

2）商机

不同类型的商机需要不同类型的创业团队。创业者应根据其与商机之间的匹配程度，决定是否要组建团队及何时、如何组建团队。

3）团队目标与价值观

共同的价值观、统一的目标是组建创业团队的前提，团队成员若不认可团队目标，就不可能全心全意地为此目标的实现而与其他团队成员相互合作、共同奋斗。而不同的价值观将直接导致团队成员在创业过程中脱离团队，进而削弱创业团队的作用。没有一致的目标和共同的价值观，创业团队即使组建起来，也无法发挥协同作用，缺乏战斗力。

4）团队成员

团队成员的人数和能力决定了创业团队的整体能力和发展潜力。创业团队成员的才能互补是组建创业团队的必要条件。而团队成员间的互信是创建团队的基础。互信的缺乏，将直接导致团队成员间协作障碍的出现。

5）外部环境

创业团队的生存和发展受到制度性环境、基础设施服务、经济环境、社会环境、市场环境、资源环境等多种外部要素的直接影响。这些外部环境要素从宏观上间接地影响着对创业团队组建类型的需求。

有一则《大象和猴子》的故事，能够说明影响创业团队成功组建的因素，故事是这样的。

一天，森林里的大象和猴子争吵起来。大象身体结实，对猴子说：“你瞧，我的个子大，身体壮。能推倒大树，我很了不起！”猴子听了不服气地说：“力气大有什么了不起的？我还善于爬树呢，我能敏捷地爬到树梢上摘水果，我才了不起！”

他们两个谁都不服气谁，去找猫头鹰评理。猴子和大象一起来到猫头鹰跟前问道：“猫头鹰大哥，你说力气大好，还是善于爬树好？我俩到底谁更了不起？”猫头鹰想了想说：“河的那边有好多果树，你们去摘些水果回来，我再来评定谁更好！”

于是，猴子和大象来到河边。猴子一看那湍急的河水，知道靠自己肯定过不去，无奈地叹了口气：“唉！这下可完了，我连河都过不去，只好空着手回去了。”大象说：“朋友，别这么说！我力气大，你跳到我的背上，我背你过河！”于是，猴子跳上象背，一起过了河。

过了河以后，果然有很多的果树，果子挂满枝头非常馋人。果树虽然很多，但是都很高，大象伸长了鼻子却怎么都够不到枝头的果实，只好叹气说："这下子完了，水果都这么高，我够不到，只好空手回去了！"猴子说："快别这么说，我善于爬树呀！你在下面等着！"动作敏捷的猴子一会儿就爬到树上采了许多的香蕉、芒果等往下扔。他们拿的大筐都装满了。大象又叫猴子骑到它的背上，用灵巧的鼻子卷起掉在地上的水果筐交给猴子，背着猴子过河回到了森林。大象、猴子和猫头鹰，一起吃着香甜的水果。

猫头鹰说："你们明白了吧，善于爬树和力气大各有好处。如果不是大象的力气大，猴子也过不了河；如果不是猴子善于爬树，大象过了河也采不到果子。所以，你们俩团结起来才会有最好的结果。"

我们都知道：尺有所短，寸有所长。每个人都有自己的优势和不足。创业团队中创始人起着核心的作用，创业团队中的其他成员也发挥自身的作用，和创始人一起齐心合力，才能完成创业目标。把创业团队中每个成员的优势充分加以利用，团结起来抓住商机，并在共同的价值观引导下，协调利用好外部和内部的资源，才能获得最好的创业结果。

4.3 创业团队管理

4.3.1 创业团队的领导模式

核心创业者对于团队成员的选择，决定了创业团队管理的基础架构，这是实现有效的创业团队管理的重要前提。领导是团队中的关键，缺乏领导的团队即使方向确定，行动也会相当迟缓。目前的团队领导模式基本上可分为先锋式领导和资源式领导两种。

先锋式领导模式，是领导人站在前面指导、激励他的团队跟上来。他只考虑自己的力量，试图通过榜样灌输给其他成员同样的品质。他希望团队成员跟着自己，同他一起战斗，按照他的标准办事。如果团队成员不那么做，他就会感到挫折、失望、孤立无援。他只埋怨他们不跟随自己，而不研究自己的选择和期望。先锋式领导可能效率很高，能够实现目标，形成很好的团队形象与风气，积极的及互相关心的成员关系。但是，先锋领导高高在上，不按照大家的需求进行领导的话，只能导致挫折、不满、竞争、冲突。

资源式领导模式，则是现代主义领导人的做法。他估计团体内有多少资源可用，根据薄弱环节规定领导为填补差距应做什么工作。资源式领导将为团体的利益而压制个人的要求。这样做既保证团体有控制，又令其他成员得以充分贡献才能。但在一个没有活力、死气沉沉的团队中，资源式领导往往不能很好地激励团队成员，从而会无所作为，加上团队成员的成熟度不同，不能单独以一种方式来领导团队。

4.3.2 创业团队管理的基础架构

我们认为，创业团队可以从三个方面来实施结构管理，即创业团队的三维结构，分别是知识结构、情感结构和动机结构。知识结构反映的是创业团队成功创业的能力素质；情感结构是创业团队维持凝聚力的重要保障；动机结构则是创业团队实现理念和价值观认同的关键因素。

1. 知识结构管理

知识结构管理的核心是建立以创业任务为核心的知识和技能互补性，强调创业团队有完备的能力来完成创业相关任务。

有一则与知识管理有关的古希腊神话故事。

在古希腊时期的塞浦路斯，曾经有一座城堡里关着一群小矮人。传说他们是因为受到了可怕咒语的诅咒，而被关到这个与世隔绝的地方。他们找不到任何人可以求助，没有粮食，没有水，七个小矮人越来越绝望。

小矮人中，阿基米德是第一个收到守护神雅典娜托梦的。雅典娜告诉他，在这个城堡里，除了他们呆的那间阴湿的储藏室以外，其他的25个房间里，有1个房间里有一些蜂蜜和水，够他们维持一段时间；而在另外的24个房间里有石头，其中有240个玫瑰红的灵石，收集到这240块灵石，并把它们排成一个圈的形状，可怕的咒语就会解除，他们就能逃离厄运，重归自己的家园。

第二天，阿基米德迫不及待地把这个梦告诉了其他六个伙伴，其他四个人都不愿意相信，只有爱丽丝和苏格拉底愿意和他一起去努力。开始的几天里，爱丽丝想先去找些木柴生火，这样既能取暖又能让房间里有些光线；苏格拉底想先去找那个有食物的房间；而阿基米德想快点把240块灵石找齐，好快点让咒语解除；三个人无法统一意见，于是决定各找各的，但几天下来，三个人都没有成果，倒是耗得筋疲力尽了，更让其他的四个人取笑不已。

但是三个人没有放弃，失败让他们意识到应该团结起来。他们决定，先找火种，再找吃的，最后大家一起找灵石。这是个灵验的方法，三个人很快在左边第二个房间里找到了大量的蜂蜜和水。在经过了几天的饥饿之后，他们狼吞虎咽了一番；然后带了许多分给特洛伊、安吉拉、亚里士多德和梅丽沙。温饱的希望改变了其他四个人的想法，他们后悔自己开始时的愚蠢，并主动要求要和阿基米德他们一同寻找灵石，解除那可恨的咒语。

为了提高效率，阿基米德决定把七个人兵分两路：原来三个人，继续从左边找，而特洛伊等四人则从右边找。但问题很快就出现了，由于前三天一直都坐在原地，特洛伊等四人根本没有任何的方向感，城堡对于他们来说像个迷宫，他们几乎就是在原地打转。阿基米德果断地重新分配，爱丽丝和苏格拉底各带一人，用自己的诀窍和经验指导他们慢慢地熟悉城堡。

当然，事情并不如想象中那么顺利，先是苏格拉底和特洛伊那组，他们总是嫌其他两个组太慢；后来，当过花农的梅丽莎发现，大家找来的石头里大部分都不是玫瑰红的；最后由于地形不熟，大家经常日复一日地在同一个房间里找灵石。大家的信心又开始慢慢丧失。小矮人们都没有注意到一个问题：阻力来自不信任和非正常干扰。

阿基米德非常着急。这天傍晚，他把七个人都召集在一起，商量办法。可是，交流会刚开始，就变成了相互指责的批判会。性子急的苏格拉底先开口："你们怎么回事，一天只能找到两三个有石头的房间？"

"那么多房间，门上又没有写哪个是有石头的，哪个是没有的，当然会找很长时间了！"爱丽丝答道。

"难道你们没有注意到，门锁是上孔的都是没有的，门锁是十字型的都是有石头的吗？"苏格拉底反问道。

"干吗不早说呢？害得我们做了那么多无用功。"其他人听到这儿，似乎有点生气……

经过交流，大家才发现，原来他们有些人可能找准房间很快，但可能在房间里找到的石头都是错的；而那些找得非常准的人，往往又速度太慢。于是，在爱丽丝的提议下，大家决定每天开一次会，交流经验和窍门。然后，把很有用的那些都抄在能照到亮光的墙上，提醒大家，省得再去走弯路。

在 7 个人的通力协作下，他们终于找齐了所有的 240 块灵石，但就在这时苏格拉底停止了呼吸。大家极度的震惊和恐惧之余，火种突然又灭了。没有火种，就没有光线，没有光线，大家就根本没有办法把石头排成一个圈。

本以为是件简单的事，大家都纷纷地来帮忙生火，哪知道，六个人费了半天的劲，还是无法生火——以前生火的事都是苏格拉底干的。寒冷、黑暗和恐惧再一次向小矮人们袭来，灰暗的情绪波及每一个人，阿基米德非常后悔当初没有向苏格拉底学习生火。在神灵的眷顾下，最终，火还是被生起来了。小矮人胜利了！

这个故事告诉我们，团队之间的互相信任是团队协作成功的基石，尤其是在成员解决问题时，遇到困难时，相互理解和帮助是非常有必要的。小矮人在固定时间进行讨论和商量，把问题摆出来大家谈，用群众的力量来解决遇到的困难和障碍，加上苏格拉底的提示才解决了问题。讨论和协商的力量是巨大的，互相了解、沟通很重要，这本身就是一个学习的过程。

2. 情感结构管理

情感结构管理的重点是注重年龄、学历等不可控因素的适度差异。中国文化注重人与人之间的层级，如果创业团队之间年龄和学历因素差距过大，成员之间在混沌状态下发生冲突和争辩，很容易引发彼此矛盾而演变为情感性冲突。

就连小和尚撞钟，也要带着情感去撞。下面是一个小和尚撞钟的故事。

有一个小和尚担任撞钟一职，半年下来，觉得无聊之极，"做一天和尚撞一天钟"而已。有一天，住持宣布调他到后院劈柴挑水，原因是他不能胜任撞钟一职。小和尚很不服气地问："我撞的钟难道不准时、不响亮？"老主持耐心地告诉他："你撞的钟虽然很准时、也很响亮，但钟声空泛、疲软，没有感召力。钟声是要唤醒沉迷的众生。所以，撞出的钟声不仅要洪亮，而且要圆润、浑厚、深沉、悠远。"

3. 动机结构管理

动机结构管理的关键在于注重创业团队成员理念和价值观的相似性。如果创业团队成员之间价值观不同，想做事业的成员可能不会过分关注短期收益，而怀揣赚钱动机的成员则不会认同忽视短期收益的做法。相似的理念和价值观有助于创业团队保持愿景和方向的一致，有助于创业团队克服创业困难而走向成功。

有一则关于动机的故事。

一天，一个盲人带着他的导盲犬过街时，一辆汽车失去控制，直冲过来，盲人当场被撞死，他的导盲犬为了保护主人，也一起惨死在车轮底下。

主人和狗一起到了天堂门前。

天使拦住他俩，为难地说："对不起，现在天堂只剩下一个名额，你们两个中必须有一个去地狱。"

主人一听，连忙问："我的狗又不知道什么是天堂，什么是地狱，能不能让我来决定谁去天堂呢？"

天使鄙视地看了这个主人一眼，皱起了眉头，她想了想，说："很抱歉，先生，每一个灵魂都是平等的，你们要通过比赛决定由谁上天堂。"

主人失望地问："哦，什么比赛呢？"

天使说："这个比赛很简单，就是赛跑，从这里跑到天堂的大门，谁先到达目的地，谁就可以上天堂。不过，你也别担心，因为你已经死了，所以不再是瞎子，而且灵魂的速度跟肉体无关，越单纯善良的人速度越快。"

主人想了想，同意了。

天使让主人和狗准备好，就宣布赛跑开始。她满心以为主人为了进天堂，会拼命往前奔跑，谁知道主人一点也不忙，慢吞吞地往前走着。更令天使吃惊的是，那条导盲犬也没有奔跑，它配合着主人的步调在旁边慢慢跟着，一步都不肯离开主人。天使恍然大悟：原来，多年来这条导盲犬已经养成了习惯，永远跟着主人行动，在主人的前方守护着他。可恶的主人，正是利用了这一点，才胸有成竹，稳操胜券，他只要在天堂门口叫他的狗停下就可以了。

天使看着这条忠心耿耿的狗，心里很难过，她大声对狗说："你已经为主人献出了生命，现在，你这个主人不再是盲人，你也不用领着他走路了，你快跑进天堂吧!"

可是，无论是主人还是他的狗，都像是没有听到天使的话一样，仍然慢吞吞地往前走，好像在街上散步似的。

果然，离终点还有几步的时候，主人发出一声口令，狗听话地坐下了，天使用鄙视的眼神看着主人。

这时，主人笑了，他扭过头对天使说："我终于把我的狗送到天堂了，我最担心的就是它根本不想上天堂，只想跟我在一起……所以我才想帮它决定，请你照顾好它。"

天使愣住了。

主人留恋地看着自己的狗，又说："能够用比赛的方式决定真是太好了，只要我再让它往前走几步，它就可以上天堂了。不过它陪伴了我那么多年，这是我第一次可以用自己的眼睛看着它，所以我忍不住想要慢慢地走，多看它一会儿。如果可以的话，我真希望永远看着它走下去。不过天堂到了，那才是它该去的地方，请你照顾好它。"

说完这些话，主人向狗发出了前进的命令，就在狗到达终点的一刹那，主人像一片羽毛似的落向了地狱的方向。他的狗见了，急忙掉转头，追着主人狂奔。满心懊悔的天使张开翅膀追过去，想要抓住导盲犬，不过那是世界上最纯洁善良的灵魂，速度远比天堂所有的天使都快。

所以导盲犬又跟主人在一起了，即使是在地狱，导盲犬也永远守护着它的主人。

天使久久地站在那里，喃喃说道：“我一开始就错了，这两个灵魂是一体的，他们不能分开……”

这个故事告诉我们，任何人做事情都是有动机的，当团队成员都具有高尚一致的动机时，他们所爆发的力量是伟大的、感人的。团队最终实现的不是一个短期的利益，而是逐渐形成长期一致的价值观，即使在最艰难的时刻，他们也会共同携手前行。

4.3.3 创业团队管理的常见问题及解决方法

1. 创业团队管理的常见问题

在创业团队开始构建的时候，由于时间的仓促，或者团队成员之间没有充分的沟通，或者没有指定一个明确的创业目标，就可能埋下了冲突的风险成因，创业团队间的冲突会因为其脆弱的组建模式，会因为创业团队成员的选择具有随意性和偶然性，会因为缺乏明确和一致的团队目标，会因为激励机制尤其是利润分配方式不完善，会因为创业团队内部沟通渠道的缺失。这些因素是导致创业团队管理问题的源头。

一旦创业团队成员发生冲突，那么可能成造成一些负面影响。冲突会造成公司严重内耗，效率低下；创业团队成员的精力就会产生严重的内耗。创业团队成员内部的冲突，会让员工无所适从，人才大量流失；如果创业者团队成员内部发生内讧，会严重影响员工工作的积极性和方向性，他们开始怀疑、担忧自己在公司发展的前途和机会，并尽力避免冲突带来的弊端。因此，无法安心在公司工作，条件具备时，他们往往更愿意离开公司谋求新的发展。冲突造成创业者团队成员之间感情的付出，而且要涉及团队成员的家人，团队成员之间往往在最初的时候有一定的感情基础，甚至家庭成员互相之间都相处融洽，一旦团队成员之间发生冲突，自身的私人感情受损，必定还会间接影响相互的家人。一旦创业者团队成员之间因为冲突向法院诉讼，双方需要用法律手段解决冲突时，对于团队成员来说，精力和经济方面都会面临巨大损失。这对创业公司来讲，调解、仲裁、诉讼的成本很高。一旦因为合伙人之间的冲突导致创业团队散伙，公司将可能面临各种风险。可能会因为某个合伙人的离开丧失部分社会资源或者部分资金来源，这对于创业公司来说，很可能是致命的风险。同时，如果招纳新的合伙人将损失大量的时间和精力，并且与新的合伙人之间仍然需要一段时间的磨合，其间，可能会影响公司的正常运作。

2. 创业团队管理问题的解决方法

首先要对良性冲突进行引导。良性冲突会促使团队做自我检讨，团队成员也会自我反省，对自己犯的错误或者工作欠妥的地方进行分析改进，小冲突小改进，大冲突大改进，不断地改进之后，整个团队的目的和行动方案也会得到修正。另外，可以利用冲突对团队成员的观念和思维方式进行调整，如果没有冲突发生，则团队观念和意见是否正确、是否切实可行，都没有量化的表现；同样，团队成员的想法是否正确，团队成员的观念是否合理，都没有衡量的标准，而冲突发生以后，在冲突中大家将把自己的想法表露无遗，为团队成员思维的调整提供了非常好的契机。

企业可以通过以下几个方式对创业团队冲突加以利用及引导。

（1）有意识地激发良性冲突。有必要培养创业团队成员树立正确的冲突观，在组织中保持一定水平的冲突存在。少部分冲突可能不利于短期效率的提高，但是却有益于组织的长期绩效。一味地压制冲突只会降低组织的变革力及群体的思考能力。激发冲突则可能带来更高的决策质量并增加成员间的相互理解。

（2）创业团队成员用合作的态度来面对冲突。面对问题时，冲突的成员要抱有分享对方意识的想法，不能将自己置于权威的地位，要将问题与冲突看作一种挑战，用积极的态度寻求共赢的途径，进而找到双方都满意的解决方法。

（3）以解决问题为冲突的导向，以组织利益为共同目标。冲突发生时，双方应开诚布公地讨论问题，寻求解决问题的途径。在讨论过程中，一旦一方意识到自己的意见有损于组织利益时，应主动放弃自己的某些坚持，做出部分让步与妥协。妥协并不意味着输或者赢，而是对利益结果进行定量分配，双方都必须付出某些代价，但最终受益的是组织。

其次，要预防不良冲突、消减不良冲突的负面影响。企业可以通过以下几个方式预防创业团队中不良冲突的发生。

（1）确定清晰的创业目标。创业团队在实践中要不断总结和吸取教训，形成一致的创业思路，勾画出共同的目标，以此作为团队努力的目标和方向，鼓励团队成员积极掌握工作内容和职责，竭诚与他人合作交流，贡献个人力量。

（2）制定有效的激励机制。正确判断团队成员的利益需求是有效激励机制的前提。创业团队的领导者必须加强与团队成员的交流，针对各成员的情况采取合理的激励措施。创业团队的利润分配体系必须体现出个人贡献价值的差异，而且要以团队成员在整个创业过程中的表现为依据，而不仅是某一阶段的业绩。其具体分配方式要有灵活性，既包括如股权、工资、奖金等物质利益，也包括个人成长机会和相关技能培训等内容，并且能够根据团队成员的期望进行适时调整。

（3）营造顺畅的沟通渠道及和谐的团队协作氛围。团队的协调工作和凝聚力的增强必须经过沟通，了解别人的想法，认同别人，或者是能够接受别人，才能够把团队的力量变成整体的力量。营造和谐的团队协作氛围，不能无原则地妥协或者一味地压制对方。最好的做法是用整合的手法来达到双赢的结果，在对立或不同意见中，通过沟通找出彼此都能认同的更高的价值标准。具体做法应该参考这些思路：尽量收集与问题相关的事实与意见；以团队的利益为最高原则作为沟通的前提；充分考虑对方的权限、能力与立场。适当地考虑对方的权限能力是否可以做到给予的要求，如果做不到，对方不会接受，也会使沟通陷入僵局；不能有高高在上或者对立的心态；不要试图去控制对方的思想，要让对方在走自己路线的基础上，做到求同存异。

最后，当冲突发生时，企业可以通过以下几个方式消减不良冲突对组织产生的负面影响。

（1）强调成员之间的相互依赖，明确冲突给组织带来的损失，有意识地提高集体主义意识，从而缓解冲突双方内心的不满情绪。

（2）增加团队成员群体活动行为，增强团队内部团结，使成员间的矛盾得到一定的缓解。

（3）在组织结构方面，建立限制冲突的规章，设立专门的人员解决冲突，并重新设计组织结构。这样可以在一定程度上缓解冲突发生对于组织的负面影响。

4.4 创业团队需承担的社会责任

每位公民都应该承担一定的社会责任。创业团队的社会责任由经济责任、法律责任和公益责任组成。

4.4.1 创业团队需承担的经济责任

经济责任是企业社会责任的基石，包括销售收入、净利润等经济指标。这是创业团队社会责任最核心、最基础的层面。

同其他形式的企业一样，创业团队要参与市场竞争，讲求经济效益，努力生产更多符合社会和人们需要的产品，或者提供满足社会和人们需要的服务，创造更多的财富，为国家综合实力的增强做出积极贡献。这就要求企业必须坚持局部利益服从全局利益、当前利益服从长远利益，不折不扣地贯彻执行。

经济责任就是要求创业团队努力做到四个“负责”：一要始终对自身事业负责。自己组织一群伙伴经营创业项目，要有责任确保自己掌握的资产保值增值、把企业做强做大。二要对社会负责。企业是社会的一部分，企业发展了，就能促进社会的发展；企业不稳定，就会影响社会的稳定。要全力做好企业发展稳定的各项工作，为社会的发展稳定做出应有的贡献。三要对企业负责。要围绕企业的生产经营，制定科学的发展战略和目标，不断增强企业的市场竞争力，千方百计把企业搞好。四要对创业成员负责。企业是创业成员的“家”，企业的发展事关创业成员的切身利益。只有把企业办好了，才能满足广大企业利益相关人员日益增长的物质、文化生活需要，不辜负创业成员的期望。

4.4.2 创业团队需承担的法律责任

创业团队必须遵照最新公司法中的法律责任规定，如如实提交注册资本、提交真实材料或重要事实取得公司登记资格等。

创业项目合法性论证，是创业项目首先要解决的法律责任。很多项目从一开始就注定是要失败的。比如，利用网络软件帮助用户进行信用卡套现，网贷平台吸收存款放贷等。在实践中，创业团队要考虑融资，要怎么做大做强，而项目是否违法甚至犯罪，能否得到法律的保护，这些问题都要进行合法性论证。

创业团队成员要有从业自由，这是创业项目要解决的劳动合法责任。创业最为重要的是人才，大学毕业后创业的团队，成员在集合前如果是任职的状态，因为志趣相投而一起创业，则要瞒着用人单位偷偷干活。但如果有成员与用人单位签署了劳动竞业限制协议，则必须妥当解除与用人单位的竞业限制协议。否则，一旦离职创业后，则有可能遭遇诉讼，对该团队成员及创业项目都是非常不利的。

创业合伙协议（股东合作协议、公司章程）必须进行尽可能详尽的约定。这是对合作的法律保护。有些创业团队自认为都是朋友、同学、兄弟，没有签署合伙协议的概念，这极可能为日后的矛盾埋下隐患。

同时，合伙协议不仅仅保护合伙人之间的权利义务关系，更为重要的是可以保护项目的健康、有序推进。合伙协议必须对项目定位、发展规划、分工、股权安排、合伙人权利和义务、亏损承担、股权绑定、薪资、财务管理、决策、加入及退出机制、项目保护等事项，进行明确的约定，方能让成员无后顾之忧，同心协力，同舟共济，且有效保护项目的推进。

对新近比较流行的移动互联网创业项目，建议直接注册股份有限公司，而不是有限责任公司。原因是，首先国内首次公开募股公司（IPO）的主体条件为股份公司，如果是有限责任公司，要准备 IPO 时，是需要进行股制改革的，这个过程费时费力，而且如果经营管理过程不规范，股制改革是很痛苦的过程；其次，一般股份公司在执行股权激励计划时，比较直观和高效，而且股份价值换算简单。如果是有限责任公司，则在计算股权比例时，基本上至少是 4 位数，但都是小数点后的 4 位数，对创业团队成员不够透明和简明；再次，在融资时，股份增发比较便利和直观；最后，虽然股份公司注册资本最低 500 万元，但现在公司注册资本出资实行认缴制，其实是没有出资压力的，而且相对方便。

公司名称预核时，保护好项目名字。这是对自己创业项目的法律保护。创业有三个方面最可贵：一是好的项目，二是好的团队成员，三是好的项目名称。有的创业团队直接把非常好的项目名称作为公司字号，提交申请企业名称网上预核，这样做是非常危险的，可能会被抢注。

创业初期，团队必须有一个核心创始人。以便在股份安排时，核心创始人能占多数股份。而对于普通有限责任公司，在进行股权安排时，应适当预留考虑未来股权激励和融资的份额和大致方案。这样就能保护创业团队核心创始人的合法权益，对保护创始人的创业激情有绝对的好处。

融资就意味着股权的稀释和控制权力度的减少。所以，在进行融资时，对于公司控制权，要给予必要的关注。同时，规范财务，避免个人和创业项目公司财产混同，以免个人为公司债务承担连带清偿责任。

有限责任公司，股东以认缴的出资额为限为公司承担有限责任。但《公司法》规定出现法定情形的，则股东不承担有限责任，而承担无限连带责任。常见的情形包括账目混乱、私企不分，股东以个人名义承担公司运营费用、以公司资金添置个人资产等。

4.4.3 创业团队需承担的公益责任

我们认为企业公益行为是企业在保证自身利益的同时，用自身资源履行社会责任，以影响相关利益者，拓展企业生存空间，塑造竞争优势的一种社会指向性活动。

创业团队的公益责任目标，可以界定为：①向老、弱、病、残、幼提供帮助的利他动机；②响应政府号召或政策，或邀请官员参加，或与政府部门合作开展，即影响政府的动机；③有目标消费者（包括潜在的）参与公益活动的，即影响消费者的动机；④有企业的合作伙伴参与公益活动的，即影响渠道的动机；⑤有员工参与公益活动的，即影响员工的动机。

创业团队参与社会公益的五种方式：①直接捐赠，企业直接捐助财物给慈善机构或公益事业；②善因营销，企业承诺将参与公益活动的产品或品牌的销售收入或利润按一定比例捐赠给社会公益事项；③公益宣传，企业投入资源增强公众对某项公益事业或社会问题的了解和关心；④社区志愿者活动，企业支持和鼓励自己的员工、零售合作伙伴，自愿奉献他们的时间来支持公益事业；⑤赞助，企业出资或出物支持某些公益活动，同时企业（品牌）的标识和名称出现在公益活动的现场或有关物品上。

研究表明，企业进行公益活动的目标主要是影响消费者，同时树立企业形象，并且“直接捐赠”“金钱”更能让消费者感知到真诚性，因而公益行为影响效果更明显。同时，在企业市场区域开展公益活动更能让消费者感知到亲近性，公益行为影响效果更明显。而且，公益行为支持的社会公益的群体基础越大，影响消费者的效果越明显。

在公益行为的实施上，消费者感知的公益行为的一贯性水平和重视程度越高，公益行为的影响效果越明显。同时，利益相关方参与水平越高，公益行为的影响效果越明显。

4.5 大学生创业团队管理建设

大学生创业的成功率仅为 2%～5%。究其根源，除了大学生创业经验、销售渠道、推广等不足外，还在于在残酷的市场竞争下，创业团队管理问题频出。下面从三个方面论述，大学生如何建设、管理创业团队。

4.5.1 建设团队精神

建设团队精神首先要统一思维方式。内蒙古蒙牛乳业集团创始人牛根生曾经说过：“创业其实没有什么，就是凭借自己的力量做成一件事就行。”你做成功某件事就可能树立一种企业思维方式，而企业或者团队一旦有了统一的思维方式，再做任何事情都会事半功倍，创业者的成功就指日可待了。

建设创业团队精神，要形成自发的工作态度。态度决定一切，所谓的没有态度做不成创业就是源于每个人对待事情一丝不苟的态度。创业，即是一个从无到有的过程。所以团队成员切忌等着别人给自己安排工作，总是服从分配被动地工作，而应不断积极主动地迎接挑战。也就是说管理者在创业的初期就要以此目标来考核成员而精减“士兵”。

创业是一场艰辛的修炼，要培养艰苦卓绝的精神，坚持不懈的意志。“筚路蓝缕，以启山林”，创业的艰难可想而知。与苦难做伴，与艰辛为伍，风餐露宿时时有，荣华富贵只是子虚乌有。创业者唯有运筹帷幄、奋发图强，才能在竞争激烈的市场中占有一席之地。

我们都知道，大雁南飞过冬时，雁群总是排成“V”形。科学家经过多年的研究，弄懂了这其中的原因，还总结出大雁的其他习性。

当带头大雁扇动它的翅膀时，它为紧跟其后的大雁创造了一股向上的动力。按照“V”字队形飞行，整个雁群会比每只鸟单独飞行至少增加71%的飞行距离。

当一只大雁掉队时，它会马上感到单独飞行的阻力，它会很快飞回队形以利用队伍所提供的动力。

当领队的大雁感到疲惫时，“V”字队形中的另一只大雁就会充当领队。在后面的大雁会发出鸣叫声，鼓励前面的大雁保持速度。

如果一只大雁病了，或受了枪伤掉下来时，会有另外两只大雁离开队形，跟着它下来，以帮助和保护它。它们会守着这只大雁，直到它能重新飞行或死去，然后它们靠自己的力量再次出发或跟随另一队大雁去追上自己的队伍。

大雁的故事告诉我们，具有共同方向和群体意识的人们会更容易成功；留在团队中，自己会更快成长；团队领导可以轮流制，但不能终身制；团队精神体现在“对理想不放弃，对伙伴不抛弃”上。

4.5.2 创新开发管理方法

（1）精减团队成员，留住精英。创业团队唯有做到人尽其力才能与时俱进，成员过多则会三五成群、高谈嬉笑，淡忘最初的创业目标，丢失步履维艰的创业过程。假如其中存在几个纨绔子弟，好逸恶劳的风气便会悄悄滋长，日新月异无从谈起，故步自封成为常态。尤其是高科技企业创业通常是以技术创新为主，因此人力资源最重要的是高素质。对于项目核心技术人员，要舍得投资选聘最优秀的专业人才。

（2）制定合理的发展目标。创业团队要制定一个发展目标，根据现状进行细化分解，让每个团队成员都明白自己的发展方向。明确目标，统一思路，兄弟齐心，其利断金。即使日后运营出现问题，团队成员也能够齐心协力去解决。

（3）提高团队的开发能力。所谓创业，“创”字当头，因而团队的创新和创造能力是团队发展的关键。这就要求团队成员强化发现问题和解决问题的能力，提高团队的整体决策能力。与此同时，加强团队专业技能培训也很重要。针对性强，实用性强，干什么学什么，缺什么补什么，使成员能够很快进入角色，企业建设蒸蒸日上。如果团队内部能力有限，也要调动外部资源，聘请专业教师顾问帮忙。

4.5.3 掌握矛盾解决方法

首先，建立良好的沟通机制。作为团队管理者要站在不同成员的位置思考问题，不能忽略处于执行位置员工的处境。美国著名未来学家奈斯比特曾经指出：“未来竞争是管理的竞争，竞争的焦点在于每个社会组织内部成员之间以及与外部组织的有效沟通上。”管理者与被管理者之间有效沟通是任何管理艺术的精髓。制定具体良好的沟通机制：第一，就是通过正式的沟通渠道，如周会、月会和座谈会。第二，就是通过非正式的沟通渠道，如电子邮件、末聚餐、短途出游等。其旨在建立融洽的关系和稳固的友谊，即通过情感交流以达到良好沟通的目的。

其次，随时协调关系提高效率。如果团队运行机制不灵活，就无法达到继续激活团队成员斗志的作用。当其发展到一定阶段，效率问题就会凸显。团队成员的主观能动性降低，没有了创业的激情，始终无法实现创业的宏图大志。因此，我们要注意个人价值与团队价值的最大化。关注个人与团队的关系，使其形成一致的方向相互促进发展。

管理体系中最重要的就是管理者或者说是决策者。管理者和团队成员或团队之间要取得微妙的平衡。管理者不能推脱团队业绩最终的责任，授权并不意味着放弃控制。给团队成员越多的自治和自由，他们遵守共同的目标就显得越重要。好的团队是灵活的，他们可以在管理者的决策和最适合的团队解决方案之间取得平衡。实际上，在功能完善的团队，成员相互之间具有高度的信任感，管理者在做出某些决定时不必讨论，也不必解释。相反，无效的团队中缺乏信任感，即使管理者做最明白的事情或无关紧要的建议，团队成员也要质疑并提出疑问。

我们认为，团队成长过程也是文化磨合和道德认同的过程。通过精神建设，创新开发管理方法，解决团队内部矛盾，在此过程中团队建设和企业规模日新月异，继而创业者功成名就，企业屹立于不败之地。

拓展阅读

一、玩出来的茴香酒馆

昆明的翠湖片区经过 20 多年的发展，以及餐饮酒馆行业不断地变化，现在已经成为昆明颇有名气的娱乐片区。曾经，各式各样、规模不一的酒吧、茶馆云集这里，谈不上高朋满座，但也人气颇旺。

如果说翠湖娱乐片区本身是一个“江湖”，那么每一年，都有酒吧隐退“江湖”，每一年也有酒吧卷土重来，也有的酒吧年年如一，始终如一地向世人摇摆着它的娱乐旗帜，茴香酒馆即是如此。

“茴香”是翠湖片区的一面旗帜，是因为它曾举办过一个红酒派对，自此昆明便掀起新一轮的品酒风潮。这是其创业团队经营运作的功劳。那么茴香酒馆是如何聚集起这些成员，成就“茴香团队”的呢?

这间闻名全国的酒馆的老板是一个年轻帅气的小伙子，他的名字叫李鑫蔚。他在茴香酒馆这个平台上只用了几年的时间，就将他的茴香企业从酒吧娱乐延展到餐饮美食，整个企业集团经营得像他本人一样朝气蓬勃。探究他的成功之道，我们惊叹于仅能找到一个字来评价——“玩”。

在他的企业找不到像其他企业那些繁缛的管理制度和企业文化，有的是那种锐也内敛、藏也锋芒的让人大吃一惊的“玩性文化”，在这“玩”字的骨子里，是一种不可复制的团队的心智文化。在他的心智文化里，你找不到那些大而空的战略规划和华丽辞藻，也没有卖弄年轻资本的点点痕迹，更没有老总威严天下的假面孔，只有年轻岁月在他身上驻足的玩性和智慧痕迹。进入他的团队，他会告诉你两件事：第一件是在他的企业没有老板和打工之分，只有团队成员的新老之分；第二件是怎样玩得尽兴才能工作得彻底的“玩性文化”。当然他的“玩性文化”是随性的、健康的、积极的、时尚的。看看他的个性着装——身上永远套着质地上乘的个性休闲服；他的兴趣爱好——手边永远带着国内外最新时尚读本；他的职业素养——从不放弃大师级的工商管理培训；他的工作状态——在聊天中完成一个团队最高长官应该完成的事情……在他看来，生活是一种玩，学习是一种玩，着装是一种玩，创业是一种玩，经营企业同样是一种玩。

也许简单的反而是深奥的，玩，不需要繁文缛节；玩，不需要条条框框的设计，当玩能成为一种生产力的时候，这样的境界不是谁都能到达的。李鑫蔚用玩经营着企业，在玩性中带着他的团队成长。

思考：

1. 李鑫蔚在创业团队中发挥什么作用？
2. 李鑫蔚怎样组建其创业团队？
3. 李鑫蔚的创业团队有怎样的目标？

二、中国式合伙创业内讧大全

一杯浓咖啡（库哥）车库咖啡孵化器媒体掌门人

创业，从来都不是人人能做成功的事。

创业，一个人很难做成，所以必须“合伙”。

创业，不仅是为了发财，而是为了要做一件自己认为有价值的事情，去体验实现梦想的快感，是一种勇气和自我价值满足的过程。

当然，人人都是可以创业的，创业本身是没有门槛的，很多创业者看到了创业成功后的光环，却不知创业是“九死一生”。所谓“事在人为”，很多创业的失败，最后都是由团队的人为因素造成的，今天库哥就跟你聊聊《中国式创业内讧》，也许会给你带来很多启发和经验。

信仰不同，各怀各自小算盘

很多人对创业都是抱有一夜发大财的想法，满眼的成功学。所以合伙人在一起时，往往是成绩好的时候大家在一起非常和睦，但是遇到困难，有的人便算计起自己的小算盘了。创业一定是一群人一起完成的“梦想”，在实现梦想的过程中，一定是同甘共苦，如果不能共苦，只能享福，这样的团队注定不能走远，只为“利”而聚集在一起，是注定看不到未来的。只有大家拥有信仰的趋同，对企业的愿景一致，才能让项目和事业走得更远。

伟大的企业价值观和精神，一定是来自创始人和团队的“基因”，如果团队的基因不对，团队也必将引起内讧而散掉。这是创业合伙内讧教训中要牢记的。

信仰和价值观一定要趋同，否则注定内讧散伙。

股份分配不合理

千万别说什么，现在先干着，等干起来大家再谈股份。这么做等你事业做起来后，危机也就来了，团队因为股份的不认同分道扬镳，这样的案例还少吗？创业是一件理性的事情，虽然也有感性的情怀，但是涉及个人的利益，库哥告诉你，一定要“先小人，后君子”，大家把股份和利益分配好，到底谁是大股东，谁是公司的战略方向制定者，谁是舵手，谁擅长什么，谁是技术、品牌、市场推广、运营，等等，职责要非常清晰。大家丑话都说在前边，免得后来闹得不愉快，项目成功都开心，但是大家也都要有契约精神，君子协定，大家皆大欢喜。

还有就是，股份确定好后，你一定要知道如何“退出”，也就是如果有合伙人中途退出团队，你该怎么分配股份，不能一个合伙人退出了，整个团队就散架了。“期权”便是这种问题的解决方法之一，一般来说所有合伙人，在开始干的时候，手里的股份，一般都是以“期权”的形式兑现的。并不是有些人以为的股份开始是多少就是多少，举个例子来说：如果你是创始人大股东，股份是60%，你干了一年，准备退出，并不是直接的60%股份，而是根据“期权”原则兑现的，一般来说“期权”分3～5年兑现，如果分三年，那么60%的股份，也就是兑现20%，这个问题一定要懂。库哥见过很多年轻创业者，山盟海誓过后，便烟消云散，结果连基本的股份和期权都没分明白，一个人走了，整个团队就散架了。

责任、义务、功劳分配不清

一说创业，一股脑的激情向前，大家前仆后继。有的人加班加点地开干，但是有时候这种“野蛮生长”，却往往带来一个问题。事情成功了，到底谁的功劳最大？谁第二大、第三大？成功了，大家开始抢功、邀功。然后内讧便开始了。

其实这里存在的一个问题就是，在开始之前，大家都应该有明确的绩效考核标准，到底负责项目的哪个方向，做成了多少，实现了多少价值。这些都应该有明确的规则，让大家按照规则去做。这样，事后有理有据，内讧也就不会发生了。

找到了人品糟糕的人

首先有几种人，库哥觉得是根本不能在一起合伙创业的。主要有：①有诈骗经历的人；②不懂团队合作、自私自利的人；③没有孝心的人；④参与恶势力的人；⑤没有公共道德的人；⑥小气、斤斤计较、格局小的人；⑦喜欢挑弄是非的人；⑧喜欢推脱，不主动去解决问题的人；⑨有极端宗教信仰的人；⑩不希望别人成功的人。

当然，还有很多种人，在一起合伙创业，一定是一颗“定时炸弹”、内讧的导火线，这个就需要创业者慧眼识珍珠了。总之，事在人为，做事情最终还是人在做，所以选人一起做事就是关键了。

只谈情怀，不谈利益

曾经有人说：要用追求利益去追求兄弟情义，而不是用兄弟情义追求利益。这句话其实有一定道理。世间，皆为利来为利去，大家合伙做事，不能只谈情怀。创业间的兄弟情义，一定有“利”来维系。只有让跟你一起干的人，得到“利”了，大家才会更好地发展，只有情怀，没有“利”，最后也会是“竹篮打水一场空”，内讧也将不可避免。

利益的分配不均，也是创业合伙“内讧”的主要原因之一，贪婪是人性的原罪之一，有的人在获得成功后，便充满了贪婪的欲望，对团队和事业贪性不止，最后大家利益分配不均，反目成仇，内讧而死。

只有老大，没有老二

这里说的只有老大的意思是，创业者团队要有一个大股东，但是大股东并不是唯一的“专政者”，绝对的专政必然导致项目走向一个独断的方向，而没有老二也必将让团队走向单一的方向。这里的老大和老二，往往需要在股份划分的时候就明确，如果团队老大的股份有 96%，其余的人只有 1%，那么这样的团队也注定会走向没落，内讧也是自然会发生的事情。

关于股份分配：① 67%为绝对控股；② 51%为相对控股；③ 34%为一票否决。

家族问题

创业是一个过程，在这个实现梦想的过程，家族关系过重的企业会面临很多严重的问题。因为家族关系会导致任人唯亲，优秀人才吸引不过来，制度内部关系化，企业的发展受制于家族内部的利益关系。所以家族企业一般很容易引起内部团队合伙人之间的不和睦，内讧也是一种潜在“隐患”。

思考：

1. 从库哥的文章中，总结出哪些团队合作失败的现象？
2. 如果你成立一个创业团队，你会出现库哥所说的弱点吗？
3. 从本文中你能够吸取哪些教训？

本章要点

1. 创业团队的组成程序
2. 创业团队组建的五要素
3. 组建和管理创业团队的基本原则
4. 创业团队的组建程序
5. 创业团队组建的主要影响因素
6. 大学生创业团队管理建设

思考题

1. 一个优秀的创业团队应该具有哪些特征？
2. 当你要进行团队组建时，你应该注意哪些问题？
3. 一个创业团队承担着哪些责任？
4. 通过哪些方面的工作可以有效地对创业团队进行管理？
5. 哪些因素可能导致团队的冲突和分裂？如何打造高效的团队？
6. 作为大学生，如何组成、管理自己的创业团队？

第5章　创 业 资 源

学习目标

1. 了解什么是创业资源及这些资源在创业过程中的作用。
2. 了解创业资源的获取及管理的方法。
3. 认识创业融资的渠道、风险及选择策略。
4. 了解大学生创业资源的获取与管理。

导入案例

共享单车市场并不是谁都能玩转的

2017年6月13日，悟空单车的运营方重庆战国科技有限公司在其官方微博宣布，由于公司战略发生调整，自2017年6月起，将正式终止对悟空单车提供支持服务，退出共享单车市场。悟空单车也成为同行业中首家彻底退出的企业。

公开资料显示，悟空单车的运营方重庆战国科技有限公司是一家专注于自行车方向的互联网公司，成立于2016年9月30日，注册资本金10万元人民币。

悟空单车官方微博资料显示，2017年1月7日，悟空单车宣布进入重庆市场，首批投放2000辆，分布在两江新区等主城的各个区域。

另据《重庆晨报》报道，这也是重庆首次出现的共享单车，紧随其后不久，ofo小黄车便宣布投放重庆大学城，从而进入重庆市场。

雷厚义告诉《中国企业家》记者，最初进入市场时，自己对悟空单车未来的市场寄予厚望。那时，他对外宣布，悟空单车投入市场后，将以每天500辆的速度在几天内完成布局，并逐步扩大覆盖范围，最终预计拥有10万辆悟空小红车，全面覆盖重庆城区。

除了深耕本土重庆及周边区县，悟空单车还将进入全国各大城市，在全国334座城市，设立超过10 000个共享单车站点。同时，悟空单车寻找城市合伙人，投资单车，享受车辆利润分红，计划在年内投放超过100万辆单车。

然而，在正式运营仅5个月后，悟空共享单车就宣布退出共享单车市场。

对于退出市场一事，雷厚义在接受《中国企业家》采访时说，自己对这样的“退出”早有预测。一是悟空单车作为后进入者并没有后发优势，二是以目前的情况来看，重庆的共享单车市场，摩拜和ofo与悟空单车的市场占比超过10∶1，甚至更多。共享单车市场这场仗难以打赢，“不像摩拜和ofo，他们可以和全球最大的供应链厂商合作，悟空单车合作的都是小厂商，根本拿不到顶级的供应链资源，产品品质也不是特别好”。

2016年下半年，雷厚义选择跟进共享单车这个风口。那时，他主要出于两点考虑：一是之前的项目资金链断裂，没钱打车，于是自己经常步行跑业务，在走路这件事上悟出了“效率很低，浪费时间”这个道理；二是他在网上看到关于ofo的报道，自己觉得这是一种刚需，正好解决了三公里内出行的需求。

虽然，当时的市场如同他所描述的那般，“摩拜和ofo的架势真是‘不让后来者活’”。雷厚义还是选择了迅速进入，第一个“战场”选在了重庆。“我在‘战场’上没时间去考虑这些，能想到的就是尽快投产。”

为什么是重庆？雷厚义告诉《中国企业家》记者，最重要的一点是，“这里是我们的大本营，资源上比较占优势”。

一切就绪之后，悟空单车开始分两批投放市场。此前，雷厚义在接受媒体采访时也提及，第二批投放是在2017年2月底，总共投放了1000辆单车。这批车成本高很多，每辆约750元，再加上锁和物流成本，总计800万元左右。但是，后来因为没有拿到投资，实际上只拿到1000辆单车，定金也打了水漂。

后来，市场上出现的车辆不断丢失、人工运维、智能锁等问题导致效率低下，成本过高。最核心的问题是公司面临着供应链和融资的难题，“如果这些解决不了，就没资格去考虑运营问题”。

在资金问题上，“没有融资，口袋里面的钱不够，资金根本无法正常运转”。雷厚义进一步向《中国企业家》记者分析说，无论市场占有率还是融资能力，占据半壁江山的摩拜和ofo有源源不断的融资，他们在早期根本不需要盈利模式。但对于“悟空”这样的小厂商而言，在进入市场的早期就极力需要寻找盈利模式存活下去。

对于小厂商而言，没有得到外界融资就意味着没钱大规模购买单车，更不要谈投放。此前，业内多位知情人士称，阿里巴巴知名投资人曾空降重庆，到访悟空单车总部，在宽敞的总裁接待室里洽谈业务。

甚至有分析称，该举动很可能是为了拿到悟空单车下一轮的融资。彼时，雷厚义还曾向媒体透露，“我们已经拿到天使投资人的融资，数目暂不便透露”。

《中国企业家》记者向雷厚义求证此事，雷厚义再次回应称：“此事不便透露。”

从内部看，悟空单车内部的供应链和融资问题得不到解决；向外部看，整个共享单车市场竞争激烈。后期的用户逐渐减少，无法完成沉淀，退押金的用户也越来越多，根本无法正常运转。

到2017年4月中旬，雷厚义判断，“这件事情做不成了”。原因在于：一是融资没成功，二是合伙人模式也垮了。

讨论：

1. 悟空单车在创业过程中缺乏哪方面的资源？
2. 在创业过程中，还有哪些资源需要获取、管理？

5.1 创业资源概述

5.1.1 创业资源的内涵

创业资源是指创业者在创业过程中可获取和利用的各种要素及要素组合，以及新创企业在创造价值的过程中所需要的特定的资产，包括有形资产与无形资产，它是新创企业创立和运营的必要条件，主要表现形式为创业人才、创业资本、创业机会、创业技术和创业管理等。资源在创业要素中是第一位的，总的来说，资源就是供人们从事生产和经济活动的有用之物。

5.1.2 创业资源的分类

目前，学术界对创业资源的分类方法大致有以下五种。

1. 按其来源分类

创业资源按其来源可以分为自有资源和外部资源。自有资源是指创业者或创业团队自身所拥有的可用于创业的资源，如自有资金、技术、创业机会信息等。外部资源是指创业者从外部获取的各种资源，包括从朋友、亲戚、商务伙伴或其他投资者筹集到的投资资金、经营空间、设备或其他原材料等。自有资源的拥有状况（特别是技术和人力资源）会影响外部资源的获得和运用。

2. 按其存在形态分类

创业资源按其存在形态可以分为有形资源和无形资源。有形资源是指具有物质形态的、价值可用货币度量的资源，如组织赖以存在的自然资源及建筑物、机器设备、产品、资金等。无形资源是指具有非物质形态的、价值难以用货币精确度量的资源，如信息资源、人力资源、政策资源及企业的信誉、形象等。无形资源往往是撬动有形资源的重要手段。

3. 按其性质分类

（1）人力资源。它包括创业者与创业团队的知识、训练、经验，也包括组织及其成员的专业智慧、判断力、视野、愿景，甚至是创业者、创业团队的人际关系网络。创业者是新创企业中最重要的人力资源之一，因为创业者能从混乱中看到市场机会。创业者的价值观和信念，更是新创企业的基石。合适的员工也是创业人力资源的重要部分。因此，高素质人才——技术人员、销售人才和生产工人等的获取和开发，便成为企业可持续发展的关键因素。

（2）社会资源。它主要指由于人际和社会关系网络而形成的资源。社会资源可以是人力资源的一部分，或者说是特殊的人力资源。社会资源对创业活动非常重要，因为社会资源能使创业者有机会接触到大量的外部资源，有助于透过网络关系降低潜在的风险，加强合作者之间的信任和声誉。开发社会资源是创业者的重要使命。

（3）财务资源。它包括资金、资产、股票等。对创业者来说，财务资源主要来自个人、家庭成员和朋友。由于缺乏抵押物等多方面原因，创业者从外部获取大量财务资源比较困难。

（4）物质资源。它是指创业和经营活动所需要的有形资产，如厂房、土地、设备等。有时也包括一些自然资源，如矿山、森林等。

（5）技术资源。它包括关键技术、制造流程、作业系统、专用生产设备等。通常，技术资源包含三个层次：一是根据自然科学和生产实践经验而发展成的各种工艺流程、加工方法、劳动技能和诀窍等；二是将这些流程、方法、技能和诀窍等付诸实践的相应的生产工具和其他物资设备；三是适应现代劳动分工和生产规模等要求的对生产系统中所有资源进行有效组织和管理的知识、经验和方法。技术资源与智慧等人力资源的区别在于，后者主要存在于个人身上，随着人员的流动会流失，技术资源大多与物质资源结合，可以通过法律手段予以保护，形成组织的无形资产。

（6）组织资源。它包括组织结构、作业流程、工作规范、质量系统。组织资源通常指组织内部的正式管理系统，包括信息沟通、决策系统及组织内正式和非正式的计划活动等。一般来说，人力资源需要在组织资源的支持下才能更好地发挥作用，企业文化也需要在良好的组织环境中培养。组织资源来自创业者或其团队对新创企业的最初设计和不断调整。同时包括对环境的适应和对成功经验的学习。由于创业过程通常被解释成组织的形成过程，所以对于创业企业来说组织资源是具有标志性意义的一类资源。

4. 按其对生产过程的作用分类

资源还可以按照其对生产过程的作用分为生产型资源和工具型资源。生产型资源直接用于生产过程或用于开发其他资源，如物质资源，像机器、汽车或办公室，被认为直接用于生产产品或提供服务；工具型资源则被专门用于获得其他资源，如财务资源，因为其具有很大的柔性而被用于获得其他资源，如用来获得人才和设备。产权型技术可能是生产型资源，也可能是工具型资源，这要根据其所依存的条件，如果依赖于某个人则可能是工具型资源，如果是以专利形式存在的则可直接用于生产过程。需要指出的是对于新创企业来说，个人的声誉资源和社会网络也属于工具型资源，有些时候市场资源也可以用来吸引其他资源，因此我们也将其归为工具型资源。

5. 按其在创业过程中的作用分类

创业研究学者通常将创业资源划分为两类，一类是运营性资源，主要包括人力资源、技术资源、资金资源、物质资源、组织资源和市场订单资源等。另一类是对新企业生存和发展具有关键作用的战略性资源，主要指知识资源。知识型社会给企业带来了持续而深远的影响，知识成为企业进行生产、竞争的关键，企业组织工作的重要任务是战略性地开发和利用知识资源。由于新创企业的高度不确定性及创业者和资源所有者之间的信息不对称性，知识资源对运营资源的获取和利用具有促进作用。另外，还有学者将资源分为离散资源和系统资源两种类型。离散资源的价值相对独立于组织环境，合同和专业技能则属于这类资源。系统资源的价值则体现在这种资源是网络或系统的组成部分，如分销网络或团队能力，其价值依赖于所处的系统环境。

5.1.3 创业资源与一般商业资源的异同

创业资源与一般商业资源既有相同点，也有一定的差别。

从广义上看，创业资源与一般商业资源的基本内容大致相近，都包括人力资源、社会资源、财务资源、物质资源等，它是指创业活动或商业活动中所需要的各种生产要素和支撑条件。倘若一个人想要创业或者从事某种商业活动，则必须具备一定的条件，而拥有这些资源在某种程度上就是获得了许可证。在创业过程中，除自有资源外，创业者往往通过市场交易手段将一般商业资源转换为创业资源。

从狭义上看，创业资源与一般商业资源的差异表现为以下三个方面。

第一，创业资源与创业过程相伴而生，是一项事业、一个企业或组织从无到有、从小到大的创建过程中所依赖的各种要素和支持条件。对于创业活动而言，较强的不确定性是初创期的主要特征，因此创业者所拥有或者可以利用的资源无论在数量上还是规模上都表现为少、小。一般商业资源往往泛指事业、企业或组织所具备的生产要素和支持条件，其数量、规模都比创业资源多、广。

第二，创业资源的范围往往小于商业资源。尽管创业资源与商业资源的基本内容相近，但并不是所有的商业资源都是创业资源，因为只有创业者能够拥有或者可以获得、利用的资源才是创业资源。在创业的过程中，创业机会只有与相应的创业资源进行匹配，才能形成现实的创业行为。否则，即使出现了大好的创业机会，创业者也难以迅速利用这个机会，只能眼睁睁地看着机会从身边溜走。

第三，有的学者认为，创业资源更多地表现为无形资源，一般商业资源则更多表现为有形资源。创业资源的独特性更强，创业者的个人能力和社会网络资源是其中最为关键的资源，一般商业资源中，规范的管理和制度则是企业成功的基础资源。

5.1.4 创业资源在创业中的作用

创业活动的本质，是创业者围绕潜在机会来调动和整合一切可能获得的资源以创造商业价值的过程，这些资源包括社会资本、资金、技术及专业人才等。创业者所拥有或者能够支配的资源在很大程度上决定了创业方向。

1. 社会资本在创业中的作用

社会资本的概念是法国学者布尔迪厄（P. Bourdieu）于 20 世纪 70 年代提出来的，其代表著作《*Distinctio*》，于 1984 年译成英文。科尔曼（J. Coleman）1988 年在《美国社会学学刊》发表的《作为人力资本发展条件的社会资本》一文，在美国社会学界第一次明确使用了“社会资本”这一概念，并对其进行了深入的论述。

自布尔迪厄和科尔曼提出社会资本的概念以来，比较有代表性的社会资本概念，是指个人通过社会联系获取稀缺资源并由此获益的能力。这里指的稀缺资源包括权力、地位、财富、资金、学识、机会、信息等。当这些资源在特定的社会环境中变得稀缺时，行为者可以通过两种社会联系获取。第一种社会联系是个人作为社会团体或组织的成员与这些团体和组织所建立起来的稳定的联系，个人可以通过这种稳定的联系从社会团体和组织中获取稀缺资源。第二种社会联系是人际社会网络。与社会成员关系不同，进入人际社会网络没有成员资格问题，无须任何正式的团体或组织仪式，它是由于人们之间的接触、交流、交往、交换等互动过程而发生和发展的。

在创业研究方面，社会资本是基于人际和社会关系网络形成的资源。这种资源可以是人力资源的一部分，或者说是特殊的人力资源。社会资本能使创业者有机会接触大量的外部资源，有助于通过网络关系降低潜在的风险，加强合作者之间的信任与信誉。有学者通过研究发现：虽然个人的财务资源与其是否成为创业者没有显著关系，但是从创业者个体来看，其获取资源的能力决定了创业活动能否成功启动；创业者常常通过社会网络获取所需的信息和资源，而那些拥有丰富社会资本的创业者往往可借此得到较难获取的资源，或以低于市场的价格购买取得。

斯坦福大学研究中心的一份调查显示：一个人赚的钱，12.5%来自知识，87.5%来自基于正常社会经历建立的人际关系。另有数据显示，社会交往面广、交往对象趋于多样化、与高社会地位个体之间关系密切的创业者，更容易发现创新性更强的创业机会。

2. 资金在创业中的作用

资金是创业者资源整合的重要媒介。从产生创意、发现创业机会到构建商业模式或组建创业团队都绕不开资金这个话题。换言之，创业过程的每项活动都会发生成本需要、进行成本补偿。比如，对于新创企业来说，无论是进行产品研发还是生产销售，都需要大量的资金，因此如何有效地吸收资金资源是每个创业者都极为关注的问题。

很多创业者在创业之前，没有正确看待创业资金的重要性，认为企业一开始投入就能盈利，能够弥补创业过程中的资金短缺问题。事实上并非如此，很多时候一个创业项目在起步后的相当一段时间内是没有收入的，或者收入不会像预期的那么多。因此，在创业之前必须要做好资金短缺的思想准备，以备不时之需，尽可能避免因为一时的资金问题让创业团队陷入困境。

大学生创业的最大困难之一就是资金缺乏。即便是已经建立若干年的企业，资金链的断裂也是企业致命的威胁。据国外文献记载，倒闭破产的企业中有 85%是盈利情况非常好的企业，而这些企业倒闭的主要原因是资金链的断裂。企业可能不会由于经营亏损而破产清算，却常常会因为资金断流而倒闭。

虽然资金在创业过程中起着至关重要的作用，但融资数量并非多多益善，要考虑到企业实际的资金需求量。创业融资需要一定的策略，参见第 5.3 节的内容。

3. 技术在创业中的作用

对于制造类型或提供基于技术服务的新创企业而言，技术资源是企业存在和发展的基石，是生产活动和生产流程稳定的根本，其成功的关键在于寻找成功的创业技术，原因有三：一是创业技术是决定创业产品的市场竞争力和获利能力的根本因素。在创业初期，创业资金需求基本满足的情况下，创业技术是最关键的资源。二是创业是否拥有技术核心决定了所需创业资本的大小。对于在技术上非根本创新的创业企业来说，创业资本只要保持较小的规模便可维持企业的正常运营。三是从创业阶段来说，由于企业规模较小，因此管理及对人才的需求不像成长期那样高，创业者的企业家意识和素质是创业阶段最关键的创业人才和创业管理资源。

技术资源的主要来源是人才资源，重视技术资源的整合也就是注重人才资源的整合。技术资源的整合，不仅要整合、积聚企业内部的技术资源，还要整合外部的可供利用的技术资源。比如，积极寻找、引进有商业价值的科技成果，加强和高校科研院所的产学研合作等。整合技术资源只是起点，技术资源整合是为了技术的不断创新、自主研发并拥有自主知识产权，保持技术的领先，提高新创企业的核心竞争力。

4. 专业人才在创业中的作用

组织资源观认为，塑造以知识为基础的核心能力是组织获取持续竞争优势的有效策略。这种核心能力具有独特价值，是不可模仿和难以转移的，它需要组织内部的长期开发。专业人才在创业过程中的作用可以从创业者、创业团队、管理团队及骨干员工的角度体现出来。

创业活动的本质，是创业者围绕潜在机会来调动和整合一切可能获得的资源来创造商业价值的过程，这些资源包括创业者自身的物质资本、人力资本及不容忽视的社会资本。影响创业者人力资本的直接因素主要包括教育经历、产业工作经历和相关的创业经历；影响创业者社会资本的直接因素主要包括创业者的家庭背景、生活的地缘环境、拥有的社会关系及创业团队所具有的其他特征等。创业者是新创企业的核心，其所具有的人力资本、社会资本对新创企业的创建和后续发展具有非常关键的作用。

随着知识经济的兴起、高科技产业的发展，人们发现单靠个人力量越来越难以成功创业，创业团队的重要性更加凸显。大量的实证研究表明，团队创办的企业在存活率和成长性两方面都显著高于个人创办的企业。这是因为团队创业通常具有更多样化的技能和竞争力基础，可以形成更广阔的社会和企业网络，有利于获取额外的资源。创业投资家也经常把新创企业创业团队的素质作为其投资与否的最重要的决策依据之一。当然，创业者的人力资本和社会资本对创业团队的组建也有重要作用。一方面，优秀的创业领导人更有可能吸引优秀的人才来共同创业；另一方面，创业者的社会资本对创业团队的组建和持续性发挥着不可忽视的作用。

管理团队也是创业过程中重要的人力资源。随着新创企业发展到一定阶段，管理体系逐渐健全，各项规章制度逐步完善，组织架构也日益明晰，公司就需要从外部引进一些专业管理人才，这些专业人士能够为企业带来有益的建议与革命性的管理思路。需要提及的是，正是因为专业人士具有外来性，管理风格与理念可能与原本创业团队中的核心成员不同，甚至可能有矛盾冲突。

此外，在创业过程中还有其他可供利用的人力资源，如管理咨询公司、银行、风险投资者、律师事务所、高校等机构的专业人士。对于大学生创业者来说，在对企业运作中某项业务不太熟悉的情况下，可以充分利用外部专业人士的帮助，积极与知名的行业专家和学者建立紧密联系，以获得专业知识和建议，整合各方面的资源，提高创业成功率。

5.2 创业资源的获取及管理

行业概要包括行业格局、技术创新、前景机会、发展趋势等信息。

创业者在创业前，必须获得足够的该行业或领域的相关信息，才可以知己知彼地设计进入策略。要了解想要进入的行业概况，市场调研就是最好的方法和途径。传统的市场调研方法有问卷法、访谈法、实验法等。

市场调研是指为了提高产品的销售决策质量、解决存在于产品销售中的问题或寻找机会等而系统地、客观地识别、收集、分析和传播营销信息的工作。目前的发展趋势是在线市场调研，这种高效的调查手段也被许多调查咨询公司广泛应用，其优点主要表现在提高调研效率、节约调查费用、调查数据处理比较方便、不受地理区域限制等方面。但是在线市场调研并不是轻易可以实现的。

5.2.1 社会资源的分类

社会资源是指创业者拥有的包括政府政策与法规，非政府组织或非营利性组织等发布的信息，以及一切他人拥有却可为我所用的资源。调查表明，在制约大学生自主创业的最主要因素中，缺乏政府扶持的占 11%。对于创业者来说，运用社会资源，尤其是企业没有所有权的资源，在企业的初创和早期成长阶段十分重要。社会资源从主体形态来看，包括商业伙伴、投资者及亲朋好友等；从实物形态来看，包括产品、服务、资金、信息等，如租借的空间、设备或者其他原材料等；从资源的来源来看，包括政府政策资源、扶持资金资源、中介机构资源和其他社会资源等。下面主要从资源的来源方面展开分析。

1. 政府政策资源

社会资源最重要的无疑是政府的法规，特别是新近发布的关于创业的有关政策，这些因素影响企业的创建和未来，它能使创建新企业、经营新企业及获得成功变得更加困难或者更加容易。近年来，大学生自主创业，对高校毕业生个体经营符合条件的可免收行政事业性收费，落实税收优惠、小额担保贷款及贴息等扶持政策。为此，大学生创业者应该收集有关政府政策和规划的信息。当然，至于收集什么信息可能因企业而异，从事制造业和从事服务业的政策不同，即使都是从事服务业，管理咨询的公司与网店的规则也不一样，这些需要大学生创业者在创业之前和在企业运营中逐步熟悉并掌握。

政府是信息的主要产生地，也是信息的主要扩散渠道。以上海市大学生创业为例，上海市人民政府发布的《关于进一步做好本市促进创业带动就业工作的若干意见》中提出，重点鼓励和支持青年和大学生群体自主创业，并给予“初创期创业扶持”。对当地高校毕业生从事农业创业的，可根据吸纳就业情况，给予专项创业补贴，人才服务部门免收人事代理等服务费用。为进一步细化创业政策，2009 年 2 月，上海市工商行政管理局出台了鼓励创业促进就业的新政策。对于毕业两年内的高校毕业生（含大学专科、大学本科、研究生）投资设立注册资本 50 万元以下的有限责任公司可“零首付”注册，自公司成立之日起两年内缴足注册资本。自主创业的大学生，向银行申请开业贷款担保额度最高可为 7 万元，并享受贷款贴息。从事个体经营的，自其在工商部门注册登记之日起 3 年内，免收管理类、登记类、证照类等有关行政事业收费。同时，上海市工商行政管理局网站免费为企业设立登记、名称变更登记和注销登记，发布企业法人登记公告，企业可不再通过其他商业媒体刊登上述登记公告。这些措施都为大学生创业提供了极大的便利。

关于创业登记方式，有的地方政府部门还予以创新政策扶持，有的在不改变建筑结构、不影响建筑安全的前提下，鼓励利用闲置工业厂房、仓储用房等存量房产建设创意产业集聚区。成都就支持创业园区内创意产业和不超过园区总建筑面积20%的配套服务经营者的登记注册规定如下。对确有合理原因无法提交产权证的房屋，允许提交建设工程竣工验收备案证书作为产权证明；经营场所在营业面积超过 5000 平方米的大型超市内，允许提交依法成立的大型超市的营业执照作为产权证明；属于公有非居住用房的，允许提交《公有非居住房屋租赁合同》作为产权证明。对于机动车运输（含货物运输和旅客运输）、个体演出、个体演出经纪等采用流动经营方式的个体工商户，经营场所可登记为经营者的联系地址。从事翻译服务、软件设计开发、网络技术开发、电子商务、动漫设计等不影响周边环境和公共安全的经营项目的企业，允许其在区（县）政府提供的场地中集中登记。

同时，加强登记后续服务，帮助企业解决困难。工商部门主动走访企业，提供现场指导和咨询服务，实行大学生创业跟踪联系制度，帮助企业解决困难。工商部门开辟“绿色通道”、落实专人担任创业联系人，为大学生创业提供事前指导、快速办结、定期联系等全程跟踪服务。例如，成都市设立了专门针对应届大学毕业生的创业教育培训中心，免费为大学生提供项目风险评估和指导，帮助大学生更好地把握市场机会。积极发动社会各类优质培训资源，引入行业协会、专家团体等专业力量，开展有针对性的创业培训。高校毕业生参加创业培训的，可给予培训费用补贴。为降低大学生创业企业的融资门槛，建立“成都市大学生创业企业信用担保基金”，对借款企业一般不要求提供不动产抵押或第三方保证，不需要支付担保费，经与银行协商，破例对大学生创业企业的贷款利率不上浮。

毫无疑问，这些优惠政策的出台表明政府对大学生创业的充分支持，对于推动大学生创业起到了积极作用。随着大学生创业群体的增加，他们反过来也会影响政府政策，从而创造更加宽松的大学生创业环境。

2. 扶持资金资源

对于大学生创业者来说，绝大多数缺少资金，这就需要包括金融部门在内的资金支持。事实上，金融机构对于大学生创业也有相应的扶持政策，大学生要了解和研究这些政策，积极争取金融部门的支持。

当然，对于寻求融资的大学生创业者来说，事先应该合理地测算资金缺口，寻找适合自己的融资产品。金融机构对项目也有一个筛选过程，面对金融机构的融资考察、答辩，创业者应完整、系统地梳理出自己创业项目思路，真实地呈现出来，不要怕金融机构的质疑，“只有诚信，才能让对方产生信任”。

金融机构拥有大量的金融专业人员，他们常年辅导和帮助企业，具有丰富的投资、融资经验。大学生创业者在项目选择、创业理财、项目保险等方面的疑惑，均可以向金融机构求助，以减少创业过程中不必要的风险。

3. 中介机构资源

无论大学生创业的规模如何，在其经营过程中，必然会遇到一些法律、贸易、税务等方面的问题，而这些问题往往超出了创业团队的能力范围，需要求助于专业中介机构。而律师事务所和会计师事务所等机构拥有大学生创业所需要的大量资源，其中的专家精于企业管理中的法律、税务、财务等问题，能用专业的眼光审视大学生创业中的问题，因而提出的建议具有很强的指导性。随着风险投资在我国的引进和发展，一些专注于风险投资的专家能敏锐地抓住项目要点，指出项目的利弊，同时也能对那些前景好、团队强的项目给予必要的资助。例如，杭州飞来投资管理有限公司近年来就为希望创业或正在创业的大学生，提供了一站式的创业服务，帮助了很多大学生申请得到相关的无偿资助，为大学生创业解决了很多困难和问题，受到了社会各界的好评。

4. 其他社会资源

刚从象牙塔出来的大学生，满怀着澎湃的激情进行创业。虽然理想很美好，但是现实很残酷。创业要经历无数苦难，往往是“一苦未消，又生新苦”。大学生创业中所碰到的困难非常多，这些问题只靠大学生自己单枪匹马地摸索，显然不容易解决。一切能为大学生所用的其他资源，均是大学生创业的宝贵财富。一些业务合作伙伴、同学同事、亲朋好友甚至现在或过去的领导等，都可能为大学生创业提供一定的帮助。即使是一个陌生人不经意的一句话，一个建议，也可能激发起大学生创业的梦想，或者解决大学生创业中的问题。大学生创业者如果能学会寻求帮助，发现和寻找他人的资源，珍惜和利用这一资源，就能使自己的创业少走一些弯路。

5.2.2 创业资源的获取与管理方法

1. 信息资源的获取与管理

信息资源分量最重的首选政府政策信息。比如，“十三五”规划就是这样的政策信息，是下一个五年国家经济发展的航向标，这决定政府的资源与资金投入的方向，谁有准备谁就将成为最后的赢家。

“十二五”政策的宏观导向是：①坚持扩大内需战略，建立扩大消费需求的长效机制；②推进农业现代化，加快社会主义新农村建设；③发展现代产业体系，提高产业核心竞争力；④促进区域协调发展，积极稳妥推进城镇化；⑤加快建设资源节约型、环境友好型社会。落实到产业和企业，就是国家从战略性新兴产业的高度来主张和支持国民经济支柱产业和国民经济先导产业。国民经济支柱产业包括节能环保产业、新一代信息技术产业、生物技术产业、高端装备制造业；国民经济先导产业包括新能源产业、新材料产业、新能源汽车产业。

具体来说，支柱产业和先导产业包括了以下子产业：技能技术装备及产品、先进环保技术及产品、废旧商品回收与利用、煤炭清洁利用、海水综合利用、网络基础设施、新一代移动通信及互联网核心设备、智能终端、集成设备、新型显示、高端软件、高端服务器设备、重要基础设施智能化改造、数字虚拟技术、文化创意、新型工程材料（稀土、高性能膜材料、特种玻璃、功能陶瓷、半导体照明）、先进结构材料（特殊钢、新型合金材料、工程塑料）、高性能纤维（碳纤维、芳纶纤维、超高分子聚乙烯纤维）、动力电池、驱动电机、电子控制技术、混合动力及纯电动汽车、燃料电池等。

此外，还要抓住行业信息、市场信息、产品信息、技术信息、汇率信息、物流信息、设备信息、展览信息等，凡是有利于企业发展的各种信息都可以抓住并加以分析，没有信息将寸步难行。当然，信息充满空气，什么才是对你有用的信息，能识别出来才是关键。

企业如何获得信息资源有以下几种方式。

1）通过公开出版的纸质媒体

（1）企业公开发行的资料。一些企业或厂商自编发行的企业介绍。例如，介绍本企业的发展史、规模、主要机构、设备状况、技术力量、主要产品、职工人数、创利数额、目标等有关显示自己实力的数据及发展目标、发展方向等战略性信息。

（2）企业发行的报刊。很多企业均办有本企业内刊，这种报刊常刊登企业负责人讲话、年度或季度的工作、工作规划及企业内部的一些重要数据等。

（3）公开发行的科技期刊和各类报刊资料。科技期刊可以提供国内外有关项目的研究数据。各种报刊资料范围则十分广泛，通过报刊资料可以了解国家发展规划、方针政策、法令、国家重点企业有关报道、重点项目的实施情况、新产品介绍、某行业市场动向、人物事迹、发明创造的人和事等许多有用信息。

2）通过第三方

通过电话咨询、问卷、信函或面访等方式，从第三方获取竞争者的信息。第三方主要是指与一个企业发生联系的组织机构或团体，如广告商、经销商、供应商、上级主管部门、质检部门、行业协会、信息中心等。由于一个企业在与上述组织的接触和合作过程中，需要将自身的有关情况进行相互交流和传递，这些情况中既有公开发表过的信息，又有半公开的“灰色信息”，因此通过第三方可以了解对手企业的一些相关情况。

3）通过企业内部员工建立的人际网格

企业内部包含着丰富的信息资源，企业各级干部、工程技术人员及基本员工，在与外界人际交往过程中，可能会及时反映出一些对企业至关重要的新情况，以及竞争者的新动向，从而形成了多点搜集信息的网络，极大地拓展了竞争信息中灰色信息的搜集渠道，信息的及时性和多样性也得到提高和丰富。为了更好地开发利用企业信息资源，企业必须营造一个有利于信息沟通与共享的工作氛围，促使员工自觉地关心企业的生存与发展，关注企业的竞争，主动提供相关信息。

2. 人力资源的获取与管理

创业是人的行为，是一群志同道合者的创新行为。创业过程中的一切工作均是由人来完成的，没有人，一切都无从谈起。从这个意义上说，创业的关键因素之一便是人力资源。在新创企业的人力资源中，首先要识别初始创业者、核心成员、管理团队和其他人力资源；其次要组建高效的创业团队，注重团队各个方面的配合；最后要开发运用好团队，发挥团队整体效力。

大学生创业的人力资源重点在组建、管理团队。因第 4 章已讲述过如何组建创业团队，本章将讲解如何管理团队。由于大学生新创公司开始多由核心团队成员打理，因此在此期间的管理团队和核心成员多数是重合的。这是因为他们在物色核心成员时，很重要的一个方面就是考虑其管理能力，相当多的公司没有考虑到今后还要聘请专业的管理人员，他们认为自己就是“专业的”，足以应对公司日常管理。但事实上并不是这样，由于公司创立和公司运营并不是一回事。创业需要激情，需要创意，它要求核心成员及时捕捉机遇，齐心协力用好机遇，而管理需要面对大量的事务性工作，使管理日趋规范，将非常规工作转化为常规工作，而这些可能是核心成员的能力与精力所不及的，为此需要聘请专业管理团队来管理。

如果企业发展到一定规模，就需要企业按照现代企业制度的要求成立董事会、监事会、管理层等，逐步实行规范管理。有人会说，我们在注册公司的时候就已经确定公司的管理构架了。的确如此，但那时的架构多数是虚的，创业初期很多事情大家一起商量，并没有很明确地区分董事长、总经理职责，即使有也只是纸上谈兵。但是当公司发展到一定的规模时，原有的管理模式和管理方法可能已不再适应，需要引进专业的管理人员。这些专业人员可以是原有公司的核心人员，也可能是从公司外面聘请的专业人士。当然前提是挑选有能力、有经验的专业人员，他们能针对公司实际，提出倾向性的建议，甚至前瞻性的管理理念或思路。在董事会中，特别要注意吸收外部董事，这不仅是公司治理的需要，更主要的是可以弥补核心成员、企业管理者和其他董事在经验和背景上的不足，从专业角度为公司提出合理化的建议。

正是因为专业人士的角色定位不同、管理方式不同，他们的管理风格可能与核心团队成员不一致，甚至会有矛盾和冲突。在一些家族企业中经常可以见到这样的例子。事实上，从某种意义上说，大学生刚创立的公司非常像家族企业。公司初创时，大家为了一个共同的革命目标共同努力，而随着公司日益发展，每个人的理解也在不断地深化，并且每个人的身边也聚集了一些亲朋好友，这些都对核心成员产生一定的影响，时间长了可能就会暴露矛盾。我们可以从“万通六君子”案例中感受到创业团队的演变。

除了上面提及的几类人力资源以外，还有一些重要的人力资源，如专业的咨询顾问、金融机构及法律、税务、海关等具体实务管理人员。就咨询顾问而言，常见的有企业顾问团，有的企业甚至成立了正式的顾问委员会。无论哪种形式，这些顾问鉴于其专业上的造诣和管理上的丰富经验，能给公司提出切中要害的建议。这些顾问大部分需要支付费用，但也有的免费提供咨询服务，如大学生之前的教师等，学生创业团队有问题就向顾问请教。至于付费聘请专业的管理咨询顾问，多是公司发展到一定规模以后的情形。这时公司一般走上正轨，面临的是如何快速发展问题。其实，求教于管理咨询公司，虽然我国目前还不太普及，一般小公司也不愿意转向管理咨询公司，但它们确实是一个很好的选择。因为它们专业，可以深入企业内部诊断管理中存在的问题，并提出一些针对性较强的意见和建议。

银行工作人员也可以为企业提供很多有益的帮助，特别是在融资贷款方面，他们具有丰富的经验。当大学生创业想利用政府优惠政策，在考虑融资项目对公司今后发展影响时，倾听他们的意见和建议，可以让企业少走弯路。

此外，在处理公司法律、税务、海关等具体业务时，大学生创业公司的核心成员甚至公司管理人员，对这些业务未必熟悉，而专业人员由于常年从事此类业务，具有丰富的工作经验，所以更能提出合理化的建议。作为大学生创业者，应该充分发挥外力的作用，用好各方面的资源。

3. 资金资源的获取与管理

资金资源：创业需要的启动资金，创业转型或发展所需要的再次融资等，都是创业者应该获取的资金资源。

创业资金资源的管理，最重要的是创业之初的财务管理，有调查显示，68%的新创企业是因为财务管理不善，导致现金流断裂而失败的。

初创企业在成长过程中，经营者追求筹集尽可能多的资金，而往往忽视融资的风险。融资不仅有代价，而且还蕴含着风险。融资过程中应尽可能控制融资规模，尽量不要造成资金闲置和企业负债过高。

其中，创业者最容易犯的错误就是不注意融资成本问题。不同的融资渠道，其融资成本不同；若资金资源管理不善，很可能成为企业负担，而且会抵消企业辛苦获得的利润。

在企业里，创业者就是团队的领头人，也是主要的决策者之一。但是，如果没有学过宏观经济学和微观经济学或者财务管理知识，一些在决策时必须考虑的因素，就会因为没有建立这些概念而被忽略，而很多创业者都是在实践中才慢慢懂得这些概念的。

1）认识资金时间价值

资金时间价值这个概念，用一句通俗的话来说就是：今天的一元钱跟明天的一元钱的价值是不相等的。为什么？因为这一元钱在 24 小时内会产生利润或者利息。资金时间价值的表现形式就是利息和利润。

衡量资金时间价值的尺度有两种：其一为绝对尺度，即利息、盈利或收益；其二为相对尺度，即利率、盈利率或收益率。

利率和利润率都是表示原投资所能增加的百分数，因此往往用这两个量作为衡量资金时间价值的相对尺度，并且经常对两者不加区分，统称为利率。

2）充分提高资金使用效率

以前经常听到有人说“今天的一元钱跟明天的一元钱是不等值的”，这句话的精髓就是“资金的时间价值”。

明确这个观念就可以督促创业者节约使用资金，充分提高资金的使用效果，充分实现资金时间价值，使资金在有限的时间和空间范围内获取最大价值。因此，在进行项目可行性分析及在证券投资方案评价中，资金时间价值就是最重要的依据。无论是净现值法、现值指数法，还是内部报酬率法等，都是在充分考虑资金时间价值的基础上评价项目可行性较好的方法，而且已在各企业实践中得到广泛应用。

3）懂得机会成本概念

机会成本是指为了得到某种东西而要放弃另一些东西，机会成本小的具有比较优势。简单地讲，可以理解为把一定资源投入某一用途后所放弃的在其他用途中所能获得的利益。

机会成本在经济学上是一种非常特别的、既虚又实的成本，它是指单笔投资在专注于某一方面后所失去的在另外其他方面的投资获利机会。

在企业经营的过程中，创业者经常要面临一些选择。作为企业经理人，他所做的任何决策都是为了企业的生存，在衡量做与不做时，就要看哪个决策可以给企业带来更高的利润。

4）建立投资风险意识

投资风险是指创业者由于冒着风险进行投资而获得的超过资金时间价值以外的额外收益，所有的企业发展无不面临着投资的风险性。一个成功的企业必定是一个善于避开不必要投资风险的企业。

由于投资收益率=无风险投资收益率+风险投资收益率，创业者的每一个决策都应该慎之又慎，因为很多时候，其所做的决策就是“开弓没有回头箭”。用机会成本的概念来思考问题，无疑会增加其决策的正确性。

5）理解沉没成本概念

沉没成本是指已经失去的收益或者付出的代价，无论你采取什么方式和方法，均不能挽回的损失。沉没成本与机会成本的不同之处在于它属于非相关成本，有时是间接的，有时是直接的。由于沉没成本很多时候是事后发生的，因此在决策时有时无法将其考虑在内，如果在决策时就把沉没成本考虑在内的话，恐怕会造成商机错失或者决策失误。

6）学会读懂资产负债表

资产负债表是表示企业在一定日期（通常为各会计期末）的财务状况（即资产、负债和业主权益的状况）的主要会计报表。资产负债表利用会计平衡原则，将合乎会计原则的资产、负债、股东权益交易科目分为资产和负债及股东权益两大板块，在经过分录、转账、分类账、试算、调整等会计程序后，以特定日期的静态企业情况为基准，浓缩成一张报表。

由于企业总资产在一定程度上反映了企业的经营规模，而它的增减变化与股东权益的变化有极大的关系，当企业股东权益的增长幅度高于资产总额的增长时，说明企业的资金实力有了相对提高;反之则说明企业规模扩大的主要原因是来自负债的大规模上升，进而说明企业的资金实力在相对降低、偿还债务的安全性在下降。

（1）创业者对资产负债表的一些重要项目，尤其是期初与期末数据变化很大，或出现大额红字的项目要进行进一步分析，如流动资产、流动负债、固定资产、有代价或有息的负债（如短期银行借款、长期银行借款、应付票据等）、应收账款、货币资金及股东权益中的具体项目等。

（2）创业者应随时关注应收账款。企业应收账款过多、占总资产的比重过高，说明该企业资金被占用的情况较为严重，而其增长速度过快，说明该企业可能因产品的市场竞争能力较弱或受经济环境的影响，企业结算工作的质量有所降低。此外，还应对报表附注说明中的应收账款账龄进行分析，应收账款的账龄越长，其收回的可能性就越小。

（3）计算财务指标的数据来源。其主要有以下几个方面：直接从资产负债表中取得，如净资产比率；直接从利润及利润分配表中取得，如销售利润率；同时来源于资产负债表和利润及利润分配表，如应收账款周转率；部分来源于企业的账簿记录，如利息支付能力。

5.2.3 创业资源的经营性管理

创业资源获取的关键往往取决于软实力。创业资源可分为必备资源（资金、场地、人才、产品）、支撑资源（营销渠道、经营方案）和外围资源（创业环境、政策、文化、信息）。

1. 学会获取支撑资源：制定企业经营方案

不要认为企业目标、经营策略这些问题仅仅是大企业才需要考虑的，作为刚刚踏上经营之路的创业者，一定要先明确方向，然后再开始行动。如果创业者没有一个明确的经营目标和经营策略的话，就好比你已经上路，但却不知要去何方，怎样去。这些内容都属于企业经营方案的组成部分。

一般来说，企业的经营方案由四个部分组成：企业理想、企业目标、经营策略、经营原则。下面将重点讲解经营策略和经营原则。

2. 创业必备资源和外围资源的获取途径和技巧

资源是人类开展任何活动所必须具备的前提，创业成功需要把握机会，但同样也需要具备相应的资源条件。创业活动往往是在资源不足的情况下进行的，创业者要在企业发展的各个阶段都力争用尽可能少的资源来推动企业的发展，这正是创业精神的体现。

纵观世界著名的成功企业家，无一不是整合资源、利用资源的高手。创业者最重要的不是拥有多少资源，而是利用了多少资源。创业者应具备整合资源为我所用的能力，资源整合的能力就是创业者的竞争力。

拓展阅读

创业资源成功整合案例

在天津生活的人都知道国际商场。国际商场是天津第一家上市公司，20 世纪 80 年代初期开业，定位于引进国外最好的商品，让改革初期急于了解国外又无法出国的人了解外国。准确而新颖的定位使国际商场开业后很红火。

国际商场紧邻南京路，南京路是一条十分繁忙的主干道，道路对面就是滨江道繁华的商业街。在国际商场刚开业时，门口并没有过街天桥，行人穿越南京路很不方便，也不安全。修建天桥是很正常的事情，估计经过那里的人都会自然地想到这一点。但是，绝大多数人都会觉得这个天桥应该由政府来修建，所以也就是想想就过去了。

有一天，一位年轻人同样产生了这样的想法，他没有认为这是政府该干的事，而是立即去找政府商量，提出自己出钱修建过街天桥，而且不说是自己修建的，希望政府批准，但前提是在修建好的天桥上挂广告牌。不花钱还让老百姓高兴，而且天桥也不注明谁出资修建，政府觉得不错，就同意了。这个年轻人拿到政府的批文，从政府出来后立即找可口可乐这些著名的大公司洽谈广告业务，在这么繁华的街道上立广告牌，当然是件好事。

就这样，这位年轻人从大公司那里拿到了广告的定金，用这笔钱修建了天桥，还略有剩余。天桥建好了，广告也挂上了，年轻人从大公司那里拿到余款，这就是他创业的第一桶金。

5.2.4 有限创业资源的创造性利用

1. 借鸡下蛋

“借鸡下蛋”通常指新创企业的创业者手中暂无资金、实物、场地等现有资源，但可以通过“置换、代售”的方式先获取利润再偿付成本的做法。例如，创业者创业资本缺乏，但可以通过诚信的品质赢得上游供应商信任，先赊购货品，然后通过网络、实体店、上门推销等方式，用销售所获收入补偿先前货款，从而解决因创业初期缺乏资金等问题。目前，国内电子商务企业和个人往往针对电商结账发货周期不同步的特点，通过网络先进行图片销售商品，收到货款后，再向上游供应商发出具体订货订单支付款项，从而获利。这种做法，亦属于“借鸡下蛋”策略。

案例

“聪明的人都善于借别人的钱去赚钱，只有傻瓜才拿自己的钱去发财。”这是西方生意经中的一句名言。

没有钱也能做生意，而且还能把生意做大。美国船王丹尼尔·洛维格就是这样一个人。

洛维格，1897年出生于美国密歇根州的南海漫，他的父亲是个房地产中间人。在洛维格10岁那年，父亲和母亲因为个性不合离婚了，洛维格跟随父亲离开家乡，来到得克萨斯州一个以航运业为主的小城——阿瑟港。

他高中没念完就辍学去码头打工，干过轮船修理工，也开过修理行，但这些并不能让他满足。他想赚大钱，他要体验成功的感觉，然而自己手里微不足道的积蓄无法让他实现腾飞的梦想。

有一次，洛维格带着沮丧失落的心情回到家，看着院子里满墙的爬山虎，脑海中突然产生了一个灵感——爬山虎之所以能爬那么高，还不是因为借助高墙吗？由此，他想到了借助别人的力量实现自己的梦想——找银行贷款买船，再把船出租。

于是，在相当长一段时间里，他奔波于纽约各家银行，银行老板看到他那磨破了的衬衫领袖，又见他没有什么财产可供抵押，自然也就拒绝了他的贷款申请。

他来到大通银行，千方百计见到银行总裁，他对总裁说：我想买艘船，需要向你们贷款。我把这艘货轮买到以后，立即改装成油轮。我已把这艘尚未买下的轮船廉价租给了一家大石油公司，准备用石油公司每月付给的租金分期偿还你们的贷款。如果你们不放心，我可以把我和石油公司的租船合同交给你们，由你们直接向石油公司收取租金。

许多银行听了洛维格的这种想法，都觉得荒唐可笑，但大通银行的总裁却没这么认为。他觉得洛维格一文不名，也许没有什么信用可言，但那家大石油公司的信用还是可靠的。拿着洛维格租船合同去石油公司按月收钱，贷款没有什么风险。

就这样，洛维格拿到了第一笔贷款。他用这笔贷款买下了他想要的旧货轮，并把它改成油轮，租给石油公司。然后，他又用这艘油轮作抵押，借了另一笔贷款，买了另一艘船。

沿着这条思路，持续几年时间，每当一笔贷款还清时，相应船舶的租金不再被银行拿走，自己的腰包渐渐鼓起来了。

后来，他不仅租船，还有了自己的造船公司。他开始有针对性地设计一些油轮和货船，然后拿着设计好的图纸去找客户。一旦客户满意，立即签订协议，约定船造好后就由该客户承租。然后，洛维格拿着这些租船协议，再去向银行申请高额贷款。

随着生意的不断发展壮大，洛维格在银行的信用也大大增加，从银行贷款变得容易了。然而，洛维格并不满足，他趁机向银行讨要很少人才能享受到的“延期偿还贷款”待遇：在船造好之前，银行暂时不收回本息，等船下水开始营运时再归还银行贷款。这样一来，洛维格就可以先用银行的贷款垫资造船，然后出租，只要承租商还清了银行的贷款本息，他就可以如愿以偿地收回船只的所有权，成为船只名副其实的主人，收取源源不断的租金。整个过程他不用投资一分钱，他就这样利用银行贷款赚取利润，爬上事业巅峰。

他在自传《触摸蓝天的爬山虎》中这样写道：“如果做不成大树，那就做一株爬山虎，借助大树和悬崖的力量，你同样可以触摸蓝天!”

2. 东拼西凑

“东拼西凑”，通常也是伴随新创企业初期遇到的创业资源匮乏而诞生的，出于资源的匮乏，创业者和创业团队的成员，有钱出钱，有力出力，有场地出场地，一桌一椅，一砖一瓦，众志成城，搭建出一个新企业在发展初期所需的基本资金、实物、场地资源，以满足企业的基本营运条件，渡过难关。

案例

许先生在路边有一个铺面，原来是开饮食店的，因经营不善亏了本，想改行又没本钱，只好关门。整天只见他在街头走过来又走过去，有一天他惊喜地发现，在广西大新县的这个土湖小镇，一种装粮谷用的铁皮桶很畅销，而以往都从邻县进货，没有一个加工厂。于是他跑到邻县一家铁皮桶加工店与老板做起了交易。他以门面入股，厂家以资金、设备、技术入股，在土湖合资开一家铁皮桶加工店。这是在土湖的独家生意，厂方考察后很乐意与许先生合作。由此，许先生没有投入一分钱就成功地做起了铁皮桶加工厂的老板。同时他还学会了制作工艺，又学技术又赚钱。一年后，掌握了技术并积累到创业资金的许先生就自己单干了，成功地做起自己的老板。

3. 借船出海

“借船出海”指的是新创企业在已具备基本雏形的前提下，利用某种平台和趋势，借力而为，快速发展的策略。例如，目前中国众多小的电子商务企业或个人，凭借国内诸多知名电商平台声誉良好，扩大销售范围、销售市场，实现销售额倍增。同时，新创企业加盟世界知名连锁品牌的做法，亦同此理，加盟连锁不仅能获得专业的管理体系和营销支持，其实质是借助消费者对世界知名品牌的信赖和认可，迅速吸引消费者购买、消费，获得企业利润，快速进入发展期，做大市场，保证企业的顺利发展。

案例

2011 年，谷歌高调撤离中国大陆之后，英文搜索市场几乎成为“空白”，而那时的百度搜索只限于中日文种，只得与微软结盟，借助微软的必应搜索（Bing），把百度的搜索语种扩大到英文，也就是说，在百度搜索框中用户输入英文搜索关键字，在搜索结果列表中，出现的是微软必应的相应搜索结果。对百度而言，这叫“借船出海”。

4. 以小搏大

“以小搏大”针对的是企业资源有限，意图达到“小投入，大回报”的效果，“少花钱多办事，不花钱也办事”就是对这一策略的通俗解读。创业初期，没足够资金购买先进的设备，但是可以通过融资租赁设备等方式解决这一资金设备难题。我们经常会因为在电台电视知识类节目听到某类产品的功效报道而产生购买行为，而报纸杂志的专题文章隐形软文广告的力量远远大于明显的商品广告的效果，这在某种程度上即为“以小搏大”策略的体现。

案例

信不信，200 元起家两年赚 300 万。中山大学一名大三在校学生运用他的聪明才智和高情商，两年就赚到这笔钱。创业如何选项目？他叫潘文伟，2007 年刚来广州时口袋里只有 200 元，而现在他已经是有楼有车的大老板。因生意繁忙，潘文伟曾一度想退学，不过最后还是坚持了下来。

初来乍到做家教、卖 T 恤赚外快，当年只有 22 岁的潘文伟出生在贵州一个县城的工人家庭，原来一家五口全靠在供电局当技术工的父亲每月 1000 多元的工资维持生计。2007 年，潘文伟考入中山大学地理科学与规划学院。创业如何选项目？来到广州后，为了减轻父母的负担，潘文伟不但申请了学校的勤工助学，还四处找机会赚钱。

当他揣着钱包里勤工助学赚下的仅有的 200 元去广州市中心准备闯世界时，百货大楼琳琅满目的商品和滨江东“天价”的楼盘让他顿时蒙了，“我到底要奋斗多少年才能在这个城市容身？”于是在很多同学还在尽情享受大一悠闲的校园生活时，潘文伟开始赚外快，做家教、推销信用卡、卖 T 恤……

小试牛刀从院服开始，他意识到了里面有钱可赚，2007 年底，学校公开招投标一些院系的院服定做项目，潘文伟看到了商机。潘文伟首先“摸查敌情”。他从学生会的同学那里拿到了参与招投标公司的名单，并扮成顾客挨个儿打电话到那些公司问出不同质量服装的底价。然后，他在网上查到一些生产商的地址，主动上门与厂家谈生意。

学校的院服投标价和货源确定后，潘文伟私底下向学院有理有据地分析自己代理的服装在价格和质量上的优势以博取印象分。投标当日，他更一人以 5 间公司的名义巧妙地参与投标。最后，他这个“初哥”竟然赢了做了几十年生意的行家，投下学校的院服项目。虽然第一个院服生意只赚了 2 万元，但这却让他在创业路上找到了感觉。

潘文伟灵活的头脑能够见机行事，2008 年初，潘文伟无意间认识了一名做安全监控设备的商人朋友，而他此时又得知中学好朋友家中开发的房地产项目正好在招标安检设备，于是潘文伟充当了双方谈判的桥梁促成了这一单生意，竞标成功后，他一下就赚了 50 万元。

赚到这笔钱后，他第一时间给父母汇去了 10 万元，吓得母亲惊恐地在电话中问了 10 多次“钱从哪里来的”。几年间潘文伟陆续做了外墙砖生意、与朋友合伙开酒吧，并开始投资股票并利用“第一桶金”继续生财。2009年3月，潘文伟还投资了50万元在大学城开了家网络公司。

5. 纵横捭阖

“纵横捭阖”指的是在新创企业成立初期实力尚且单薄的时候，面对大经销商批量进货的成本优势，小企业可以联合其他众多小企业“联合采购，分散经营”，通过联合进货以获得批量采购进货优势，这种整合上下游资源优势即为“合纵”。“纵横捭阖”策略，即为整合各种资源，构建战略协作生态圈，互惠互赢。

案例

一家茶馆里，汪总和徐总坐在一个包厢里。

汪总：徐总，这里的铁观音不错，清明前的，您尝尝。

徐总：汪总，茶可以喝，朋友可以做，合作嘛，得考虑考虑。

汪总：看老哥说的，老哥还不知道吧，您的处境危险啊。

徐总：我有什么危险？

汪总：这次童总想另选一家供应商，不选E公司或者F公司，老哥不会不知道吧。

徐总：这是公司的事，我只要为公司做好工作就可以了。

汪总：一直以来徐总都很支持E公司，E公司和G集团也合作了多年，童总为什么不选E公司？难道童总仅仅是对E公司不满吗？徐总有没有想过E公司倒闭后下一个倒霉的就是你了？

徐总：是啊，我这几天也为这个事情发愁呢。汪总有什么高见？

汪总：废标，让戴总和F公司失败。

徐总：哦，说说你的意思。

三个星期后，竞标现场，董总宣布：获得本次中央空调供应商是F公司。恭喜F公司，请于明天中午12点之前来签合同。

竞标结束后，汪总碰到韩主任。

韩主任：汪总，这次竞标结果如何？

汪总：F公司中标了，我们没有。

韩主任：我就说嘛，不是E公司就是F公司，不过汪总不要灰心，明年我们还要招标中央空调的。

汪总：好的，到时我一定来。

三天后，汪总得到消息，F公司的中标被废了，现在重新招标。

在茶馆里，汪总和徐总坐着。

徐总：汪总，你算得真准，我只是找了一个小毛病，童总就把标给废了。

汪总：不是我算得准，是童总本来就想废这个标的。第一次中标的肯定是E公司或者F公司，我猜童总的意思是谁中标废谁。这下您和E公司就安全了。

徐总：是啊，这下安全了。

汪总：徐总，接下来应该谈谈我们合作的事情了。

徐总：嗯。

汪总：这么长时间和您接触下来，我觉得您还是很会做生意的。这次F公司被废，E公司在G集团就一家独大了，这是童总不能容忍的，他会想办法找一家公司来制衡E公司。您和E公司的合作继续，除了支持E公司，也抽空支持一下我们公司。这样以后不管是E公司中标还是我们公司中标，您都可以吃得开。

徐总：汪总这个主意不错。

汪总：现在可以这样操作，您想办法把这标分成两份，大的一份给E公司，小的一份给我。以后我们之间长期合作。

徐总：这个主意好。

最后G公司的中央空调业务汪总做了300万，E公司做了700万。

听完汪总的故事，我又一次陷入沉思。自己做销售多年，一直没有什么业绩，今年年收入还是历史最差，主要原因就是缺少一名师傅，如果能加入汪总团队，跟着汪总学习销售，以后学出来了，赚钱很容易。再说汪总现在做节能，我也做节能，上手应该很快。

我对汪总说：让我考虑考虑。

汪总：行，年前我也要忙，年后我找你。

5.3 创业融资

5.3.1 创业融资的概念及重要性

1. 融资的概念

融资，是指资金的融通。狭义的融资，主要是指资金的融入，也就是通常意义的资金来源，具体是指通过一定的渠道、采用一定的方法、以一定的经济利益付出为代价，从资金持有者手中筹集资金，组织对资金使用者的资金供应，满足资金使用者在经济活动中对资金需要的一种经济行为。广义的融资，不仅包括资金的融入，也包括资金的运用，即包括狭义融资和投资两个方面。

本书中，创业融资是指创业者为了将某种创意转化为商业现实，通过不同渠道、采用不同方式筹集资金以建立企业的过程。创业者应该根据新创企业在不同发展阶段的资本需求特征，结合创业计划及企业发展战略，合理确定资本结构与资本需求数量。

2. 创业融资的重要性

任何企业的生产经营活动都需要资金的支撑。尤其是对于新创企业来说，在企业的销售活动能够产生现金流之前，企业需要技术研发，需要为购买和生产存货支付资金，需要进行广告宣传，需要支付员工薪酬，还可能需要对员工进行培训；另外，要实现规模经济效应，企业需要持续地进行资本投资；加上产品或服务的开发周期一般比较漫长，就使得新创企业在早期需要大量筹集资金。

对创业者来说，融资的重要性主要表现在以下三个方面。

第一，资金是企业的血液。资金不仅是企业生产经营过程的起点，更是企业生存发展的基础。资金链的断裂是企业致命的威胁。

第二，合理融资有利于降低创业风险。新创企业使用的资金，是从各种渠道借来的资金，都具有一定的资金成本。因此，合理选择融资渠道和融资方式，有利于降低资金成本，将新创企业的财务风险控制在一定范围之内。

第三，科学的融资决策有利于企业可持续发展，为新创企业植入“健康的基因”，保证新创企业可持续发展。

5.3.2 创业融资对创业者的利弊分析

创业融资是创业管理的关键内容，在企业成长的不同阶段具有不同的侧重点和要求。创业者在融资前需要权衡以下几个因素。

1. 创业者的自由和独立的价值最珍贵

创业意味着自己做自己的主人，不需要按照别人的命令行事，这就是创业带给你的独立和自由。作为自负盈亏的独立经营者，你所做的每一个决定唯一要考虑的仅仅是顾客和市场的需求，而不是别人的眼色。

2. 得到资金将会削弱你的自主权

这种可贵的自由的感觉，你愿意为赢得银行或基金的资金而放弃吗？世界上没有免费的午餐。一旦某些基金贷款给你之后，你的经营决策就要受制于人：天使基金会以占用企业股份的方式给你投资；银行会要求你按期向他们提供财务报表，还会有业务人员经常到你的企业“视察”。

3. 金融资本会干扰你独立决策

当你得到贷款后，尽管银行贷款人员对经营知之甚少，但是同样出于规避风险的目的，将会善意地阻止你去冒险，但这样的规劝会使你的经营热情受到无情的打击。

4. 企业没有资金就像人没有血液

当你确定了创业项目，又拟定好了创业计划书之后，就可以确定你的创业项目在启动时所需资金的具体数额了，就好像你已经制造好了一台机器，还需要有润滑剂之后，才可以开始启动，这个资金就好比机器的润滑剂。企业没有资金，就像人没有血液一样，是不能生存的。

5. 银行也是企业，不是慈善机构

企业向银行贷款，一般都被要求提供某种担保。因为银行与企业一样，也是营利性机构，而不是慈善机构。因此，当企业不能按期归还贷款时，企业用于担保的资产会被变卖抵债，这就是银行为了不至于出现坏账的一种自保手段。从银行的角度来说，储户将钱存入银行，银行必须要保证储户在取款时不会遇到提不到款的情况。因此，银行贷出去的款收不回来是无法跟储户交代的。银行的运作就是基于这样的基本理念。

5.3.3 创业融资渠道

创业融资的主要渠道包括自我融资、亲情融资、信誉融资、天使投资、商业银行贷款、担保机构融资、政府创业扶持基金融资、政府小额贷款私募基金和知识产权融资等。

（1）多种渠道组合融资。是否没有担保，创业者就贷不到款呢？或者说，没有担保，银行就绝对不给创业者贷款吗？这些问题与当前国家的政策是密不可分的。因此，创业者不要因为自己没有担保的财产而放弃向银行贷款，况且，目前为创业准备的融资渠道很多，在很大程度上，政策都给予了优惠，社会上也有很多鼓励和扶持创业的基金和公益基金，这些组织都把扶持青年创业当成了一种社会责任，对年轻的创业者给予了很大的支持。

（2）资金并不是企业成败的根本因素。人们常说："钱不是万能的，而没钱是万万不能的。"可见资金在创业过程中的重要性。但是，白手起家的创业者也给了我们一些重要的启示：信誉和勇气永远比资金更有用。

通常来说，创业启动资金的多少应视创业项目大小和其所在的行业而定，一般情况下，有如下几种融资渠道。

1. 自我融资

很多成功的创业者是靠自己最初给别人打工来赚取第一桶金和获得宝贵的职业经验的。用自己打工积累的钱做资金创业，既有一种白手起家的荣耀感，在打工的同时也是一个创业的实习过程，世界上白手起家的企业家比比皆是。

2. 亲情融资

有资料表明，亲情融资是创业者最普遍的融资方式，也是融资成功率最高的方式。如果你的创业计划需要的资金额不是很大，而且你未来的事业也想从小到大慢慢做起，这时亲戚朋友拿出多年的积蓄来帮助你创业，这种情况在一些传统的小项目融资和南方那些最初创业的年轻人中很常见。因为亲情的关系，大家彼此之间不需要更多的信誉担保，一旦创业失败，亲友的钱还可以慢慢还。但对于比较大的投资项目，一般亲情融资的方法就不可行了。

3. 信誉融资

信誉融资是指根据你或者你亲属的以往信誉获得贷款人的信任，同意给你贷款或者允许一个账期的融资方式。通俗地说，就是先拿货，在约定时间或者货物售出之后再付款。

4. 天使投资

天使投资，是权益资本投资的一种形式，是指富有的个人出资协助具有专门技术或独特概念的原创项目或小型初创企业，进行一次性的前期投资。它是风险投资的一种形式，根据天使投资人的投资数量及对被投资企业可能提供的综合资源进行投资。

1）设立大学生创业"天使基金"

大学生创办企业可获得 5 万～100 万元的支持，要求创业者自有资金与天使基金是 1∶1 的投入比例，天使基金以股份形式加入创业团队，因此即使创业失败，也无须创业者承担赔偿。这个基金是专门为了激发大学生创业热情而设立的。

2）风险投资基金

风险投资基金又称为创业基金，是当今世界上广泛流行的一种新型投资机构。它以一定的方式吸收机构和个人的资金，投向于那些不具备上市资格的中小企业和新兴企业，尤其是高新技术企业。

风险投资基金无须风险企业的资产抵押担保，手续相对简单。它的经营方针是在高风险中追求高收益。风险投资基金多以股份的形式参与投资，其目的就是帮助所投资的企业尽快成熟，取得上市资格，从而使资本增值。一旦公司股票上市后，风险投资基金就可以通过证券市场转让股权而收回资金，继续投向其他风险企业。现在成功的企业如雅虎、百度、阿里巴巴等，都是通过得到风险基金的支持而发展起来的。

5. 商业银行贷款

商业银行贷款是指商业银行为实现其经营目标而制定的指导贷款业务的各项方针和措施的总称，也是商业银行为贯彻安全性、流动性、营利性三项原则的具体方针与措施。

（1）商业银行贷款政策的主要内容：①确定指导银行贷款活动的基本原则，即商业银行的经营目标和经营方针；②明确信贷政策委员会或贷款委员会的组织形式和职责；③建立贷款审批的权限责任制及批准贷款的程序；④规定贷款额度，包括对每一位借款人的贷款最高限额、银行贷款额度占存款或资本的比例；⑤贷款的抵押或担保；⑥贷款的定价；⑦贷款的种类及区域的限制。上述贷款政策的内容应当体现商业银行的经营目的与经营策略，决定商业银行的经营特点和业务方向。

（2）商业银行制定的贷款政策的主要依据：①所在国的金融法律、法规、政策的财政政策和中央银行的货币政策；②银行的资金来源及其结构，即资本状况及负债结构；③本国经济发展的状况；④银行工作人员的能力和经验。

6. 担保机构融资

青年大学生创业信用贷款。政策依据：成都市科技局、财政局《成都市青年大学生创业融资风险补偿资金池资金管理暂行办法》（成科字〔2015〕39 号）资助政策指出，青年大学生创业贷款额度最高为 50 万元，贷款期限最长不超过 3 年。对青年大学生创业贷款所产生的贷款利息，纳入成都市科技金融资助管理办法范围，按同期人民银行贷款基准利率计算给予贷款利息 50%的补助。

7. 政府创业扶持基金融资

四川青年创业促进计划（Sichuan Youth Entrepreneurship Promotion Plan，SYE）是团省委为贯彻落实《四川省人民政府关于进一步加强就业创业工作的意见》（川府发〔2013〕25 号）、《关于加大力度促进高校毕业生就业创业的意见》（川办发〔2014〕26 号），多渠道引导、激励、帮助、支持广大青年创业就业的，按照省委、省政府的要求，经省政府与群团部门联席会议通过，在全省范围内实施的青年创业扶持项目。

（1）SYE 帮扶对象。向全省 18～40 岁的青年人，有创业梦想和创业激情，有很好的商业点子，筹措不到创业启动资金，缺乏商业经验，创业一年以内 SYE 核心服务内容，提供 3 万～10 万元免息、免担保的创业启动资金贷款、咨询培训和“一对一”导师志愿者陪伴式辅导三年，引导创业青年进入工商网络，帮助青年创业成功。

（2）SYE 模式标准。SYE 在借鉴现今扶持创业优秀组织的基础上，整理出一套可推广、可复制、可操作的有效解决创业难题的模式标准。SYE 模式标准是 SYE 网络的统一行动纲领和行为准则，其主要包括社会平衡发展的思想和理念、建立 SYE 网络组织模式和方法、启动创业和发展企业的扶持模式和方法、管理志愿服务的运营模式和方法。

（3）SYE 网络。SYE 网络是各市（州）获得 SYE 模式标准授权的扶持创业的公益组织建立的伙伴关系。四川青年创业促进计划办公室授权市（州）创业办公室使用 SYE 模式标准，在全省共同构建 SYE 公益创业体系，推广和实施 SYE 项目。SYE 网络的工作平台包括 SYE 总部和市级创业办公室。他们分工协作，为创业者和导师志愿者提供专业化的公益服务。SYE 总部是指四川创业促进计划办公室，负责战略规划、品牌管理、资源筹募和配置，以及 SYE 项目在全省的推广和实施。市（州）创业办公室是指 SYE 办公室下设市级创业办公室，市级创业办公室可下设创业工作站、志愿服务站和 SYE 俱乐部，负责 SYE 项目在本市的推广和实施、资源筹募和配置、创业者和导师志愿者的能力建设、伙伴关系的建立和维护等。

（4）资源与伙伴关系。导师志愿者是汇流公益资源、构建 SYE 伙伴关系的重要纽带。SYE 在坚持公益目标的前提下，不断发展和汇聚合作伙伴，与其建立了共同贡献、共担风险、共享利益的伙伴关系，从而汇集了多元化的资源，包括资金、智力、政策、技术、知识、经验、品牌、影响力及声誉等多种社会资本。这些资源由创业者、导师志愿者和合作伙伴共同带入，是创业精神和职员精神的汇流。

（5）品牌与文化。在全省范围内打造一个具有公信力和美誉度的公益品牌，得到各级政府和众多一流组织的关注和认同；凝聚志愿者群体，以“尊重人的生存和发展的权利”为动力，以“平衡发展”为理念和指导思想，以“公平化、市场化、民主化”的制度理念进行治理和制度设计。

8. 政府小额贷款

成都市出台了《关于进一步做好新形势下就业创业工作的实施意见》（成府发〔2015〕27 号）。为优化创业创新环境，该意见提出以市场化手段支持创业载体建设，培育创业创新公共平台。比如，鼓励、吸引和支持各类投资主体建设创客空间、创业咖啡、创新工场、孵化大楼、孵化园区等新型孵化平台和众创空间，并减半收取创业服务平台建设项目基础设施配套费。对新认定的国家、省、市级大学生创业孵化园，给予 10 万～30 万元的奖励。该意见还加大了对初创期创业政策支持的力度，比如，将小额担保贷款调整为创业担保贷款，最高额度 10 万元，2 年内由财政给予全额贴息。

成都妇女创业小额贷款优惠政策：主要适用于成都武侯区，从事农业生产经营活动或持有工商行政管理部门颁发个体工商营业执照及尚未有个体工商户执照从事家庭作坊的妇女，如果是辖区内经商办企业的，在可以控制风险的前提下也可以是贷款对象。妇女小额担保贷款申请额度不超过 10 万元，期限不超过 2 年。妇女合伙经营、组织起来的经济实体申请贷款额度不超过 20 万元，期限不超过 2 年。劳动密集型小企业申请贷款额度不超过 200 万元，期限不超过 2 年。

9. 私募基金

所谓私募基金，是指通过非公开方式，面向少数机构投资者或资金量比较大的个人投资者募集资金而设立的基金。通常而言，在我国，私募基金是指一种针对少数投资者私下（非公开）募集资金并成立运作的投资基金。他们也关注创业项目这部分资源，投资数额视他们感兴趣的项目而定。

10. 知识产权融资

知识产权融资也是创业者值得关注的融资方式，在国内外已有诸多成功案例。知识产权融资可以采用知识产权作价入股、知识产权抵押贷款、知识产权信托、知识产权资产证券化等方式。

1）知识产权作价入股

2014 年 3 月 1 日实施的《中华人民共和国公司法》第二十七条规定："股东可以用货币出资，也可以用实物、知识产权、土地使用权等可以用货币估价并可以依法转让的非货币财产作价出资。"允许知识产权入股，明确了知识产权作为生产要素的原则。《中华人民共和国公司法》还规定，不再限制股东（发起人）的货币出资比例，无形资产可以百分百出资。这说明股东可以专利、商标、软件著作权等无形资产进行百分之百的出资，有效地减轻股东货币出资的压力。

根据《中华人民共和国公司法》的规定，除了法律、行政法规规定不得作为出资的财产以外，股东可以对知识产权等用货币估价，并可以用依法转让的非货币财产作价出资。对作为出资的非货币财产应当评估作价，核实财产，不得高估或者低估作价，必须经过专业的知识产权评估才可以作为出资依据。

2）知识产权质押贷款

知识产权质押贷款是指以合法拥有的专利权、商标权、著作权中的财产权，经评估后向银行申请融资，是商业银行积极探索的中小企业融资途径。2006 年全国首例知识产权质押贷款在北京诞生，2008 年国家知识产权局确定了知识产权质押融资的试点城市；很多地市出台了质押贷款管理办法，如浙江 2009 年 1 月 20 日出台《浙江省专利权质押贷款管理办法》，为金融机构、企业操作知识产权质押提供了规范指引；2009 年 9 月和 11 月，广州市知识产权局、武汉市知识产权局分别和有关银行签署了促进知识产权质押融资的合作协议；2010 年财政部、工业和信息化部、中国银行业监督管理委员会、国家知识产权局、国家工商行政管理总局、国家版权局共同发布了《关于加强知识产权质押融资与评估管理支持中小企业发展的通知》，进一步推进了知识产权质押融资工作的开展。

知识产权质押融资可以采用以下三种形式：质押——知识产权质押作为贷款的唯一担保形式；质押加保证——以知识产权质押作为主要担保形式，以第三方连带责任保证（担保公司）作为补充组合担保；质押加其他抵押担保——以知识产权作为主要担保形式，以房产、设备等固定资产抵押，或个人连带责任保证等其他担保方式作为补充担保的组合担保形式。

知识产权质押贷款仅限于借款人在生产经营过程中的正常资金需求，贷款期限一般为1年，最长不超过3年；贷款额度一般控制在1000万元以内，最高达5000万元；贷款利率采用风险定价机制，原则上在中国人民银行基准利率基础上按不低于10%的比例上浮。质押率：发明专利最高为4000万元，实用新型专利最高为3000万元；驰名商标最高为4000万元，普通商标最高为3000万元。质物要求投放市场1年以上；根据企业的现金流情况采取灵活多样的还款方式。

5.3.4 创业融资的选择策略

企业的创立、生存和发展，必须以一次次融资、投资、再融资为前提。资本是企业的血脉，是企业经济活动的第一推动力和持续推动力。随着我国市场经济体制的逐步完善和金融市场的快速发展，企业作为市场经济的主体置身于动态的市场环境之中，计划经济的融资方式已经得到了根本性改变，企业融资效率越来越成为企业发展的关键。

由于经济发展的需要，一些新的融资方式应运而生，融资渠道纷繁复杂。对于中小企业而言，如何选择融资方式，如何把握融资规模及各种融资方式的利用时机、条件、成本和风险，这些问题都是企业在融资之前就需要进行认真分析和研究的。

1. 融资总收益大于融资总成本

目前，随着经济的发展，融资已成为中小企业的热门话题，很多企业热衷于此。然而，在企业进行融资之前，先不要把目光直接对向各式各样令人心动的融资途径，更不要草率地做出融资决策。首先应该考虑的是企业必须融资吗，融资后的投资收益如何。

因为融资则意味着需要成本，融资成本既有资金的利息成本，还有可能是昂贵的融资费用和不确定的风险成本。因此，只有经过深入分析，确信利用筹集的资金所预期的总收益要大于融资的总成本时，才有必要考虑如何融资。这是企业进行融资决策的首要前提。

2. 企业融资规模要量力而行

由于企业融资需要付出成本，因此企业在筹集资金时，首先要确定企业的融资规模。融资过多，可能造成资金闲置浪费，增加融资成本；也可能导致企业负责过多，使其无法承受，偿还困难，增加经营风险。而如果企业融资不足，则又会影响企业投融资计划及其他业务的正常开展。

因此，企业在进行融资决策之初，要根据企业对资金的需要、企业自身的实际条件及融资的难易程度和成本情况，量力而行来确定企业合理的融资规模。

在实际操作中，企业确定融资规模一般可使用经验法和财务分析法。

经验法是指企业在确定融资规模时，首先要根据企业内部融资与外部融资的不同性质，优先考虑企业自有资金，然后再考虑外部融资。二者之间的差额即为应从外部融资的数额。此外，企业融资数额多少，通常要考虑企业自身规模的大小、实力强弱，以及企业处于哪一个发展阶段，再结合不同融资方式的特点，来选择适合本企业发展的融资方式。比如，对于不同规模的企业要进行融资，一般来说，已获得较大发展、具有相当规模和实力的股份制企业，可考虑在主权市场发行股票融资；属于高科技行业的中小企业可考虑到创业板市场发行股票融资；一些不符合上市条件的企业则可考虑银行贷款融资。再如，对初创期的小企业，可选择银行融资；如果是高科技型的小企业，可考虑风险投资基金融资；如果企业已发展到相当规模时，可发行债券融资，也可考虑通过并购重组进行企业战略融资。

财务分析法是指通过对企业财务报表的分析，判断企业的财务状况与经营管理状况，从而确定合理的融资规模。由于这种方法比较复杂，需要有较高的分析技能，因此一般在融资决策过程中存在许多不确定性因素的情况下运用。使用该种方法确定筹资规模，一般要求企业公开财务报表，以便资金供应者能根据报表确定提供给企业的资金额，而企业本身也必须通过报表分析确定可以筹集到多少自有资金。

拓展阅读

一、创业公司融资，股权是如何一步步被稀释的？

很多人并没有意识到，他们在加盟公司时拿到的期权比例，并非最终公司上市时手中持有公司股份的比例。随着公司的不断壮大，外部融资会不断稀释大家的股份。究竟最后能拿到多少公司股份，很大程度上取决于公司的融资和期权池。首先，创业者需要理解融资和股权转让的区别。

融资是企业融资，企业引入外部投资者的资金做大公司，投资人则拿到公司的一部分股权成为公司的新股东，即“增资入股”。

而创始人转让出自己手里的公司股权，其实质是股东的套现，股权转让的收益归属于股东个体而非公司，除非该股东又将转让收益作为新的注册资金再次投入公司，这样的投入会导致公司股权结构的变化，与融资效果类似。

融资时，企业注册资本增加，且原股东股权计税成本不变；股权转让时，企业注册资本不变，且原股东股权计税成本调整。融资通常带来股权的稀释，一个不断做大的公司在上市前往往需要4～5轮的融资。

典型的情况下，企业根据融资轮数可以划分为以下几个阶段：①初期，股东自己出注册资本金；②天使轮，改革发展，天使投资人“看人下菜碟”；③A轮，经过基本验证，具有可行性；④B轮，发展一段时间，公司还可以；⑤C轮，在前面的基础上继续发展，看到上市的希望；⑥IPO，发展壮大，投资人要套现离场，该上市了。

第一轮天使轮融资在50万～200万。天使投资人也会拿走10%～20%的股权。接下来，公司的商业模式初步取得成效时，风险投资会投出A轮。A轮融资通常在500万～1000万，同时拿走公司20%～30%的股份。下一轮（B轮）融资额进一步扩大，数额通常在2000万～4000万。当然，公司要继续发展壮大投资人才会给钱。这时候，公司一般出让10%～15%的股份。最后，公司进一步扩大，如果达到年营业收入2000万以上，市盈率或其他战略投资者会进一步投C轮，数额在5000万左右。此时他们拿5%～10%的期权。

为了留住老员工和吸引新员工，公司会设立期权池，这也会稀释原有股东的股份。每年公司都要保证期权池占据一定的比例，来激励员工。员工在加入公司初期，因为心里清楚，公司其实是前途未卜，所以往往要求拿到较高比例的期权补偿。而每一次给新员工发期权，公司创始人和部分老股东的股份都会被稀释。

一个简易的稀释案例

例如，甲乙二人建立了企业A，他们两人的出资比例为6∶4，则此时公司的股权结构，见表5-1。

表5-1 公司股权结构（一） 单位：%

股权人	股权比例
甲	60
乙	40

一年之后，天使投资人来了，双方经过评估，认为企业价值80万，天使愿意投资20万，且要求在自己入股前，公司先拿出20%的股份建立期权池。

此时：甲所占的股份为：60%×（1–20%）=48%，乙所占的股份为：40%×（1–20%）=32%。

公司的股权结构，见表5-2。

表5-2 公司股权结构（二） 单位：%

股权人	股权比例
甲	48
乙	32
期权池	20

天使投资人入股后，其股份为：20/（80+20）=20%

甲的股份为：48%×（1–20%）=38.4%

乙的股份为：32%×（1–20%）=25.6%

期权池为：20%×（1–20%）=16%

此时公司的股权比例，见表5-3。

表5-3 公司的股权结构（三） 单位：%

股权人	股权比例
甲	38.4
乙	25.6
股权池	16
天使投资人	20

此后（这里假定一个简单的情形），A轮、B轮、C轮、IPO公司都拿出20%的股权份额给新的投资者。其中较特别的是，A轮投资人仍然面临较大的风险，一般A轮投资者会跟公司签署协议，如果在B轮融资时，公司估值达不到某一个特定值，就必须保持

A 轮投资人的股份不被稀释，仅稀释 A 轮投资前的股东股份。

这样，公司各个阶段的股权比例，见表 5-4。

表 5-4　公司股权结构（四）　　单位：%

股权人	公司初创	天使加入前	天使加入后	A 轮融资	B 轮融资	C 轮融资	IPO
甲	60	48	38.4	30.7	23	18.4	14.7
已	40	32	25.6	20.5	15.4	12.3	9.8
期权池		20	16	12.8	9.6	7.7	6.1
天使投资			20	16	12	9.6	7.7
A 轮融资				20	20	16	12.8
B 轮融资					20	16	12.8
C 轮融资						20	16
IPO							20

老员工和旧股东的期权稀释过程

每一次新一轮的外部融资进来后，随之而来的期权池的调整和新的投资者的权益都会使老员工和原有的投资者手里的股份被同等的稀释。不过可以肯定的是，员工手里期权的价值反而是增加的。例如，一个员工在公司融资后加入时拿到了 1%的期权，但是公司在 A 轮融资后，他手里的期权只剩下 0.6%。但公司的价值其实是在不断增加的。

即便是公司创始人，经过了多轮融资和期权池调整后，最终手里剩下的股权比例也大为减少。例如，一个创始人在公司成立之初有 60%～70%的股份，上市后可能手里只有 20%～30%的股份。

为了防止股权稀释而导致控制权大大减少，创始人可以采取特殊的股权设计，以起到类似 Google、Facebook 的“双层股权结构”的效果，保证自己对公司的发展占据主导。

如果公司资金链有问题，财务总是不顺畅，那么公司需要以相对较低的估值来融到更多的资金。这样的话，老员工和原有股东的股份会被稀释得更厉害。

风险越大，收益越大

期权的稀释在员工的工作录用通知上也能体现。以一个中级软件工程师的录用通知为例。他在不同阶段加入公司时，能够拿到手的期权比例是不同的。如果该工程师选择在 A 轮融资前加入公司（此时公司有 5～20 个员工），那么他大约拿 0.27%的期权；如果该工程师等到公司快要 B 轮融资前加入（此时公司有 20～50 个员工），那么他会拿到 0.084%的期权。C 轮融资之前加入公司的员工，可以拿到 0.071%的公司期权。可以看到，即便是同一个职位，越往后加入公司，能拿到的期权就越少。这是因为，除了因公司融资和增加期权池带来的稀释效应外，越往后加入公司的员工所需承担的风险也越少。“风险越大收益越大”，似乎是一个社会中普遍通行的法则。

舍得舍得，有舍才有得

公司通过设立期权池的方法给员工做股权激励，虽然CEO自己手中的股份被稀释掉一部分，但此举留住了关键人才，且吸引了优秀的人才加入公司，从长远来看是值得的。如果吝惜股份，以较低的薪酬礼包吸引不了最好的员工，对公司的负面效应也不小。

思考：

1. 从本文中你能看到资金有哪些重要性？
2. 融资真的是拿到的资金越多越好吗？

二、拇指阅读的出售

2014年5月的一天，拇指阅读创始人左志坚出现在北京。

拇指阅读是一家基地在上海，专注于社交阅读的软件开发公司。每年只有少数几次，左志坚会出现在北京。这次是一个文化界与科技界、金融界的聚会，左志坚将会见到他以前在南方报业的老同事，但这不是他此行最重要的目的。

因为这次聚会是由3G门户总裁张向东发起的，而张向东为他约了一个重要人物：张向东毕业后工作的第一个老板——李国庆。

李国庆是一个率性而且知性的企业家，也是文人经商的典范。左志坚约他，并不只是想请教经商的奥秘，而是因为李国庆掌管的当当网，拥有着当时最丰富的网络图书版权。而这些，正是拇指阅读在这个阶段最需要的。

李国庆很热情地和左志坚攀谈了起来，他夸赞了拇指阅读的软件，说比当当网做得好，而且很爽快地将事情全权委托给当当网的分管副总来处理。

第二天，左志坚就收到当当网副总裁王曦的邀请，去当当网的办公室聊一聊。王曦曾经是风入松书店的老板，而左志坚是一名资深的媒体人，当双方聊到文化产业和数字出版的前景时，发现彼此的商业判断和价值观竟如此一致。

接下来，本该是出版界的一件大事。左志坚提出，在拇指阅读上分销当当网的电子书，而拇指阅读自己可以专注于社区的运营。当当网方面也开始布置工程师，准备开发。对于一家资源极其有限的创业公司来说，这件事情能决定拇指阅读发展的速度甚至生死。

创业之初

2012年，当左志坚和大学好友荣星一起出来创业时，没有想到这条路走得如此艰辛。

起初，他们俩自己凑了一点钱，雇用了三个程序员，开始做iOS程序。然而，彼时他们都还没有意识到，自己已经犯下了致命的错误。

他们要做的社交阅读软件，需要消耗大量的资源。他们同时在做三件挑战极大的事情：①开发优秀的排版引擎；②整合海量的版权资源；③运营一个读书人的社区。

其实一个成熟的创业者，最多只会先做其中的一件事情，而拇指阅读靠着五个人同时做这三件事。最终，他们累到天昏地暗也无法解决问题，而公司账上的钱像自来水一样哗哗流走。

那段时间，公司两位创始人承担着非同一般的压力。尽管左志坚和荣星从来不在对方面前叫苦，但是有一次，两个人在一起时，左志坚问了一句，“你是不是晚上也睡不着觉”。

荣星脱口而出，“当然啊”。

最终，筋疲力尽的左志坚决定接入大公司的版权资源，其实就是放弃自己做版权运营。于是左志坚委托老朋友张向东约了李国庆。

与李国庆的会晤看似解决了这个问题，然而拇指阅读与当当网的合作始终没有执行。在与李国庆会面两个月之后，京东商城将30万册正版电子书资源开放给了拇指阅读，成为出版界轰动一时的盛事。

巨头垂青

左志坚和荣星原本不需要这么辛苦。

早在2014年2月，当拇指阅读软件正式上线的时候，阿里巴巴和腾讯的投资部门就找了过来。阿里巴巴显得诚意十足。

阿里巴巴投资部的工作人员约左志坚去办公室聊一聊，坦言是淘宝阅读部门的人很喜欢拇指阅读，希望可以合作，然后让左志坚去管理淘宝的阅读业务。阿里巴巴工作人员说得很直白，“阿里都希望控股，这是阿里的风格”。

几天之后，左志坚出现在阿里巴巴在杭州西溪园区的总部，与淘宝阅读的负责人做了深入交流，淘宝阅读的掌门人也很有诚意。在西溪园区，左志坚还见了在阿里巴巴做高管的老朋友，对方也劝说赶紧卖掉。

产品一上线就受到巨头的追逐，这显然是一件好事。回来之后，左志坚与团队和投资人做了交流，大家却对卖掉拇指阅读变现都没有太大的兴趣。

就在阿里巴巴与拇指阅读接触的同时，投资人那边反馈说，京东方面也有兴趣。说京东有个高管，曾经是著名出版人，出版过超级畅销书《格调》。

几天后，左志坚在京东的办公室见到了这位彪悍的商人，以及优秀的前出版人——京东副总裁石涛。他对拇指阅读的内容和产品都很认同。

石涛也提出了投资的意向，被左志坚婉拒。不过双方很爽快地约定，展开在电子书版权方面的合作。

接下来，京东方面的执行力让左志坚见识到京东何以成为京东。这家电商领域的后起之秀，执行速度远高于当当。两个月后，京东就把30万册电子书输出给了拇指阅读，并召开了新闻发布会。

融资之困

在拒绝了变现的诱惑，以及解决了版权的瓶颈之后，拇指阅读依然没有迎来爆发的机会。

问题出在了两个地方：第一，读书的需求量太小，而且变现比较慢；第二，从后台数据来看，用户的增长速度比较慢。

结论就是，社交阅读这个方向，很难迅速爆发，不太适合创业团队来做。

那段时间，左志坚再次彻夜难眠，他面临着所有创业者都要面临的压力。一方面，公司的前景相当不妙，已有两位主力工程师出走，同时公司账面上的现金如冰棍化水，公司已经到了生死存亡的地步，看不到任何扭转的迹象；另一方面，个人财务方面也已经到了极限，在创业第一年，两位创始人没有拿一分钱工资，第二年经纬创投进来之后，也就拿5000元的工资，这钱只够支付左志坚的房租，而生活费则是从两位朋友那里借来的。

在办公室附近的一间陋室中，左志坚每晚辗转反侧。想起自己要为年轻的员工负责，要为朋友负责，再想想自己曾经的财务梦想和商业理想。他突然明白，为什么那么多稍年长的创业者，如唐岩、方三文、徐建军，都已经有了白头发。

只剩下融资一条路可走。

2014年7月，左志坚拿着精心设计的商业计划书去融资，并与刘芹、李宏玮、朱啸虎这些中国顶尖的投资人做了交流。

“你们的产品做得很好，我看书主要是用你们的软件，但是不能太阳春白雪”，朱啸虎说。

刘芹，这位风头正健的小米投资人，与左志坚聊了三个小时，从商业前景和爆发力两个角度否决了这个产品。

只有一家投资人，表达了投资意向，但价格不高。团队和投资人都觉得比较鸡肋。

融资失败了。

那段时间，左志坚的几位知交好友也遭遇困难，心里又惊又急。加上公司和个人财务的窘迫状况，他再次失眠了。

卖掉拇指阅读

当公司的账面只剩下三个月现金时，留给左志坚的选择就只有两个。第一，卖掉拇指阅读；第二，关掉公司，承认第一次创业彻底失败，虽然付出了两年极其艰辛的努力。

好在产品的卖相依然不错，无论是排版引擎的技术含量，还是团队的运营能力，业界都相当认可。半年前主动谈收购的那些公司，依然很感兴趣，其间亚马逊也派一个外国人来到拇指阅读的办公室。

已经与拇指阅读在版权上有深入合作的京东，成为竞购的领先方，毕竟双方的团队已经有深入了解，而且互相欣赏。问题在于，所有竞购方都希望将其团队纳入囊中。亚马逊更是表态如果团队不进来，就不会收购。

左志坚和荣星都对回大公司打工没有兴趣。他们决定只卖产品，不卖公司。

这意味着更低的回报，但有二次创业的机会。经纬创投的投资人，也是拇指阅读的董事丛真说，“我们都听你的”。经纬对创业者的信任和耐心，让左志坚做了一个很舒服的决定，卖产品，不卖公司。然后，继续干！

最终，左志坚决定将拇指阅读软件卖给京东，并承诺提供技术和运营上的保障，公司的股东和团队没有任何变化。京东的投资部和业务部门开始拟定合同的具体条款。左志坚曾经戏称创业者需要同时扮演产品经理、主编、公关、行政、融资顾问的角色，现在这位CEO又演绎了一个新角色投行。

在签署合同之前，左志坚在北京与京东商城CEO沈皓瑜有过一次长谈。

沈说，“如果只收购软件的话，我怕我们团队接不住这个项目”。

左回答，“我们卖的不光是产品，而且也希望京东的版权和运营资源能够帮助拇指阅读成为业界最领先的产品，干掉所有竞争对手。我们不只是做一笔交易，目的还是做一个最厉害的产品。”

几天之后，刘强东在收购合同上潇洒地签完字，合同生效。

2015 年 6 月，合并了拇指阅读后的京东阅读正式上线，左志坚和他的团队为之投入了三倍于承诺的人力。

2015 年 7 月，左志坚和荣星的新阅读软件“大眼”正式上线。这是一个轻快的产品，但承载着比拇指阅读更大的野心。

现在，这个团队有了一笔让自己过得更舒服的资金，一个彼此更默契的团队，一些丰富自如的创业经验，以及内容产业爆发带来的巨大想象空间。

思考：

1. 拇指阅读最后为什么必须卖出？
2. 创业资源对创业成功与否有哪些重要影响？

本章要点

1. 创业资源的种类
2. 创业资源按其对生产过程的作用分类
3. 创业资源与一般商业资源的异同
4. 社会资源的获取与管理
5. 人力资源的获取与管理
6. 资金资源的获取与管理
7. 创业资源的经营策略

思考题

1. 对于企业来说哪些信息是有用的？
2. 社会资本包括哪些内容？
3. 社会资本是谁第一次明确使用的？
4. 成员资格一般表现在哪些方面？
5. 什么是成本补偿？
6. 基本的企业家意识和素质有哪些？
7. 怎样协调、平衡外来专业人士与核心成员的矛盾冲突？
8. 有了获取创业资源的想法之后，我们需要通过什么途径来获取相关的资源呢？
9. 有了合理的途径获取到创业资源后，我们如何对其进行管理和合理的利用呢？
10. 资源利用的方法有很多，我们该如何最大化地发挥这些资源的作用呢？
11. 在你看来，创业需不需要融资？什么时候需要融资？
12. 融资对企业来说是利大于弊还是弊大于利？
13. 合理融资的标准是什么？

14. 如果创业者失去自由，会有哪些不利因素发生？
15. 创业者应该如何测算创业资金？
16. 可以通过哪些信息去预测项目的潜伏期？
17. 除了基金和银行还有哪些融资渠道？
18. 预测创业资金时，应该注意哪些事项？

第 6 章　创业机会与风险识别

学习目标

1. 了解创业机会的概念及分类标准。
2. 了解影响机会识别的因素。
3. 了解创业机会的评价方法。
4. 了解创业机会的来源。
5. 了解创业机会的识别与风险的规避。

导入案例

李彦宏创业故事：学会抓住机遇

1991 年，李彦宏来到美国布法罗纽约州立大学读研究生，第一次接触到了高尔夫。在美国这个每年增加 400 家新球场的国度，有人把男人的极致快乐总结为两项——雪茄和高尔夫。自从李彦宏爱上了高尔夫，他开始坚持每周去一次练习场。一次打球的间隙，导师随口说了一句，“搜索引擎技术是互联网一项最基本的功能，应当有未来”。这时的美国，互联网还没开始普及，但李彦宏已经开始行动——从专攻计算机转回来，开始钻研信息检索技术。从此，认准了搜索。

李彦宏在其创业故事中讲述了，创业者在创业初期需要学会把握住创业机遇，从而帮助自己开启创业之路。那么创业者如何把握创业的机会呢?

一、进行理性创业

特别是初次创业，一定要理性思考，弄清以下几个方面的问题：一是创业的盈利模式，必须找到利润点，要有明确的利润来源；二是要做最糟糕情况下的运营预算，而不是以理想的数据来做预测，要防止投资预算偏小、市场预测失准、成本估算偏低等现象，过于理想化必然导致预期效益偏高，出现问题时就会措手不及；三是要有整合资源的能力，初次创业要“整合一切可利用的力量”，打造一个优势互补的利益共同体，以此有效降低成本，提升运营效率，使企业运营事半功倍；四是各种资源“链条”不能断，这里的资源是指原辅材料、人才、产品、资金、渠道等要素，为做到这一点，企业必须降低对某些资源的依存度，或者具备调动、牵制资源的能力。

二、自我检查分析

初次创业，你可能会遇到来自不同方面的风险：①政策风险，如国家及地方性法律法规、产业政策及临时性、突发性出台的政策法规等；②决策风险，不同的决策方案有不同的机遇成本，以及不同的机遇风险；③市场风险，这是核心风险因素，如更强势的竞争对手出现导致竞争加剧和市场形势变化；④扩张风险，如企业规模扩张、经营领域扩张、项目扩张等方面，如果扩张很盲目，不能与企业能力、市场需求合拍，是极其危险的；⑤人事风险，其实人事风险不仅表现在使企业组织不能正常运行上，还表现在当员工不能为创业企业所用时，到竞争对手那里去挖创业企业的“墙角”等。面对来自不同方面的风险，你需要自我检查分析，具备一些基本的素质，如勇气、信心、行业背景和思考能力。

三、具有创业精神

创业总是需要一个契机，除了市场定位的准确，初次创业能否成功，很大程度上还依赖创业人的个人素质。如果你拥有良好的专业背景、人脉资源、经营智慧等，你的创业就大大增加了成功的系数。创业不是一个可以克隆的模式，但是激情和感情投入是成功的共性因素。在创业过程中，要学会适当的放弃，创业时因资源和能力有限，需要的是集中精力把有优势的项目做好，所谓厚积才能薄发，盲目的多元化经营会致命。

讨论：

1. 在本案例中，创业机会来源于哪里？
2. 创业者如何才能把握身边的创业机会呢？
3. 仅仅把握创业机会就一定能成功吗？我们还需要准备什么？

在我们的生活中，有许多创业成功的例子，他们创业成功的经历被许多人传颂，并且成为教学案例。从诸多成功的案例中我们发现，成功有时候可能就是因为一个机会。它可能源于你对生活的观察；可能源于朋友的一句话；可能源于你的专业；可能源于一次休闲活动……我们有时候说没有机会，可是成功的人却那么多，我们有时候说机会无处不在，可是总眼睁睁看它溜走。当没有机会时我们在干什么？当机会来临时，我们能抓住吗？西方有一句话是这样说的“你只要准备好田地，下雨的事情交给上帝”。对于大学生来说，要在日常的生活中积累自己，发展自己，这样才能做好准备，当机会到来时，能抓住它的都是有准备的人。

在提到创业机会的同时，人们也常常会提到创业风险。有人说创业有风险，进入需谨慎，在创业之前就要做好面对风险的准备。创办公司不是一天两天的事，而是一个长期经营的过程，风险随时都可能降临，如经济风险、技术风险、政治风险、财务风险、管理风险……这就需要我们具备识别和规避风险的能力，使我们的企业持续地走下去。

6.1 创业机会

6.1.1 创业机会概念与特征

关于创业机会，有人认为在狭义创业下，创业机会主要是指具有较强吸引力的、较为持久的、有利于创业的商业机会，创业者据此可以为客户提供有价值的产品或服务，并同时使创业者自身获益。也有人认为创业机会是在未来情境下，创业者利用市场的不完善性来追逐利益的一种可能性，在此情境下，创业机会能够为市场提供一个不断创新的产品服务、原材料或组织方式，或是在未饱和市场中提供模仿的产品服务、原材料或组织方式，从而满足市场需求并创造利润。不管哪种看法，我们都可以看出，创业机会应该具有较强的吸引力，有利于创造价值；创业机会带来的利益来源于在市场中给客户提供的有价值的服务。

《21 世纪创业》一书的作者杰夫里・A. 第莫斯教授认为，好的商业机会应该有能吸引顾客、在所处商业环境中行得通、必须在机会之窗存在期间被实施（机会之窗是指商业想法推广到市场上去所花的时间，若竞争者已经有了同样的思想，并已把产品推向市场，那么机会之窗也就关闭了）、必须有资源（人、财、物、信息、时间）和技能这四个基本特征。如果这四个基本特征符合，那么创业机会的可行性就非常大，创业成功的概率也会增大很多。

6.1.2 创业机会的分类

我们可以按照不同的标准对创业机会进行如下分类。

1. 根据市场不同供求关系组合形式

根据市场不同供求关系组合形式分为创新型机会、均衡型机会。

创新型机会指的是与现有企业的业务具有较大不同的机会，是一种创造性的变革，改变了原有的供求关系，生产要素以新方式进行组合，创造出新产品和新服务，原有的经济系统的均衡被打破。比如，共享单车的出现就是一种创新型机会，大量共享单车企业在校园、地铁站点、公交站点、居民区、商业区、公共服务区等提供单车共享服务，给人们原有的出行方式带来了巨大改变，影响深刻。有数据表明，截至 2016 年底，中国共享单车市场整体用户已达到 1886 万，共享单车市场用户规模将继续保持大幅增长，预计 2017 年底将达 5000 万用户规模。这种创新型机会一出现就打破了原有经济系统的均衡。

均衡型机会则是指与现存企业的业务范围几乎没有差异的机会，信息不对称导致市场失灵，资源未充分发挥最大效用，这为潜在创业者提供了对资源进行优化配置的创业机会。“今夜酒店特价”是一个典型的移动互联网应用软件，但又不是普通的移动应用，准确的定义应该是线上线下（Online To Offline，O2O）应用软件。软件的两端分别联系着酒店和普通的旅客，酒店把当天晚上 6 点还卖不掉的剩余房间便宜卖给今夜特价酒店，今夜酒店特价平台再以正常预订价格 4～7 折的价格卖给消费者。酒店盘活了本来会浪费掉的库存，而消费者得到了高性价比的房间，今夜特价酒店则从中赚取差价或佣金，最终实现三方共赢。其商业模式新颖，突破了早订就划算的思维，将优质资源和用户更好地联系在一起。

2. 根据创新程度

根据创新程度的不同划分为复制型创业机会、模仿型创业机会、创新型创业机会。

复制型创业机会、模仿型创业机会是近年来的创业实践中被大量应用的两类创业机会，其比较传统。比如，百度“度秘”是百度在 2015 年世界大会上全新推出的，为用户提供秘书化搜索服务的机器人助理。“度秘”将人工智能带到了可以广泛使用的场景中，是百度强大的搜索技术和人工智能的完美结合体，可以用机器不断学习并替代人的行为。2015 年在百度大会上推出的“度秘”是“聊天机器人+搜索引擎+垂类 O2O”的整合型产品。它把现在互联网最热、最精尖的技术集合在了一起，百度在百度世界大会上发布这款产品，将生态完善化繁为简，满足了“懒人”的愿望。模仿型创业是通过模仿或跟随别人而不进行创新或很少进行创新，其创业机会往往创新程度不高，容易被模仿。比如，外卖行业中的美团外卖与百度外卖及互联网购物的淘宝与京东等，都是在市场资源匹配不均衡的情况下，为满足市场需求而出现的模仿型创业机会。

创新型创业机会是识别与开发难度和风险较大，但潜在收益最大的一类创业机会。通过创新变革，率先抓住具有较高创新性机会的创业活动，由创新型创业机会带来的产品或服务在市场上往往没有大量出现，不容易被模仿。比如，苹果公司致力于设计、开发和销售消费电子、计算机软件、在线服务和个人计算机。苹果 Apple II 的出现于 20 世纪 70 年代助长了个人电脑革命，其后的 Macintosh 于 20 世纪 80 年代持续发展。该公司硬件产品主要是 Mac 电脑系列、iPod 媒体播放器、iPhone 智能手机和 iPad 平板电脑；在线服务包括 iCloud、iTunes Store 和 App Store；消费软件包括 OSX、iOS 操作系统、iTunes 多媒体浏览器、Safari 网络浏览器，还有 iLife 和 iWork 创意和生产力套件。苹果公司通过这种创新性的发展在高科技企业中取得了令人瞩目的地位。

6.2　创业机会的识别与评价

6.2.1　创业机会的识别

创业机会的客观存在及主观创造的争论，使得创业机会识别研究中存在不同的观点。第一种观点认为机会是客观的，机会识别是一种在环境中搜寻未能满足的需求的态度，创业者对已存在信息进行搜寻，所识别出的机会是创新度不高的套利型机会；第二种观点认为机会是主观创造的，机会识别是一个想象与创造的过程，侧重于创业者对于环境效力的感知、诠释和理解，创业者所识别的机会具有较高的创新性，机会识别是一个迭代的过程，理性和非理性并存；第三种观点认为创业机会识别是机会发现与创造的集合，创业者在识别关于新技术的创业机会时，通常采用结构组合型认知过程来识别和选择。

其实在我们生活中，很多创业机会是主观机会和客观机会的共同组合。支付宝（中国）网络技术有限公司是国内领先的第三方支付平台，致力于提供“简单、安全、快速”的支付解决方案。支付宝公司从2004年建立开始，始终以“信任”作为产品和服务的核心。旗下有“支付宝”与“支付宝钱包”两个独立品牌。自2014年第二季度开始成为当前全球最大的移动支付厂商。支付宝主要提供支付及理财服务，包括网购担保交易、网络支付、转账、信用卡还款、手机充值、水电煤缴费、个人理财等多个领域。在进入移动支付领域后，为零售百货、电影院线、连锁商超和出租车等多个行业提供服务。中国信用体系的缺失，为支付宝提供了客观的创业机会，首创担保交易付款模式，极大地推动了中国网上购物的发展。在极大的客户基础情况下，支付宝的主管创业机会纷至沓来，从最初的网购担保交易逐渐发展出公共事业缴费（支持水、电、煤、通信等缴费）、城市一卡通、理财、第三方服务等。从以上我们可以看出，在支付宝的发展中，客观与主观的创业机会相辅相成，充分地解决了我们生活中的问题。

6.2.2 创业机会的评价

在现实生活中，有很多看似可行的创业机会未必可行。比如，一个学生准备针对一个学校做一个餐饮平台，连接校外餐饮企业和校内同学，虽然从表面上看这是一个机会，但是由于市场容量不够，最后失败了。看似是创业机会的机会能否最终成为创业机会需要进行评价。

对机会进行评价的人主要是创业者（创业团队）或者投资人（天使投资人、风险投资家和股东）。一般来说，那些决定资源分配的人（投资人）会对创业企业的商业计划通过调查并进行全面评价，以便确定商业计划是否可行，企业能否存在或者发展。从产品或服务开发的角度来说，在开发过程的前期不同阶段，创业者还需要对市场需求或资源（包括发明创造）进行非正式的研究，对机会做出多次评价，这些评价会使创业者发现其他的新机会或调整其最初的看法。

对创业机会的评价方法一般情况下可分为定性分析方法和定量分析方法两种。

1. 定性分析方法

定性分析方法也称“非数量分析法”，属于预测分析的一种基本方法。评价者结合经验、知识、技能、判断甚至直觉等，运用归纳与演绎、分析与综合、抽象与概括等思维方法，对事物性质、特点、发展规律、变化趋势进行分析、评估，其具有主观性。用定性分析方法对创业机会加以评价通常有以下几种方式。

1）五标准分析法

这种分析方式主要是针对五个标准对创业机会进行定性评价：①机会的大小、存在的时间跨度和随时间成长的速度问题；②潜在的利润是否能够弥补资本、时间和机会成本的投资，带来令人满意的收益；③机会是否开辟了额外的扩张及多样化或综合的商业机会选择；④在可能的障碍面前，收益是否会持久；⑤产品或服务是否真正满足了真实的需求。

2）五步骤分析法

针对创业机会的定性评价，也可以采用五步骤分析法：第一步，判断新产品或新服务的价值、障碍、市场认可度等；第二步，分析风险、机会窗；第三步，在产品生产中如何保证生产批量和产品质量；第四步，估算新产品的初始投资额，使用何种融资渠道；第五步，如何控制可能遇到的风险。

3）五项基本标准

对产品有明确界定的市场需求，推出的时机恰当；具有持久的竞争优势；高回报；创业者与机会的匹配；机会不存在致命的缺陷。除此之外还需考虑的几个重要问题：机会的大小、存在的时间跨度、潜在利润、可能的障碍、对需求的满足等。

2. 定量分析方法

对创业机会的评价，也有人采用定量分析方法，所谓定量分析方法，一般是针对社会现象的数量特征、数量关系与数量变化进行分析的方法。其功能在于揭示和描述社会现象的相互作用和发展趋势，具有客观性。大卫・贝奇教授在《创业学》一书中提出了四种目前公认的机会评价方法。

1）标准打分矩阵

选择对创业机会成功有重要影响的因素，并由专家小组对每一个因素进行打分，最后求出每个因素在各个创业机会下的加权平均分，从而可以对不同的创业机会进行比较。

2）Westinghouse 法

由美国西屋公司提出的对于创业机会评估的一种定量方法，实际上是计算和比较各个机会的优先级，公式如下：

$$\frac{\text{技术成功概率}\times\text{商业成功概率}\times(\text{价格}-\text{成本})\times\text{投资生命周期}}{\text{总成本}}=\text{机会优先级}$$

式中，技术和商业成功的概率以百分比表示；平均年销售数以销售的产品数量来计算；成本以每个产品的单价来计算；投资生命周期指可以预期的年均销售数保持不变的年限；总成本是预期的所有投入，包括研究、设计、制造和营销费用等。

3）HananPotentionmeter 法

通过让创业者来填写针对不同因素的不同情况，预先设定好权值的选项式问卷方法，来快捷地得到特定创业机会的成功潜力指标。这些指标分别是对于税前投资回报水平的贡献、预期的年销售额、生命周期中预期的成长阶段、从创业到销售额高速增长的预期时间、投资回收期、占有领先者地位的潜力、商业周期的影响、为产品制定高价的潜力、进入市场的难易程度、市场试验的时间范围、销售人员的要求等 11 个因素。在这个方法中，通过对各种因素进行打分分析，每个因素分值从负 2 分到 2 分。最后通过分值结果来判断创业机会。

4）Baty 选择因素法

Baty 选择因素法对创业机会进行评价主要从以下几方面选择因素来对创业机会进

行判断：这个创业机会现阶段是否只有你一个人发现了，初试产品生产成本是否可以接受，初始市场开发成本是否可以承受，产品是否具有高利润回报的潜力，是否可以预期产品投放市场和达到盈亏平衡的时间节点，潜在的市场是否巨大，你的产品是否是一个高速成长的产品家族中的第一个产品，你是否拥有一些现成的初始客户，你是否可预期产品的开发成本和开发周期，是否处于一个成长中的行业，金融界是否理解你的产品和顾客对他的需求等。

6.3 创业机会的利用与管理

6.3.1 创业机会的来源

《赫芬顿邮报》（*The Huffington Post*）号称“互联网第一大报”。2011 年 2 月，美国在线以 3.15 亿美元收购该报。它是一家新闻与分析网站，创办于 2005 年。2011 年 1 月，它的独立访问量是 2800 万，接近《纽约时报》《国际先驱论坛报》3000 万的独立访问量，这意味着它已经跻身主流媒体。2010 年其营业额是 3000 万美元，在美国报业都在为广告跳水、发行量骤减，以及读者向网络免费新闻迁徙而苦苦挣扎之时，《赫芬顿邮报》却一枝独秀。这是什么原因呢？原来把读者变成记者，这是赫芬顿成功的法宝。《赫芬顿邮报》有 1 万多名“公民记者”，类似传统媒体的“通讯员”，每时每刻都在为它提供报道。2008 年美国大选，《赫芬顿邮报》将一个采访任务分给 50～100 名“公民记者”，每人每天用一个小时，就能完成一个记者两个月才能完成的工作量。《赫芬顿邮报》称之为“分布式新闻”，“分布式新闻”网罗了大量高质量的撰稿人，用户原创内容（User Generated Content，UGC）的能动性得到激发，媒体真正活起来了。从中我们可以看出，把读者变成记者成为《赫芬顿邮报》成功的一个非常重要的机会，并且获取了大量的资源。

因此，我们可以看出，创业机会的出现可能是因为环境的变动、市场的不协调或混乱、信息的滞后、领先或缺口，以及各种各样其他因素的影响，如技术革新、消费者偏好的变化、法律政策的调整等。好的创业机会可能有最大的潜在创业利润的机会。但是，由于创业机会本质上体现为一种信息不对称，因此好的机会必须天然或者有目的地使其具有如下机制以延长创业机会的生命周期，如防止被其他创业者仿冒的机制，防止或者延缓信息扩散传递的机制等。另外，如果自己在某一领域很擅长，这也可以成为创业机会。

6.3.2 创业机会的发现

创业机会的发现是创业机会识别过程中最重要的一步，它意味着创业者发现存在着的创业机会并使之形成自己所理解、认识的创业机会。

形成创意是一个企业创业成功开始的关键。这可能来源于一个经适当评价的新产品或服务的较完美的创意，而创意往往来源于对市场机会、技术机会和政策机会的感觉和把握，具体来源于顾客、现有企业的分销渠道、政府机构，以及企业的研发活动等，我们也可以通过头脑风暴的方式，发现我们需要解决的问题，只要留意我们的生活，机会就无处不在。

（1）顾客创业者可以通过正规或非正规的方式， 接触有关新产品或服务的创意的最终焦点——潜在顾客，了解顾客的需求或潜在需求，从而形成创意。“饿了么”“美团外卖”“百度外卖”，几大巨头瓜分了大部分的外卖市场，这就是很好的例子。在现代人日趋忙碌的阶段，时间成本日益增加，从餐饮节省时间成本的角度出发，外卖无疑是客户节省时间的有效方式。通过平台来绑定客户基础，挖掘客户潜在需求，新增创新创业的机会。

（2）现有企业主要是对市场竞争者的产品和服务进行追踪、分析和评价， 找出现有产品存在的缺陷，有针对性地提出改进产品的方法，形成创意，并开发有巨大潜力的新产品，进行创业。小米手机的成功就是抓住了这个机会，“为发烧而生”是小米的产品概念。小米公司首创了用互联网模式开发手机操作系统、“发烧友”参与开发改进的模式。在国外智能手机巨头苹果及三星的强势下，小米通过营销手段、性价比等实现了国内手机的低成本渠道（网络渠道）覆盖及年轻顾客群的价值引导，在方法及创意上区别于苹果及三星的垄断，实现高端智能手机、互联网电视及智能家居生态链建设的创新。

（3）通过分销渠道带来的创业机会也很多，由于分销商是直接面向市场的，他们不仅可以提供顾客所需的产品改进和新产品类型等方面的广泛信息，而且能对全新的产品提出建议并帮助推广新产品，因此与分销商保持沟通，是形成创意的又一条途径。网上4S 店的出现就是个例子，作为一种具有革命性意义的汽车网络营销整合平台，它通过模拟线下售车的全过程，让汽车购销双方在足不出户的条件下即可实现网上看车、选车、咨询、订单生成的全过程，突破了时间和空间的限制，轻松便捷地完成选车购车的全过程，同时还可享受各种线下 4S 店没有的特别优惠。可以说网上 4S 店将网络独具的 3D 展示和互动的功能发挥到了极致，在此汽车厂商的品牌展示需求和经销商销售需求也通过网上 4S 店实现了有机的结合，一体化推动终端销售。与传统的汽车 4S 店的“坐销”模式相比，网络营销的主动性和互动性将为汽车行业带来营销模式的全新变革。

（4）政府机构方面，专利局的文档中蕴含着大量的新产品创意，尽管其专利本身可能对新产品的引进形成法律制约，却可能对其他具有市场潜力的创意带来有益的启发；另外，创意可能来源于对政府有关法规的反应。典型的例子就是房地产行业，在市场上升期，房价大幅上涨，政府会出台各种限购、限价等措施来稳定市场，房地产企业在这种情况下，出现了多种创新的营销方式，如零首付、首付贷及打折等。

（5）企业本身的研发活动通常装备精良，有能力为企业成功地开发新产品，它是创意的一个很大来源。华为就是靠企业自身研发才在激烈的竞争中获取如今的地位，华为作为全球领先的信息通信技术解决方案供应商，专注于信息通信技术领域，坚持稳健经营、持续创新、开放合作，在电信运营商、企业、终端和云计算等领域构筑了端到端的解决方案优势，为运营商客户、企业客户和消费者提供有竞争力的信息通信技术解决方案、产品和服务，并致力于将未来信息社会构建为更美好的全连接世界。

除此之外，一个创意可以通过多种方法产生，主要有以下几方面。

（1）根据经验分析。对创业者而言，创意是创建企业的工具，创建成功企业的过程中少不了它。就这方面而言，经验在审视创意时显得至关重要。有经验的创业者往往在模式和机会形成的过程中，就表现出了快速识别它们并形成创意的能力。

（2）培养创造性思维。创造性思维在形成创意的过程中是很有价值的，而且在创业的其他方面也是如此。创造性思维可以通过学习和培训等来提升。

（3）激发创造力。激发创造力的方法有很多，如头脑风暴法、自由联想法、灵感激励法等，可以通过这些方法来激发创造力。

（4）依靠团队创造力。当创业者组成团队时，往往可以产生强大的创造力，而且小组成员集体交换意见所产生的问题解决方案和其他方式相比，更有优势。据统计，约 47% 的创意来源于工作团队的活动。

6.3.3 创业机会信息的收集

在创业或者构思过程中，要及时发现创业机会，而创业机会信息的收集是使创意变为现实的基础工作。首先，根据创意明确研究的目的或目标。例如，创业者可能会认为他们的产品或服务存在一个市场，但他们不能确信：产品或服务如果以某种形式出现，谁将是顾客。这样，一个目标便是向人们询问他们如何看待该产品或服务，是否愿意购买，并了解有关人口统计的背景资料和消费者个人的态度。当然，还有其他目标，如了解有多少潜在顾客愿意购买该产品或服务，潜在顾客愿意在哪里购买，以及预期会在哪里听说或了解该产品或服务等。其次，从已有数据或第二手资料中收集信息。这些信息主要来自报纸杂志、图书馆、政府机构、大学或专门的咨询机构及网络等。一般可以找到一些关于行业、竞争者、顾客偏好趋向、产品创新等方面的信息。该种信息的获得一般是免费的，或者成本较低，创业者应尽可能利用这些信息。最后，从第一手资料中收集信息。收集第一手资料包括一个数据收集过程，如观察、上网、访谈、集中小组试验及问卷等。该种信息的获得一般来说成本都比较高，但却能够获得更有意义的信息，可以更好地识别创业机会。

虽然大量的创业机会可以经由有系统的研究来发掘。不过，最好的创业机会还是来自创业者长期的观察与生活体验。创业者可以在日常生活中有意识地加强实践，培养和提高发现创业机会的能力。

（1）养成良好的市场调研习惯。发现创业机会最根本的是深入市场进行调研，要了解市场供求状况、变化的趋势，顾客的需求是否得到了满足，竞争对手的长处与不足等。

（2）多看、多听、多想。我们常说见多识广，识多路广。我们每个人的知识、经验、思维及对市场的了解不可能做到面面俱到。多看、多听、多想能使我们广泛获取信息，及时从别人的知识、经验、想法中汲取有益的东西，从而增大发现机会的可能性和概率。

美国宣传奇才哈利十五六岁的时候在一家马戏团做童工，负责在马戏场内叫卖小食品。但是每次看戏的人不多，买东西吃的人则更少，尤其是饮料，更是无人问津。有一天，哈利突发奇想：向每一位买票的观众赠送一包花生，借以吸引观众。但是老板坚决不同意他这个荒唐的想法。哈利用自己微薄的工资做担保，请求老板让他试一试，并承诺说，如果赔钱就从他的工资里面扣；如果盈利了，自己只拿一半。老板这才勉强同意。于是，以后每次马戏团的演出场地外就多了一个义务宣传员："来看马戏喽！买一张票免费赠送好吃的花生一包！"在哈利不停地叫喊声中，观众比往常多了几倍。观众进场后，哈利就开始叫卖起饮料来，而绝大多数观众在吃完花生之后觉得口渴都会买上一瓶饮料。这样一场马戏下来，营业额比平常增加了十几倍。其实，哈利在炒花生的时候加了少量的盐，这样花生更好吃了，而观众越吃越口渴，饮料的生意自然就越来越好了。

从中我们可以看出，同样的环境对于不同的人可能不是机会，而对哈利这样爱思考、爱观察的人来说就变成了机会，机会的创造来源于生活中的看、听、想。

（3）培养独特的思维。机会往往是被少数人抓住的。我们要克服从众心理，打破传统的习惯思维的束缚，敢于相信自己，有独立见解，不人云亦云，不为别人的评头论足、闲言碎语所左右，才能发现和抓住被别人忽视或遗忘的机会。

美国人吉姆·瑞德偶然发现，高尔夫球会因球手的失误而掉进湖里，他灵机一动潜入湖中，却意外地发现湖底有成千上万只高尔夫球。于是他开始打捞，最初他只是自己一个人干，后来打捞的人多了，他就转行收购这些旧球，洗刷干净，重新喷漆，然后再包装出售。现在，他已经拥有了一家属于自己的高尔夫球回收公司，一年的总收入已经达到了800多万美元。从中我们可以看出，创业需要有独立的思维，而不是人云亦云，在大家都去做的时候，已有的机会可能已经不再是机会了，而与之相关联的新的机会可能就出现了，需要我们进行充分的思考来抓住这些新的机会。

（4）创业环境的支持是机会识别的关键。创业环境是创业过程中多种因素的组合，包括政府政策、社会经济条件、创业和管理技能、创业资金和非资金支持等方面。一般来说，如果社会对创业失败比较宽容，有浓厚的创业氛围；国家对个人财富创造比较推崇，有各种渠道的金融支持和完善的创业服务体系；创业有公平、公正的竞争环境，那就会鼓励更多的人创业。

创业是不拘泥于当前资源条件的限制而对机会的追寻，将不同的资源组合加以利用和开发并创造价值的过程。简单地说，在识别机会和开发机会，经历了产生创意、开发商业概念、市场测试、设计商业模式等环节后，创业者就可以确定创业机会并开始着手撰写创业计划书了。

6.4 创业风险的识别与规避

6.4.1 创业风险的概念与特征

创业风险，是指创业环境的不确定性，创业机会与创业企业的复杂性，创业者、创业团队与创业投资者的能力与实力的有限性，而导致创业活动偏离预期目标的可能性及其后果。如果一个企业不能及时地发现风险并及时规避，将会陷入万劫不复的境地。

曾经的凡客辉煌一时，在垂直电商领域做得非常优秀，创始人陈年野心勃勃。凡客也不缺乏资金，在雷军和陈年的努力运作下，凡客经过7轮融资总额超5.3亿美元，投资方包括联创策源、IDG资本、赛富投资基金、启明创投、中信产业基金、淡马锡等，最高估值达50亿美元，只可惜经过盲目扩张、库存危机、资金链断裂、上市折戟等挫折之后，从此一蹶不振；要说产品影响力，“凡客体”也曾上过各大媒体头条、泛滥于街头巷尾，甚至还曾去偏远的城市与农村刷墙，巨额营销费用也曾堆砌出凡客的虚假繁荣，但最终产品的保鲜期已过，凡客依然还是一件T恤，早已是“明日黄花”；凡客在过度膨胀发展的顶峰，员工数以万计，董事会阵容豪华而强大（雷军、冯波、林栋梁、童士豪、羊东、陈小红等，彼时差不多是TMT投资的半壁江山），随着高管离职、公司内斗消耗，如今剩下300余人，“所投非人”也许是此时投资人心情的最好写照。粗略捋顺一下，凡客似乎万事俱备，但是上市的东风迟迟未到，种种负面传言之下，昔日“不成功天理难容”的凡客似乎已病入膏肓。同样，如今的世界经济大潮中还有很多风靡一时的巨型企业由于风险规避不及时的原因而被时代抛下，诺基亚、柯达等一个又一个企业都是最好的例子。

创业有风险，企业必须及时充分地认识风险、规避风险，那么创业风险有哪些显著特征呢?

1）创业风险的客观性

创业风险是客观存在的，是不以人的意志为转移的。在创业的过程中，由于内外部事物发展的不确定性是客观存在的，因而创业风险也必然是客观存在的。Pay By Touch是一家指纹支付公司，共获投资超过3.4亿美元，该产品遍布全世界，合作伙伴包括艾伯森、花旗银行新加坡分行、壳牌等，但除了这些早期客户之外，产品的发展并不如预期的顺利。该公司宣称有超过3000家店铺安装了指纹扫描器,但从未公布过交易量明细。对于习惯了使用信用卡和借记卡付款的消费者，指纹支付并没有充分的吸引力，很难和信用卡公司竞争。Gartner 分析师阿维娃·利坦（Avivah Litan）指出，“消费者已经习惯了刷卡获得飞行里程和其他奖励，没有使用指纹支付的动机”。

2）创业风险的不确定性

创业的过程往往是将创业者的某一个“奇思妙想”或创新技术变为现实的产品或服务的过程。在这一过程中，创业者面临各种各样的不确定因素。例如，可能遭受到已有市场竞争对手的排斥；进入新市场面临着需求的不确定；新技术难以转化为生产力等。网上服装零售商Boo.com是欧洲第一家破产的互联网公司，公司主要创立者是两位著名模特，他们拥有40%的股份，Boo.com的出现正迎合了当时英国网络公司的时尚——明星加盟，美人主理。因此，投资者都是国际大公司，包括法国贝纳德·阿诺尔集团、贝纳通家族、美国J.P.摩根集团、高盛集团等，Boo.com轻松筹集到1.35亿美元，也因此被誉为欧洲资金最雄厚的互联网公司。Boo.com一名经理承认，公司的失败原因还有全球市场推广和广告开销过大、技术投入太少，短短2年时间吞噬了其1.35亿美元的投资。公司的债权人大多是广告代理公司,这些广告代理从公司手中至少挣了2500万美元。

3）创业风险的损益双重性

风险带来的影响不仅包括损失，而且包括收益。风险越高，收益可能越大。所以，规避风险同样意味着规避收益。例如，某些海外投资项目、部分理财产品等。

4）创业风险的相关性

创业者面临的风险与其创业行为及决策是紧密相连的。同一风险事件对不同的创业者会产生不同的风险，同一创业者由于其决策或采取的策略不同，会面临不同的风险结果。例如，技术标准的提高这一技术类风险事件，对大学生产生的可能是低风险，对农民工产生的可能是高风险。

5）创业风险的可变性

当创业的内部与外部条件发生变化时，必然会引起创业风险的变化。例如，投资方负责人变动，不再对其进行投资。Caspian Networks 先是想要打造核心路由、帮助电信运营商提升服务质量，结果创业未半就炒了投资方鱿鱼。2002 年早期又获得 1.2 亿美元投资，2003 年核心路由上市，但几个月后便转移了市场策略，效仿思科（Cisco），帮助电信运营商监测和控制对等网络（Peer to Peer，P2P）网络。2005 年 5 月公司又获得 5500 万美元投资，总融资额超过 3 亿美元，这让私募行业大为震惊，公司也表示将在 2006 年初开始盈利，但 2006 年 4 月，Caspian 发明了“公平使用策略框架”（一种分配不同服务间流量的解决方案），号称自己是“网络中立”议题的终结者。到 2006 年 9 月，Caspian 终于把资金用完，难以为继，宣布破产。

6）创业风向的可测性与测不准性

创业风险的可测性是指创业风险可以通过定性或定量的方法对其进行评估。创业风险的测不准性是指对创业风险的预测与实际结果常常会出现偏离误差范围的状况。例如，创业产品周期的测不准与创业产品市场的测不准。

6.4.2　创业风险的构成

1）风险因素

风险因素是指能够引起或增加风险事件发生概率的机会或影响损失严重程度的因素。其是风险事件发生的潜在条件，一般又称为风险条件。创业风险因素从形态上可以分为人的因素和物的因素两个方面。人的因素方面包括意识风险、道德风险、心理风险等。物的因素方面包括技术的不确定性、经济条件恶化等。

大嫂水饺是一个曾经发展得还不错的企业，在其发展中期，曾高薪聘请一批职业经理人加入管理团队，2014 年前后，这批高管相继离职。高管的频繁离职所带来的负面影响不言而喻，一方面决策面临考验，另一方面政策的持续性面临调整，严重影响团队执行力。激发热情的“包保责任制”，为何失控？大嫂水饺为了提升管理人员的权限，激发其责任感和事业心，对经营良好的店面进行“包保责任制”，店长全权处理店面人员的去留、工资标准和物资配送的工作。然而，店长过高的权限致使工资不平等、营业额作假等事件频发，很多员工的工资都是在这个时候被克扣了，大嫂水饺被迫在 2015 年调整为“店长轮岗制”，即店长需要在不同的店面进行轮换管理。问题并没有那么简单，由于连锁门店的业绩各不相同，店长在轮岗中收益下降，总公司与店长之间的矛盾也彻底激化，最终引发了店长率领店员集体离职讨薪事件。

2）风险事件

风险事件是风险因素综合作用的结果，是风险损失产生的媒介物。创业风险事件是指创业风险的可能性变成现实，以致引起损失后果的事件。例如，经济条件的恶化导致销售额下降，产品被测出含有致癌物质导致产品收回等。

Webvan 曾是美国一时风光无限的网上杂货零售商，初期就吸引包括红杉、Benchmark、软银、高盛、雅虎在内高达 1.2 亿美元的风险投资，在短短 18 个月的时间里，Webvan 成功上市融资 3.75 亿美元，市场范围从旧金山海岸地区扩张到美国其他 8 个城市，并从零开始建立起了一套巨大的配套基础设施（其中包括耗资 10 亿美元购入的一片高科技园区仓库）。

1999 年 11 月上市后，公司最高市值一度达到 76 亿美元，然而疯狂的烧钱策略让它未能扛过 2000 年网络泡沫破灭的灾难，短短两年就宣布破产。两年时间内总计亏损超过 12 亿美元，平均每单亏损 130 美元。2001 年 7 月，Webvan 倒闭，2000 多名员工失业。

“他们为基础设施建设花了太多钱，尽管这是他们商业模式中的一环，但这计划中的优势最终却带来了最坏的结果。”证券分析师大卫·卡瑟曼（David Kathman）说，“公司扩张得很快，然而市场需求跟不上，大规模反而成了累赘。其实，这和‘杂货铺子’Webvan 也有关，网站并不像宣传得那样易于使用。”

从中我们可以看出，在企业商业模式没有达到稳定成熟的情况下大规模的扩张，势必会增加企业的财务负担，而且在 2000 年互联网经济泡沫破灭的时候，外部的经济条件恶化，使得企业融资受到强烈影响，现金流随时都有中断的可能，这种情况下的扩张“烧钱”无疑是雪上加霜。

3）风险损益

风险损益是指风险事件的出现给创业者或创业企业带来的能够用货币计量的经济损失或收益，包括直接损益和间接损益。例如，由产品研发失败引起的损失或无法及时将产品投放市场、又恰遇产品畅销带来的收益。

曾经联想在国内手机市场的份额排名第二，仅次于三星，时至今日，小米、华为强势崛起，联想已被远远甩在后面。论技术实力及管理经验，联想都不输小米、华为，但其手机销量却不及小米、华为。有人把原因归咎于联想并购重组后内耗过大，其实并不是这么简单，从体量和销售渠道上看，联想收购摩托罗拉之后理应愈加强大，然而在收购了摩托罗拉手机业务之后，却不进反退，其全球出货量相比去年下降了三成。

联想这个巨头又为何输了呢？联想的商业模式比较传统，它需要依赖于硬件来赚钱，在营销推广上，联想仍然坚持“运营商合作+线下实体店”的营销模式。但是，在互联网风潮侵袭下，线下渠道的市场份额逐渐被侵蚀，线上渠道成为主流。一位传统电子企业的老板曾说，“这几年的互联网发展得非常快，传统企业不转型一定会死，转型还有可能会活”。回顾联想这几年的战略，行动迟缓，坚持封闭，故步自封。联想移动业务即使赋予其新的活力，也很难与其他品牌相争。作为该产品用户，个人体验感觉较差，即使再有新品，也不会再买了。

6.4.3 创业风险的常见类型

不少人也许还记得 2000 年北京街头出现的大大小小的亿唐广告牌，“今天你是否亿唐”的这句仿效雅虎的广告词着实让亿唐风光了好一阵子。亿唐想做一个针对中国年轻人的包罗万象的互联网门户。他们自己定义中国年轻人为“明黄一代”，亿唐网一夜之间横空出世，迅速在各大高校攻城略地，在全国范围快速“烧钱”，除了在北京、广州、深圳三地建立分公司外，亿唐还广招人手，并在各地进行规模浩大的宣传造势活动。2000 年底，互联网的寒冬突如其来，亿唐钱烧光了大半，仍然无法盈利。此后的转型也一直没有取得成功，2008 年亿唐公司只剩下空壳，昔日的“梦幻团队”在公司烧光钱后也纷纷选择出走。创业有风险，这是一种典型的行业风险带来的严重后果，不同形式的风险带来的结果不同。创业风险主要有以下类型。

按照风险的性质划分为纯粹风险和投机风险。

（1）纯粹风险，指只有损失可能性而无获利可能性的风险。纯粹风险所导致的结果只有两种：有损失或无损失。例如，地震、火灾、水灾、车祸、坠机、死亡、疾病和战争等。

（2）投机风险，或称机会风险，指既存在损失可能性，也存在获利可能性的风险。投机风险导致的结果可能有三种：有损失、无损失、获利。例如，股市波动、商品价格变动、风险投资等。

按照风险的状态划分为静态风险和动态风险。

（1）静态风险，指在社会政治经济环境正常的情况下，由自然力的不规则变动和人们的错误行为所导致的风险。静态风险造成的后果主要是经济上的损失，而不会因此获得意外的收益，一般属于不可回避风险。例如，地震、洪水、飓风等自然灾害，交通事故、火灾、工业伤害等意外事故。

（2）动态风险，指与社会变动有关的风险，主要是社会经济、政治和技术、组织机构发生变动而产生的风险。动态风险造成的后果是难以估计的，但通常是可以规避的。例如，通货膨胀、汇率风险、罢工、暴动、消费偏好改变、国家政策变动等均属于动态风险。

2004 年 7 月，亚洲互动传媒在英属百慕大群岛设立。亚洲互动传媒自称是“中国提供跨媒体平台电视节目指南解决方案的领导者”，其销售收入中，以电视广告代理业务为主，TVPG（电视节目指南）和 EPG（电子节目指南）为辅。2005 年 10 月，公司获得红杉资本的投资。在红杉资本之后，亚洲互动传媒先后吸纳了包括新加坡野村证券公司、美林日本证券公司、日本最大的广告公司电通、NTT 移动通讯公司、日本最大的卫星通信公司 JSAT、伊藤忠商事 Itochu 等日本著名的金融、广告公司。2007 年 4 月，亚洲传媒在东京证券交易所上市，根据其上市《招股说明书》，2005 年该公司净利润达到 4.65 亿日元（约 3000 万元），净资产 18.97 亿日元（约 1.26 亿元）。但仅过了一年，就悄无声息地退市。其导火索是亚洲互动传媒的会计师事务所拒绝为其出具 2007 年年报审计意见，并暴出了其 CEO 崔建平挪用公司资产的丑闻。亚洲互动传媒的退市，让 11 家财务投资人同时失手，以致退出平台。在亚洲传媒陨落的过程中我们可以看出，这种风险是动态的、不可控的，如果能够及早发现并改正，这种风险是可控的。

按照风险的来源划分为主观风险和客观风险。

（1）主观风险，是指在创业阶段，由创业者的思想意识、心理素质等主观方面的因素导致创业失败。例如，认知偏见带来的风险、考虑不足带来的风险等。

麦当劳、肯德基在国内大受欢迎，中餐连锁一直愤愤不平，不断有人跳出来挑战洋快餐。从十几年前的“红高粱”到现在很红火的“真功夫”，“红高粱”早已不知所踪，“真功夫”似乎真的有点功夫，连锁店面越来越多。

1994年，蔡达标和好友潘宇海在东莞长安镇开了一间“168蒸品店”，后来逐渐走向全国连锁，并于1997年更名为“双种子”，最终更名为“真功夫”。“真功夫”的股权结构非常简单，潘宇海占50%，蔡达标及其妻潘敏峰（潘宇海之姐）各占25%。2006年9月，蔡达标和潘敏峰协议离婚，潘敏峰放弃了自己25%的股权换得子女的抚养权，这样潘宇海与蔡达标两人的股权也由此变成了各占50%。

引入风险投资之后，公司要谋求上市，那么打造一个现代化公司管理和治理结构的企业是当务之急。但蔡达标在建立现代企业制度的努力触及了另一股东潘宇海的利益，“真功夫”在蔡达标的主持下，推行“去家族化”的内部管理改革，以职业经理人替代原来的部分家族管理人员，先后有大批老员工离职。公司还先后从麦当劳、肯德基等餐饮企业引进共约20名中高层管理人员，占据了公司多数的要职，基本上都是由蔡达标授职授权，潘宇海显然已经被架空。

双方矛盾激化。2011年4月22日，广州市公安机关证实蔡达标等涉嫌挪用资金、职务侵占等犯罪行为，并对蔡达标等4名嫌疑人执行逮捕。蔡达标、潘宇海双方对“真功夫”的混乱争夺让今日资本顶不住股东压力而选择退出。2012年11月30日，今日资本将旗下今日资本投资（香港）有限公司（简称今日资本香港公司）所持有“真功夫”的3%股权悉数转让给润海有限公司。至此，“真功夫”股权又再次重回了蔡潘两家对抗的局面。三年之后，“真功夫”原总裁蔡达标一案尘埃落定。根据广州市中级人民法院二审判决，蔡达标构成职务侵占罪和挪用资金罪被判处有期徒刑14年。随着蔡达标刑事案件终审判决生效，蔡达标所持有的41.74%“真功夫”股权已进入司法拍卖程序，有传言称其股权估值高达25亿元。

从上面的案例我们可以看出，人的主观弱点往往会导致错误的行为，长此以往，最终导致企业的失败。

（2）客观风险，指在创业阶段，客观因素导致创业失败的可能性较大。例如，市场的变动、政策的变化、竞争对手的出现、创业资金缺乏等。若邻网创建于2004年，其目标是模仿LinkedIn，做中国最大的商务社交网站。

当年，还在斯坦福大学求学的人人网创始人陈一舟等根据当时美国流行的几个社区网站的特点，设计了一个结合体，取名ChinaRen。但硅谷没人愿意投资他们的项目，最后在斯坦福大学的同学那里“众筹”了20万美元。1999年3月，他们回国注册公司，在得到了高盛投资之后，很快推出ChinaRen社区，并获得了千万美元的新融资。

开始时，陈一舟觉得害怕，但投资人说没关系。但很快，2000年美国股灾，资本进入寒冬。于是，原本支持“烧钱”的投资人态度大变，明确告诉陈一舟，不会再有新的投资，赶快把公司卖掉。陈一舟只好把ChinaRen社区卖给了搜狐。在ChinaRen运营的过程中，资金链断裂是其失败的主要原因。然而，美国股灾这一客观事实却是导致其资金链断裂的重要原因，可见在创业过程中，客观风险不容忽视。

按照风险的影响范围划分为系统风险和非系统风险。

（1）系统风险，指外部经济社会的整体变化，这些变化包括社会、经济、政治等创业者和企业难以控制的事实或事件。这类风险对企业影响的程度不一，但所有的企业都要面对，如商品市场风险、资本市场风险等。

互联网泡沫是从 1999 年开始的，那时候美国处于一个相对低迷的周期，只有 4%左右的利率。流动性开始涌入以互联网企业为代表的网络广告，是当时互联网企业唯一能够盈利的商业模式。“新经济概念+营收增长+新商业”模式（其实就是网络销售 B2C B2B）带来的预期增长，形成“戴维斯双击错觉+正循环”效应。让所有的人都心潮澎湃，纳斯达克指数的斜率陡然攀升，互联网大泡沫开始形成。很多企业在寻求上市的时候，就享受 2～5 倍的股价攀升，分析师、投资者、企业家、风投、银行全部都陷入狂热的情绪当中。但是流动性的减少，带来了企业净利润的削弱和广告投放的减少，外加 B2B B2C 业务和并购业务的繁荣，疯狂蚕食互联网企业的现金流。

《巴伦周刊》的一篇报道基于 207 家互联网公司的研究报告指出，将会有 51 家网络公司，现金流面临枯竭，而且股价下行，高管套现，投资风险厌恶上升，市场资金缩减，再融资市场的冷却，在多重效应叠加下，这些公司的再融资问题无法得到解决，最终将会面临行业的大洗牌，破产加重组。在互联网泡沫这场灾难中，大部分互联网新兴企业破产，加息、经济波动及整个互联投资环境的恶化，引起了整个行业的连锁反应，最终造成了系统性的风险，大部分企业没能幸免。

（2）非系统风险，指由企业内部因素导致的风险，是源于创业者、创业企业本身的商业活动和财务活动引发的风险。这种风险只造成企业自身的不确定性，对其他企业不产生影响。其可以通过一定的手段进行预防和分散，如团队风险、技术风险和财务风险等。

博客中国由当年号称“中国互联网第一人”的方兴东创建。其是 Web2.0 时代的一面旗帜；曾汇聚了一批民间顶级的思考者。一度号称要把新浪拉下马。“博客中国”更名为“博客网”，并宣称要做博客式门户，号称“全球最大中文博客网站”，还喊出了“一年超新浪，两年上市”的目标。于是在短短半年的时间内，博客网的员工就从 40 多人扩张至 400 多人，据称 60%～70%的资金都用在人员工资上。同时还在视频、游戏、购物、社交等众多项目上大把“烧钱”，千万美元很快就被挥霍殆尽。博客网自此拉开了持续 3 年的人事剧烈动荡，高层几乎整体流失，而方兴东本人的 CEO 职务也被一个决策小组取代。截至 2006 年底，博客网的员工已经缩减恢复到融资当初的 40 多人。最后，方兴东回家乡义乌做电子商务，如今已经在行业里几乎消失。博客倒下，团队的不稳定、人事管理的缺失是其失败的主要原因。

按照风险在创业过程中出现的环节划分为机会识别与评估风险、团队组建风险、获取创业资源风险、创业计划风险、企业管理风险等。

（1）机会的识别与评估风险，由于信息缺失、推理偏误、处理不当等各种主客观因素的影响，创业面临方向选择和决策失误的风险。这种风险存在于机会甄别的过程中，如在高校附近开办服装店（未充分了解高校学生在服装消费上喜欢追求隐蔽性的心理）。

（2）团队组建风险，在团队组建过程中，由团队成员选择不当或缺少合适的团队成员导致的风险。组建人没能很好地评估团队成员的定位，使团队运行处于低效状态，如团队中缺乏管理人才或技术专家。

（3）获取创业资源风险，存在资源缺口，无法获得所需资源，或获得资源成本较高会给创业活动带来风险。例如，“长江野生鱼庄”所需长江野生鱼经常缺货或成本高就是一种典型的获取资源风险。

（4）创业计划风险，创业计划制订过程中未排除一些不确定因素的存在，或制订者自身能力的限制导致的创业风险。例如，对市场需求规模，单凭估计缺乏调查分析。

（5）企业管理风险，是指企业文化、管理模式、细节管理等方面不当引发的风险。例如，粗暴管理或拖欠员工工资可能引发的破坏性事件。

在企业运行的过程中，还需要符合当地的法律法规，与监督部门保持良好的关系才能够给企业运行提供稳定的经营环境。考虑到风险内容有很多，每个阶段面临的风险类型不一样，需要创业企业及时调整，做好足够准备以应对风险。

在“饭否”的初期阶段，中国大陆与 Twitter 类似的中文网站有六七家，其中“饭否”是各方面功能较为完备，最接近 Twitter 的一个。与 Twitter 相比，中文微博为大多数不习惯英文的中国用户提供了更好的选择。从惠普成为“饭否”首个企业付费用户，其开始获得第一笔收入开始，“饭否”开始快速成长。与此同时，陈丹青、艾未未、梁文道、连岳等一批文化名人的加入，也带动了“饭否”的快速发展。2009 年下半年“饭否”被有关部门非正常地关闭，2010 年“饭否”创办人王兴在接受采访时，回忆一年前“饭否”被突然关停表示：为了应对政府有关部门对网络言论的监管，“饭否”当时做出大量删帖、限制敏感关键字、暂停搜索等措施。“我们已经做了大家都能想到的事情”。当“饭否”关闭后，新浪微博强势崛起。并凭着和政府雄厚的关系，以明星和名人策略一举奠定江湖地位。新浪有足够多的财力和人力满足政府的监管标准。可见，如果我们的企业没有及时地遵守法律法规，那么就会存在不可逆的政策风险。

按照风险内容的表现形式划分为以下几方面。

（1）机会选择风险，指创业者由于选择创业而放弃自己原先从事的职业，所丧失的潜在的晋升或发展机会的风险。例如，辞职开办个体网吧，影响自己的职称评聘、职位晋升和所学专业上的建树。

（2）环境风险，指由创业活动所处的社会、政治、经济、法律环境等变化或意外灾害导致创业者或企业蒙受损失的可能性。例如，战争、国际关系变化或有关国家政权更迭、政策改变，宏观经济环境发生大幅度波动或调整，法律法规的修改，或者创业相关事项得不到政府许可，合作者违反契约等会给创业活动带来风险。

（3）人力资源风险，指由人的因素对创业活动的开展产生不良影响或偏离经营目标的潜在可能性。例如，创业者自身的素质和能力有限，创业团队成员的知识和技能水平不匹配，管理过程中用人不当，关键员工离职等因素是人力资源风险的主要诱因。

（4）技术风险，指由技术方面的因素及其变化的不确定性而导致创业失败的可能性，如技术成功的不确定性、技术前景的不确定性、技术寿命的不确定性、技术效果的不确定性、技术成果转化的不确定性等。

（5）市场风险，指由市场情况的不确定性导致创业者或创业企业损失的可能性。市场风险包括产品市场风险和资本市场风险两大类，如市场供给和需求的变化、市场接受时间的不确定、市场价格的变化、市场战略失误等。

（6）管理风险，指管理运作过程中因信息不对称、管理不善、判断失误等影响管理科学性而带来的风险。例如，水平低下的家庭式管理：管理者素质低下，缺乏诚信，权力分配不合理，管理不规范，随意决策等。

（7）财务风险，指创业者或创业企业在理财活动中存在的风险。例如，对创业所需资金估计不足、难以及时筹措创业资金、创业企业财务结构不合理、融资不当、现金流管理不力等可能会使创业企业丧失偿债能力，导致预期收益下降，形成一定财务风险。

按照标的不同划分为财产风险、人身风险、责任风险和信用风险。

（1）财产风险，指导致财产损毁、灭失和贬值的风险，如由火灾、水灾等带来的财产损毁风险，由经济因素带来的财产贬值风险等。

（2）人身风险，指导致人的死亡、残疾、疾病、衰老及劳动能力丧失或降低的风险。人身风险通常又可分为生命风险、意外伤害风险和健康风险三类，如马航 MH370 客机失联。

（3）责任风险，指个人或团体的疏忽或过失行为，造成他人财产损失或人身伤亡，依照法律或契约应承担民事法律责任的风险。例如，煤矿失事、工伤事故等。

（4）信用风险，指在经济交往中，权利人与义务人之间因一方违约或违法致使对方遭受经济损失的风险。例如，债务人不能或不愿履行债务而给债权人造成损失的风险；交易一方不履行义务而给交易双方造成损失的风险。

6.4.4　创业风险的识别

创业风险识别指创业者依据创业活动的迹象，在各类风险事件发生之前运用各种方法对风险进行的辨认和鉴别，其是系统地、连续地发现风险和不确定性的过程。由于创业的特殊性，企业除了要识别如国家经济政策的调整、市场需求的变化等显性风险，还要识别当某一形势变化引发连锁反应所可能带来的半显性风险，同时还要识别遭遇突发事件带来的隐性风险。它具有以下几个特点。

（1）系统性。风险识别是一项复杂的系统工程。系统性是指风险识别不能局限于某一部门和环节，而应对整个企业各个方面的风险进行识别和分析。其不仅包括识别实物资产风险、金融资产风险，还包括识别客户资产、雇员、供应商资产和组织资产的风险。

（2）连续性。风险识别是一项连续性的工作。连续性是指风险识别不可能是一成不变、一劳永逸的，随着企业及其经营环境的不断变化，风险管理者必须时刻关注新出现的风险和各种潜在的风险。

（3）制度性。风险识别是一项制度性的工作。制度性是指风险管理作为一项科学的管理活动本身需要有组织上和制度上的保障，否则就难以保证此项工作的系统性、连续性。

乐淘网成立于 2008 年 6 月，平台上线之初就获得雷军等 200 万美元的天使投资。在雷军建议其卖玩具的情况下，乐淘网最初的定位是销售玩具，彼时毕胜不懂电商也不懂零售，乐淘发展得也不顺利，于是毕胜和团队开始研究卖别的东西。2009 年 9 月，乐淘开始了第一次凶险的转型，从卖玩具改为卖鞋，从虚库代销到实库代销，毕胜一手建立了乐淘鞋类电商供应链体系。一切发展都顺风顺水，乐淘也获得了资本市场的认可和青睐，先后获得 3 笔共 7000 万美元融资，投资方包括联创策源、老虎基金、德同资本、晨兴创投等，此时毕胜开始将乐淘带上了“狂飙突进”的扩张道路，在当时电商“烧钱砸流量”的大环境下，乐淘也“狂砸广告费”、成立子公司积极扩张，销售额增长的背后却是越做越亏。2012 年乐淘开始转型做鞋类自有品牌，当年推出了恰恰、乐薇、茉希、迈威、斯伽五个自有品牌，砍掉了原来的代销业务，不过几个月就出现了数千万元的库存危机，此时凡客也处于库存危机中，最终的结局是雷军帮了凡客，弃了乐淘。2013 年，乐淘新的发展方向是“定制平台”，这也意味着此前确定的自有品牌之路已难以为继。2014 年 5 月，乐淘被卖掉了，接盘者是广东冠鹏鞋业连锁经营有限公司，包括毕胜在内的乐淘原有股东全部退出。

创业的过程充满风险，在企业运行的过程中，不仅需要良好的经营环境，更需要创始人能够及时识别风险，做出适当调整，在识别风险的过程中做到系统性、连续性、制度性，规范化识别风险，否则企业很难经得起市场的考验，一些简单的风险可能就会使企业发展陷入两难境地，甚至是宣告破产。

6.4.5　大学生创业的市场风险及防范

我们清晰地知道，大学生创业也存在着很多风险。由于大学生的年龄、心理成熟程度、阅历等多方面原因，大学生的创业风险更值得我们警惕。一般情况下，大学生创业要在以下几个方面做好充分的风险防范。

1. 人力资源管理风险

我们在辅导创业团队的过程中，经常可以看到艰难过程中大家可以一起努力，稍微有些起色，团队就矛盾重重，最后不欢而散，甚至还存在反目成仇的现象等，这些风险存在的概率都是非常高的。我们还可以看到，在有的创业团队管理过程中，还存在团队不齐心，各有想法，遇到问题时由于团队成员观点不同，难以做出决策。

那么，我们应该怎么防范这类风险呢？

首先，要用科学手段构建和谐团队。团队成员的股份比例、薪酬待遇等方面不是一定要人人平等，因为过于松散的民主气氛常使得企业管理软弱无力，绝对的平等就是不平等。有些即使股份平等，也一定要在契约中明确集中决策权，并不是有相同股份就一定有相同的表决权，一定要有一个素质能力强的人做到充分决策，不受影响。

其次，企业在试运行阶段就应该充分地去了解和观察团队成员的能力，将成员的问题暴露出来。不能单纯以感情投资希望得到回报的心理来处理团队成员的关系，也不要太相信有“背叛”前科的人。企业团队应该有动态的发展观，团队组成应随着成员的实际贡献的变化而变化，因为具有发展观念的团队才有可能建立一套完善的内部调节机制，也有利于成员体面地离开。

2. 关键员工离职的风险

契约或管理制度的不完备性、员工个人目标与组织整体目标不一致，或员工在企业中受到不公平的对待或企业无法提供足够的发展空间等内部原因都将使员工产生去意。一旦外界提供了更好的发展机遇等外部原因，他们便会通过比较利润的高低和机会成本的大小最终选择是否离开。我们在创业团队辅导的过程中，还遇到核心团队成员发现自己创业比在团队中更好，最终离开自己去创业，这样也会导致原来的创业团队失败。

防范这一类风险应该定时或不定时地了解员工的情况（待遇、工作成就感、自我发展、人际关系、公平感、地位、生活或对企业的信心、对企业战略的认同感等）；用培训和开发来激发员工，因为对于高素质的关键员工而言，这比提高薪水更有意义；契约约束（如签订“竞业禁止”协定，要求员工在离职后一段时间内不得从事与本企业有竞争关系的工作，并要为企业保守商业、技术机密）。

3. 创业项目选择的风险

目前来说，自主创业需要人、财、物、信息等多项内容的系统化规划。大学生创业初期，资源拥有有限，风险较大；项目市场需求量的不确定性、项目市场接受时间的不确定性、项目产品的市场扩散速度的不确定性等也都会造成创业风险。在学生创业指导过程中发现，有的学生选择了项目，对市场情况一知半解，对自己团队项目建设的水平也不了解，不知己不知彼，信心满满，到市场上就会碰得头破血流。

针对项目选择风险，创业前进行详细的市场评估和预测并写好创业计划书。很多学生忽略了详细评估和计划的重要性，完全凭着一股精神创业，这样往往会走很多弯路。

4. 市场营销风险

市场营销风险是指企业制定并实施的营销计划与其营销环境的不协调，从而使营销策略无法顺利实施，导致目标市场缩小，无法实现盈利的可能性。这种风险往往来源于营销模式不转变、当影响的目标市场发生变化时缺乏应对新形势的新思路、对消费者的变化缺乏调查和研究、盲目依赖广告、缺乏危机管理等。

针对这类风险，应该建立市场监测及策略调整机制，也就是在企业运营过程中，定期分析市场，保持对关键市场信号的敏感度，结合试销阶段，调整前期制定的营销策略。也可以借助行业中强势企业的力量，借船出海，有效规避市场风险。

5. 创业管理风险

创业管理风险是指在创业管理运作过程中，因信息不对称、管理不善、判断失误等影响管理的水平，而导致创业失败的风险。创业者的素质、创业者决策错误等都会导致创业失败。新创企业的高速发展如果不能及时适应发展环境，也会成为企业潜在的重大危机。

针对这类风险，大学生创业者要培养企业家的精神，锻炼自我的诚信力、决策力、管理力、创新力、社交力、理财力。大学生创业者要养成终身学习的习惯，经常阅读管理类书籍，掌握科学的管理理念和方法，并运用到创业团队的管理中去。

6. 财务风险

财务风险是指公司财务结构不合理、融资不当使公司可能丧失偿债能力而导致投资者预期收益下降的风险。企业财务风险产生的原因很多，既有企业外部的原因，也有企业自身的原因，而且不同的财务风险形成的具体原因也不尽相同。

企业财务管理的宏观环境复杂多变，而企业管理系统不能适应是企业产生财务风险的外部原因。财务管理的宏观环境包括经济环境、法律环境、市场环境、社会文化环境、资源环境等因素，这些因素存在于企业之外，但会对企业财务管理产生重大的影响。

企业财务管理人员对财务风险的客观性认识不足，员工缺乏风险意识也是财务风险产生的重要原因之一。财务决策失误、企业内部财务关系不明等也是引起财务风险的因素。

针对这类风险，应该建立一套完整的风险预警机制和财务信息网络。保持自有资金和借入资金的比例及适当的负债结构（长短结合，避免还款期过于集中或处于销售淡季），当投资利润率高于利息率时，企业扩大负债，适当提高借入资金与自有资金之间的比例，就会增加企业权益资本收益率；反之，投资利率低于利息率时，企业负债越多，企业权益资本收益率也就越低，严重时企业会发生亏损甚至破产。制订还款计划，谨慎负债；利用举债加速企业发展的同时，必须加强企业管理，加速资金周转，努力降低资金占用额，尽力缩短生产周期，提高产销率，降低收账款项，保证企业信誉。

大学生创业，风险很多，因此大学生创业者应该经常向指导老师或顾问专家请教，或许他们无意中的一番话就会使我们少一些风险。

拓展阅读

一、大疆汪滔的创业故事，7 年做到无人机销量全球一半，身家 279 亿

汪滔，深圳市大疆创新科技有限公司（简称大疆科技）创始人兼 CEO，2003 年到香港科技大学读电子与计算机工程学系。如今，汪滔研发的小型无人机，销量占全球一半，令“中国制造”在高科技领域崭露头角，他的身价也到了 279 亿。由于成绩不是非常地出类拔萃，汪滔考取美国一流大学的梦想也破灭了。当时，汪滔最想上的大学是麻省理工学院和斯坦福大学，但在申请遭到拒绝后，他只好退而求其次，选择了香港科技大学，到那里学习电子工程专业。在上大学的前三年，汪滔一直没找到自己的人生目标，但在大四的时候他开发了一套直升机飞行控制系统，他的人生由此改变。汪滔最初在大学宿舍中制造飞行控制器的原型，2006 年他和自己的两位同学来到了中国制造业中心——深圳。他们在一套三居室的公寓中办公，汪滔将他在大学获得的奖学金的剩余部分全部拿出来搞研究。大疆科技向中国高校和国有电力公司等客户售出了价值 6000 美元的零部件，这些零部件被焊接在他们的 DIY 无人机支架上。由于缺乏早期愿景，加之汪滔个性很强，最终大疆科技内部纷争不断。大疆科技开始不断流失员工，有些人觉得老板很苛刻，在股权分配上很小气。在大疆科技创立两年后，大疆科技创始团队的所有成员几乎全部离开了。汪滔坦言，他可能是一个“不招人待见的完美主义者”，“当时也让员工们伤透了心”。虽然一路走来很艰辛，最初每个月只能销售大约 20 台飞行控制系统，但由于汪滔家族的世交——陆迪（音译，Lu Di）的慷慨解囊，大疆科技最终还是渡过了难关。2006 年下半年，陆迪向大疆科技投了大约 9 万美元。汪滔说，这是

大疆科技历史上唯一一次需要外部资金的时刻。

在拿到融资之后，汪滔继续开发产品，并开始向国外业余爱好者销售，这些人从德国和新西兰等国家给他发来电子邮件。有一次在美国，汪滔看到《连线》杂志主编安德森创办了无人机爱好者的留言板 DIY Drones，上面的一些用户提出无人机应该从单旋翼设计走向四旋翼设计转变，因为四旋翼飞行器价格更便宜，也更容易进行编程。于是，大疆科技开始开发具有自动驾驶功能的更为先进的飞行控制器，开发完成以后，汪滔带着他们到一些小型贸易展上推销。例如，2011 年在印第安纳州曼西市举办的无线电遥控直升机大会。正是在曼西市，汪滔结识了科林·奎恩，他当时经营着一家从事航拍业务的创业公司，正在寻找一种通过无人机拍摄稳定视频的办法，并给汪滔发过电子邮件，询问大疆科技是否有解决这个难题的办法。汪滔当时从事的研究恰恰是奎恩所需要的，即新型平衡环，可通过机载加速计在飞行中调整方向，以便无人机拍摄的视频画面始终能保持稳定，即便无人机在飞行中摇摇晃晃。到 2012 年下半年，大疆科技已经拥有了一款完整无人机所需要的一切元素：软件、螺旋桨、支架、平衡环及遥控器。最终，该公司在 2013 年 1 月份发布“幻影”，这是第一款随时可以起飞的预装四旋翼飞行器：它在开箱一小时内就能飞行，而且第一次坠落不会造成解体。得益于简洁和易用的特性，“幻影”撬动了非专业无人机市场。现如今，大疆科技已经发展成为一家年营业收入 5 亿美元、净利润 1.4 亿美元的创新科技公司，占据全球无人机市场 70%的份额，被誉为中国科技行业的骄傲。其最新一轮融资的估值也达到了 100 亿美金，而随着大疆科技的成功，持有公司约 45%股份的汪滔，身家也达到了 45 亿美金（279 亿人民币），进入福布斯 2015 年全球科技富豪榜前 100 名。

思考：

1. 汪滔创业过程中存在哪些创业风险和机会？
2. 对于大学生创业，大疆科技的案例能够提供哪些借鉴？

二、柯达的没落

曾几何时，“柯达一刻”意味着珍藏和回味。而现在，这个说法成了企业魔咒。美国创新及发展咨询公司 Innosight 的管理合伙人、《创新黑名单》（*The Little Black Book of Innovation*）的作者斯科特·安托尼（Scott Anthony）结合柯达的故事，告诉你如何应对技术创新带来的颠覆性变化。

随着时间的推移，伊士曼柯达公司发生的故事渐渐被人遗忘。作为世界上曾经最大的影像产品及相关服务生产和供应商，柯达一度傲视群雄，称霸全球。

但在过去几十年，数码科技突飞猛进，科技革命给市场带来颠覆性的变化。2012 年，柯达公司申请破产保护，退出传统业务并出售专利。2013 年柯达重组，但规模大幅缩水。这家昔日的业界老大，今天的市值不足 10 亿美元（约合人民币 66 亿元）。

柯达的故事提醒人们，当突破性技术创新开始蚕食市场时，必须挺身应对。但一切只是挺身应对那么简单吗？

答案总是似是而非

关于柯达的没落，最简单的解释就是“目光短浅”：柯达被成功冲昏头脑，完全忽视数码技术的发展，但事实并非如此。世界上第一款数码相机就是由柯达相机工程师史蒂夫·萨松（Steve Sasson）在1975年发明的。这台相机跟烤面包机一样大，20秒才能成像，画质低劣，并且需要与电视进行复杂的连接才能观看，但它仍然是突破性的科技创新。

有所发现与采取行动，完全是两码事。于是，另一条解释产生了：柯达虽然发明了新技术，却没有后续的投入，但事实亦非如此。柯达为了研发数码相机，曾投入几十亿美元。

采取行动与采取对的行动，是两码事。接下来的解释便是：柯达对数码相机的投资管理不善，将重点放在让数码相机技术与传统胶片技术相匹配上，没有致力于将数码相机技术简单化。这些批评或许适用于柯达早期的数码相机，但它最终还是完成了相关技术的简化，通过研发将照片轻松地从相机转移到电脑上，有力巩固了市场地位。

与成功擦肩而过

如果上述都不成立，那么最终的答案是：真正的颠覆发生在相机和手机合体时，人们不再打印照片，而是将照片上传到社交媒体和手机应用软件上。柯达完全错过了这一刻。可事实也不尽然。

早在马克·扎克伯格编写脸谱网代码前，柯达就先知先觉地在2001年收购了照片共享网站Ofoto。可以想象，如果柯达真的秉承其宣传口号“分享回忆，分享生活”的精神，也许就会将Ofoto重新命名为“柯达一刻”，并将其打造为全新的社交分享平台，人们可以分享照片、更新个人信息、阅读新闻。也许到了2010年，柯达还会从谷歌挖来名叫凯文·斯特罗姆（Kevin Systrom）的年轻工程师，请他为这个网站开发移动版本。

事实却是，柯达只是将Ofoto用来吸引人们冲洗数码照片。2012年4月，作为破产保护计划的一部分，柯达以不到2500万美元的价格将Ofoto卖掉。而同月，脸谱网砸下10亿美元收购了Instagram，这就是斯特罗姆创立仅18个月的公司，当时其员工只有13人。

商业模式出了错?

其实，柯达原本完全有可能在完成核心业务之余，应对数码时代的到来。丽塔·麦格拉斯（Rita G. McGrath）在她的《竞争优势的终结》一书中，将柯达与富士进行了对比。

20世纪80年代，富士在胶片业务领域排名第二，但与龙头老大柯达相差甚远。柯达停滞不前时，富士主动抓住机遇，开发与胶片业务并行的产品，如复印机、办公自动化产品，还与施乐公司成立合资企业。如今，富士的年利润额超过200亿美元（约合人民币1327亿元）。

对于影响行业颠覆性力量的到来，柯达并非没有觉察，也未曾调动充足的资源投入新兴市场。柯达的失败在于它没有真正接受这一颠覆性变化开启的全新商业模式。

在与市场的博弈中，公司管理层做出了错误的决策。柯达发明了数码相机，投资了相关技术，甚至认识到照片将在互联网上分享。但它最大的失误在于，没有意识到在线照片分享是新的商机，而不只是扩大照片洗印业务的方式。

面对转型，该怎么做？

如果你的公司正在进行数字转型，一定要先考虑以下三个问题。

我们目前的业务是什么？不要从技术、产品或是类别的角度回答，而是要明确你们在为客户解决什么问题，或者说“你们在为客户干什么”。对于柯达，答案可以是“化学胶片业务”“图像业务”或是“时刻共享业务”，每个答案导致的结果大不相同。

颠覆性的技术创新将带来哪些新机遇？克拉克·吉尔伯特（Clark Gilbert）在10多年前就对“颠覆”相关的悖论有过论述。人们通常认为“颠覆”是威胁，实际上它也是企业成长的巨大机遇。吉尔伯特的研究表明，将“颠覆”理解为威胁的管理者，通常会做出保守僵化的反应；将“颠覆”理解为机遇的管理者，则会以扩张的方式加以应对。

把握机遇，我们需要具备怎样的能力？只要抓住颠覆性技术创新带来的机遇，就能占据有利位置，但这种优势是有限的，远不足以让企业在新的市场中处于不败之地。所以，企业一定要以谦卑的心态面对新的增长机遇。

柯达是一个悲剧。这家美国标志性的公司拥有人才、金钱，甚至可能实现华丽转身的先见之明，最终却沦为科技革命带来的市场颠覆性变化的牺牲品。从柯达的故事中汲取真正的教训，才能免于同样的命运。

思考：

1. 通过柯达的没落，你看到了什么？
2. 新时代的发展机会与风险并存，怎样才能抓住机会和规避风险？
3. 机会和风险一定是小企业才有吗？思考一下自己所认为的商业机会是否是机会？存在哪些风险？

本章要点

1. 创业机会的概念及分类标准
2. 创业机会的来源和评价方法
3. 创业机会的识别
4. 创业风险的类型及识别
5. 创业风险的规避

思考题

1. 什么是创业机会？创业机会如何识别？
2. 创业机会如何评价？
3. 什么是创业风险？大学生有哪些常见的创业风险？如何规避？

第 7 章　商业模式设计与创新

学习目标

1. 了解商业模式的概念及起源。
2. 了解商业模式对企业发展的重要意义。
3. 掌握商业模式的框架及其要素。
4. 掌握商业模式画布及其构成。
5. 掌握商业模式设计与创新的方式。
6. 了解商业模式设计与创新流程。
7. 掌握商业模式设计与创新的评估。
8. 了解互联网环境下的商业模式特征与创新。
9. 了解大学生常见创业模式的问题和对策。

导入案例

美国戴尔计算机是一个财富的神话，戴尔计算机公司在 1984 年成立时，注册资金只有 1000 美元，而到了 2001 年，它的销售额达到 310 亿美元，在全球拥有 3.6 万名员工。2002 年《财富》杂志的全球 500 强中，戴尔公司排名第 131 位。

戴尔公司之所以能非凡成长，很大原因是其经营模式的与众不同，而它的两大法宝“直接销售”模式和“市场细分”方式，早在戴尔少年时就已经形成了。

据说，在戴尔 12 岁那年，进行了人生的第一次生意冒险——为了省钱，他不想再从拍卖会上买邮票，而是说服邻居把邮票委托给他，然后在专业刊物上刊登卖邮票的广告。出乎意料的是，他赚到了 2000 美元，第一次尝到了抛弃中间人，“直接销售”的好处。有了第一次经历，就再也忘不掉了。后来，戴尔的创业一直和这种“直接销售”模式分不开。而现在已经风靡世界的“市场细分”思想，实际上也是戴尔在最初的经营中就已经运用了。

他上初中时就已经开始做计算机生意，自己买来零部件，组装后再卖掉。在这个过程中，他发现计算机的售价和利润空间很没有常规。一台售价 3000 美元的 IBM 个人计算机，零部件只要六七百美元就能买到。而当时大部分经营计算机的人并不太懂计算机，不能为顾客提供技术支持，更不可能按顾客的需要提供合适的计算机。这就让戴尔产生了灵感：抛弃中间商，自己改装计算机，不但有价格上的优势，还有品质和服务上的优势，能够根据顾客的直接要求提供不同功能的计算机。这样，后来风靡世界的“直接销售”和“市场细分”模式就诞生了。其内核就是：真正按照顾客的要求来设计制造产品，并在尽可能短的时间内直接送到顾客手上。

此后，戴尔便凭借着他发现的这种模式一路做下去。从 1984 年戴尔退学在一个约 93 平方米的办公室开设自己的公司，到 2002 年《财富》杂志全球 500 强中排名第 131 位，其间不到 20 年时间，戴尔公司成了全世界最著名的公司之一。

讨论：

1. 谈谈直接销售模式和间接销售模式的区别。
2. 戴尔计算机为何可以在巨头的夹缝中成长壮大？

“商业模式”一词最早是在 20 世纪 50 年代出现，但直到 20 世纪 90 年代末才受到广泛的关注。这与 20 世纪 90 年代末互联网的广泛应用、电子商务的兴起有着直接联系。很多学者甚至认为商业模式的创新就是企业基于互联网对传统的管理、营销、物流等公司运营环节进行改造，提高企业效率的一个过程。

微软、谷歌、戴尔等伴随互联网成长起来的企业获得巨大成就的现实，令商业模式备受瞩目。商业模式创新所带来的价值或者利润甚至数倍于传统经济形式，所以投资者也开始关注企业商业模式及商业模式的创新。企业开始对自身已有的商业模式进行反思和审视，试图通过商业模式的创新快速提升自身价值并获得更多的利润。

7.1 商业模式的定义及其重要意义

名人名言

“当今企业之间的竞争，不是产品和服务之间的竞争，而是商业模式之间的竞争。”

——现代管理之父彼得·德鲁克

7.1.1 商业模式的定义

商业模式作为现代企业的一个重要经营理念，跟企业的发展息息相关，更是创业企业的发展根本。其主要是指从企业经营活动中抽象出来的一整套企业如何运营的框架和范式，帮助企业提升自己的核心竞争力，以区别于竞争对手，通过差异化的方式创造顾客的价值而实现自己价值的最大化。

商业模式从 20 世纪 90 年代开始引起了广泛的关注。关于商业模式的研究已成为理论和实业界讨论的热点话题。针对商业模式含义的界定，理论界和实业界存在着较大的争议，由于研究领域和角度的不同，学者未能就“什么是商业模式”这一问题达成共识。现阶段研究者主要从以下几个视角解析商业模式的内涵。

（1）基于企业价值的角度，所谓商业模式就是企业创造价值的核心逻辑。该视角强调了商业模式的最终目标，从顾客价值的创造与企业利润的来源角度思考商业模式的内涵，认为商业模式从根本上说，可以等同于组织的盈利模式，通过优化、整合组织内外部核心资源来实现价值增值。

（2）基于商业逻辑的角度，商业模式就是为维持组织生存而进行的战略规划，强调企业价值创造的方式。从组织价值创造与价值实现两个维度来分析商业模式的内涵，将商业模式定位为企业价值生成与价值获取、分配过程的组合。商业模式描绘了组织在价值网络中与其他利益相关者共创价值的逻辑，商业模式实际上是价值链模型的一个具体化结构，它展示出组织与其所在的价值网络的价值创造策略，以及不同组织之间的价值主张与利益诉求的协调剂。例如，亚历山大·奥斯特瓦德和伊夫·皮尼厄提出，商业模式阐述了企业价值的生成、传递和实现的基本原理。

（3）基于企业系统的角度，重点阐述了商业模式的要素系统，以及要素之间的组合关系。研究者从系统整合视角来讨论商业模式的内涵，研究内在构成要素之间的相互关系，各组成要素相互作用形成了商业模式整个系统，也有一些学者从企业活动视角进行研究，分析活动之间组合和联系，将焦点放在企业价值的创造及价值网络的形成过程中。学者虽然从组织活动、功能、结构设计等不同的角度进行分析，但是都在强调要素之间的匹配与作用关系。

（4）基于利益相关者的角度，企业运作过程中必然涉及众多的利益相关者，该视角从企业运作过程中参与其中的利益相关者之间的关系来描述企业的商业模式。例如，魏炜和朱武祥（2009）在对商业模式分析中指出，商业模式本质上反映了利益相关者的交易结构，揭示出商业运作的实质。商业模式并非简单的要素的叠加，而是参与组织活动和价值创造过程中的利益相关者之间的价值互换。

商业模式定义的差异性折射出研究者对于商业模式内部要素系统的关注点的差异。通过对商业模式的相关研究，从创业角度出发，本书认为商业模式是企业为了更好地实现顾客价值而进行的要素之间的组合与逻辑安排，通过顾客价值的实现进而实现企业的价值。创造顾客价值是商业模式的最终目标，要素的构成和组合方式勾勒出组织的组织架构，要素间的逻辑关系描绘了价值创造的过程。

7.1.2　商业模式对企业的意义

商业模式是企业发展的根本和基础，任何企业都离不开它。“现代管理之父”彼得·德鲁克 20 世纪 80 年代就高瞻远瞩地提出，企业和管理者必须正视五个最重要的问题。

我们的使命是什么？

我们的顾客是谁？

我们的顾客重视什么？

我们追求的成果是什么？

我们的计划是什么？

这五个问题从战略到定位、从目标到计划、从内部到外部，又从外部回到内部，涉及了企业成长和发展的根本问题。把这几个问题抽象出来，抛却战略层面的使命和执行层面的计划，关键的顾客、顾客追求、企业追求都属于商业模式的基本内容。这三个基本要素在企业经营的过程中始终存在，所以不管你清楚与否，商业模式就在那里。商业模式只有好坏、高低之分，而无有无之争。

商业模式决定着企业的生死存亡、兴衰成败。《科学投资》杂志调查显示，在创业企业中，因为战略原因而失败的只有23%，因为执行原因而夭折的也只是28%，但因为没有找到盈利模式而走上绝路的却高达49%。没有一个合理的盈利模式或商业模式，不管企业名气有多大，资产有多大，也必定走向衰亡。企业要想获得成功就必须从制定适合该企业的商业模式开始，新成立的企业是这样，发展期的企业更是如此。

商业模式是企业竞争制胜的关键，关系一家企业面向未来发展的方向性问题。每个公司都有自己的商业模式，好的商业模式可以形成壁垒，如茅台，通过文化形成了独一无二的产品，构成了深深的“护城河”，有自己的定价权。再如，腾讯是一个开发及时通信工具的企业，它的商业模式就是新的社交公司。大家使用QQ不是为了通信，而是为了社交，因为数量巨大，数以亿计，所以对用户有着巨大的黏性，你的社交网络越大，越离不开QQ。微软巨人超级强大，别人做出的优秀产品，他马上会推出产品进行对抗，从浏览器打败网景，到办公软件打败莲花公司。但是在国内的即时通信领域，根本无法撼动腾讯，就在于人们已经建立起来的社交网络无法迁移到MSN上去，遑论围绕着腾讯QQ开发的一系列游戏等产品。

商业模式属于战略的战略，是企业家最优先的关注点。企业首先考虑的是如何抓住商业机会，构建商业模式后才会出现战略规划和竞争战略选择，如何一步一步拓展规模。商业模式决定了企业的顶层设计架构，当然就更加值得关注了。有什么样的商业模式，也就能慢慢推演出什么样的盈利方式，这种盈利路径和方式适应了企业当时的现状和市场潮流，就可以盈利。但是时过境迁，企业经营了若干年后各方面的环境都发生了变化，原来的优势条件渐渐不在了（如劳动力、原材料、房租成本上升等），原来可以赚到钱现在基本没有盈利了，甚至很多企业开始亏损。原来的商业模式一旦落后了，就需要重新构建、创新商业模式，保持商业模式的领先性。所以企业遇到经营瓶颈时，首先应该想到商业模式重建，而不是一味地进行营销层面的价格战。

商业模式不同于传统的管理科学。传统的管理科学大都是采用归纳法得来的，而商业模式不仅可以用归纳来证明其有效性，而且可以用演绎法进行推论，同样适用。传统的管理科学，无论是时下流行的“精益生产、六西格玛”等，还是泰勒在现代管理学开始时进行的劳动行为学研究等，都是从众多实践、经验、案例中进行总结、提炼、归纳，最后形成一种新的管理思想和学派。商业模式则有所不同，它的基础思想来源于现实企业，但是经过设计和构建，完全可以指导企业进行更好的经营拓展。由于得到实例证明是可行的、科学的，也就具备了演绎性，这就是管理学上的重大意义。

7.1.3 商业模式系统及要素

商业模式是由一系列相互影响的要素构成的复杂网络系统。为了更好地分析商业模式，解析企业价值生成的原理，必须对商业模式的内在构成要素有一个清晰的认识，只有从构成要素视角对商业模式进行剖析，才能更好地理解商业模式的内在构成和运作机理，了解企业价值创造的过程，从而为商业模式的优化提出合理的建议。

针对不同行业的特点及企业经营方式的差异，国内外学者对商业模式构成要素提出了不同的观点。通过对国内外学者的研究进行总结，可以发现商业模式构成要素的界定数量不等，其中某些要素，如价值主张、顾客关系、成本结构、价值网络等受到众多学者的共同关注。

Johnson 等在对商业模式的构成要素进行分析中提出，从顾客价值诉求、企业核心资源、经营方式三个方面来解析商业模式。

Stahler 认为商业模式可以划分为四个子系统，分别为价值主张、业务系统、价值网络、收入方式。

克里斯滕森提出，顾客价值诉求、企业盈利模式、核心资源及关键流程构成了企业的商业模式。他主要从关键资源和核心流程的视角对商业模式的内在结构进行分析。

魏炜和朱武祥（2009）从交易结构的视角出发，认为商业模式体系应包含企业定位、业务系统、关键资源能力、盈利模式、自由资金流结构和企业价值六大模块，从利益相关者的角度描述了企业价值的形成机理，强调组织所创造的顾客价值的大小与价值链网络中的多方参与主体之间的交易结构密切相关，而不仅仅局限于企业内部所拥有的资源能力。

亚历山大·奥斯特瓦德和伊夫·皮尼厄（2011）指出，商业模式由客户细分、价值主张、渠道、顾客关系等九个模块构成，这九个模块包含了客户、产品（服务）、基础设施和财务四个方面的内容，构成了商业经营和价值生成的完整体系。

这些高频的要素形象地勾勒出企业的整体运作流程，通过协调价值链中参与主体之间的关系，构建企业的价值分配结构，最终形成企业的关系网络。根据上述对商业模式的定义和组成要素的分析，本节将商业模式的组成要素分为四个视角、九个模块。四个视角就是客户视角，包括客户细分、渠道通路、客户关系三个模块；产品（服务）视角，包括价值主张模块；基础设施视角，包括核心资源、关键业务和重要合作三个模块；财务视角包括收入来源和成本结构两个模块。

对商业模式组成要素的分析是本章的基础，通过对商业模式构成要素的分析，深入地理解商业模式的运作机理，不同类型的商业模式体现了企业在核心要素的选择和组合方式上的差异。商业模式将企业价值链中的全部环节联系在一起，勾勒出企业整体的运营流程。

7.1.4 商业模式画布及思维图

商业模式，是指各种独特战略选择的集成，体现了创业者独特的客户价值主张及创业者怎样去配置资源和行为来提供价值，并且赚取可持续性的利润的一个整体。因此，我们经常会听到、用到“商业模式”这个词，但出人意料的是，这个看起来“再明显不过”的词，对不同的人却意味着不同的事情。原因主要还是拘泥于部门利益和缺乏正确的表达工具。所以有专家通过图形和可视化的语言来让问题更加清晰明了，这就是“商业模式画布”（图 7-1）。

商业模式画布是一种能够帮助团队催生创意、降低猜测、确保他们找对目标用户、合理解决问题的工具。商业模式画布使商业模式可视化，使用统一的语言来讨论不同商业领域。它可以将商业模式中的元素标准化、核心构成形象化，并强调元素间的相互作用。它使得商业模式的讨论变得更有效率。因为无论什么模式，其本质都是描述企业如何创造价值、传递价值、获取价值的基本原理。从图 7-1 可以看出，整幅图由四个大的方格构成，分别是“为谁提供”“提供什么”“如何提供”“成本和收益”，对应了商业模式的四个视角客户视角、产品（服务）视角、基础设施视角和财务视角。每个方格内部又由若干个关键词构成，并且形成一个相互联系、相互约束的体系。这些关键词共九个，具体是客户细分、渠道通路、客户关系；价值主张；核心资源、关键业务和重要合作；收入来源和成本结构。这九个关键词构成了商业模式画布的九个模块，下面详细阐述这九大模块的具体含义。

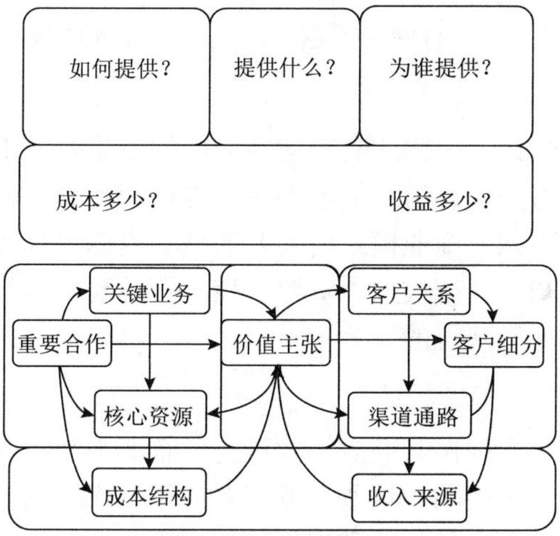

图 7-1 商业模式画布（一）

1. 客户细分

客户细分是用来描绘一个企业想要接触和服务的不同人群或组织。企业可以把客户分成不同的细分类别，每个细分类别中的客户都构成一个目标市场，都具有一些共同的需求、共同的行为和其他共同的属性。企业结合环境和自身的情况决定到底服务哪些客户细分群体，放弃哪些客户细分群体。很少有企业可以服务所有的细分客户，特别是初创企业，要学会抵御诱惑，聚焦自己的核心能力和核心目标客户。

2. 价值主张

价值主张用来描绘为特定客户细分创造价值的系列产品和服务，解决的是企业如何为客户服务的问题。一个企业服务的方式，包括质量、服务、技术等，其取决于企业的核心价值观。企业的价值观决定了企业的战略目标和使命，企业的细分客户一旦确定，企业的产品和服务也相对确定。所以每个价值主张所包含的产品或服务并不是无限的，其是能迎合特定客户细分群体需求的有限组合。

3. 渠道通路

渠道通路用来描绘公司接触、沟通、维护其细分客户，并进行产品销售和服务的所有中间环节的集合，构成了公司相对于客户的接口界面。渠道通路是客户接触点，它在客户体验中扮演着重要角色。

4. 客户关系

客户关系用来描绘公司与特定客户细分群体建立的关系类型,企业应该弄清楚其希望和每个客户细分群体建立的关系类型。初创企业的客户关系是由积极的客户获取策略所驱动，以便尽可能迅速地获取市场，就会采取免费、大幅折扣等策略进行补贴。当市场逐步打开后，企业的客户关系转而聚焦客户保留及提升单客户的平均贡献度（ARPU 值）。

5. 收入来源

收入来源用来描绘公司从客户群体中获取的收入，是企业长期生存和发展的根本。如果客户是商业模式的心脏，那么收入来源就是动脉。企业必须问自己，什么样的产品和服务价值能够让客户真正愿意付款？只有回答了这个问题，企业才能发掘出一个或多个收入来源。

6. 核心资源

核心资源是用来描绘让商业模式有效运转所需的最重要因素。每个商业模式都需要核心资源，这些资源使得企业、组织能够创造和提供产品、接触市场、与客户细分群体建立关系并赚取收入。不同的商业模式所需要的核心资源也有所不同。核心资源可以是实体资产、金融资产、知识资产或人力资源。核心资源既可以是自有的，也可以是从公司租借的或从重要伙伴那里获得的。

7. 关键业务

关键业务用来描绘为了确保其商业模式可行，企业必须做的最重要的事情。任何商业模式都需要多种关键业务活动，这些业务是企业得以成功运营所必须实施的活动。正如核心资源一样，关键业务也是创造和提供价值主张、接触市场、维系客户关系并获取收入的基础。其也会因商业模式的不同而有所区别。

8. 重要合作

重要合作用来描述让商业模式有效运作，所需的供应商与合作伙伴的网络。企业会基于多种原因打造合作关系，合作关系正日益成为许多商业模式的基石。很多公司采取创建联盟的策略来优化其商业模式、降低风险或获取资源。

9. 成本结构

成本结构用来描绘运营一个商业模式所产生的所有成本。创建价值和提供价值、维系客户关系及产生收入都会产生成本投入。这些成本在确定关键资源、关键业务与重要合作后可以相对容易地计算出来。然而，有些商业模式，相比其他商业模式更多的是由成本驱动的。

从四个视角把这九大板块理顺之后，就可以归纳整个商业模式画布（图 7-2）。

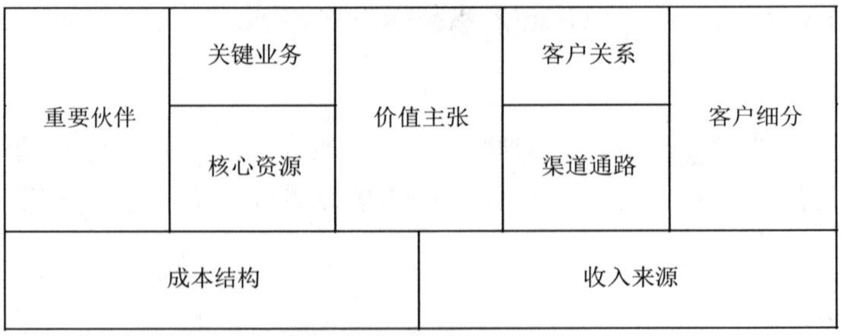

图 7-2　商业模式画布（二）

拓展阅读

以美国著名的移动医疗公司 Glooko 为例，分析其商业模式。

该公司想解决血糖仪和智能电话数据传送缺乏可操作性及标准化的问题，最终建立统一的糖尿病管理解决方案。首先，它可以从超过 25 款不同品牌的血糖仪上，将血糖数据直接同步到 30 多个不同型号的苹果或安卓手机上。其次，糖尿病患者可以在应用软件上互动，也可以及时在应用软件或网上浏览图表和统计数据，还可以通过邮件、打印或传真等方式将报告转发给家庭医生。最后，充分利用 Glooko 的移动和云端解决方案为机构提供大数据收集和分析，可以让机构进行糖尿病人群风险分层管理等。

问题 1. Glooko 针对哪些客户细分提供什么样的价值主张（图 7-3）？（商业模式）

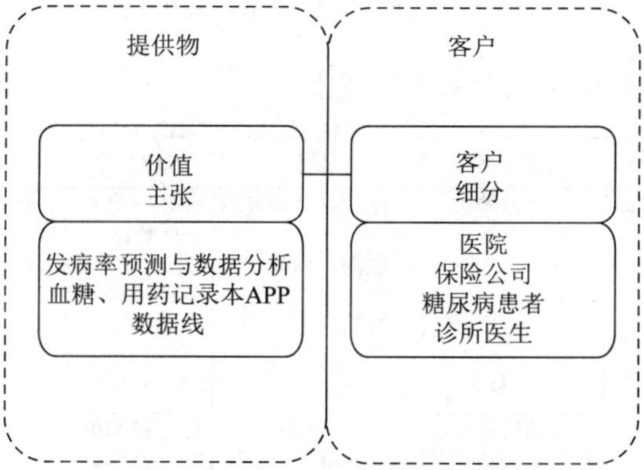

图 7-3　针对细分客户提供的价值主张

问题 2. Glooko 如何接触客户（图 7-4）？（商业模式）

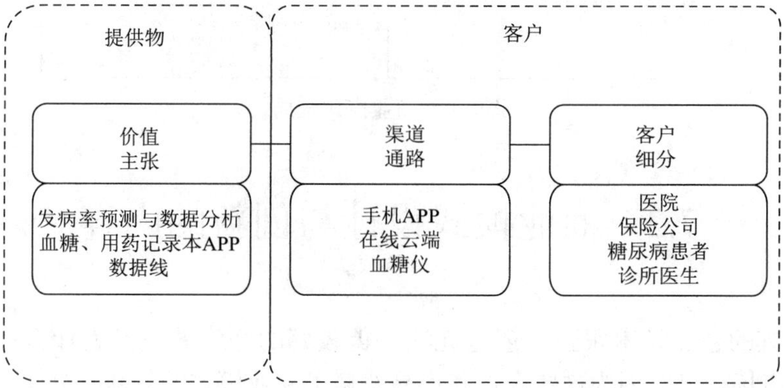

图 7-4　接触客户商业模式

问题 3. Glooko 如何建立客户关系（图 7-5）？（商业模式）

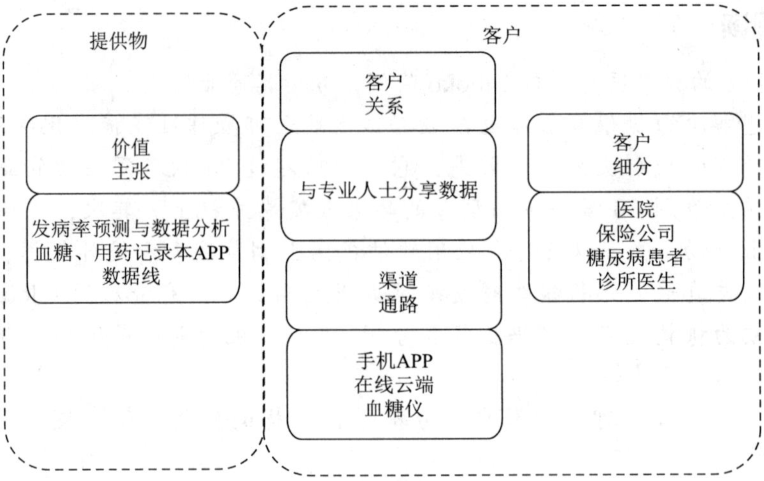

图 7-5　建立客户关系商业模式

问题 4. Glooko 的商业模式全局（图 7-6）。

重要伙伴	关键业务	价值主张	客户关系	客户细分
Joslin糖尿病中心	1. 数据库管理 2. 医院关系 3. 分析功能开发	1. 发布率预测及数据分析 2. 血糖、用药记录APP 3. 数据线	与专业人士分享数据	1. 糖尿病患者 2. 保险公司 3. 医院管理者 4. 诊所医生
	核心资源		渠道通路	
	1. 食品数据库 2. 企业级读表数据库		1. 手机APP 2. 血糖仪 3. 在线云端	
成本结构		收入来源		
1. 工资 2. 软件和分析功能开发 3. 数据库维护		1. 数据线收费 2. 会员费 3. APP（免费）		

图 7-6　商业模式全局

7.2　商业模式设计与创新的内容

为什么有的企业技术很强但还是无法获得较好的经济效益？为什么一些质量好的产品得不到市场认可？因为这些企业和产品忽略了商业模式的创新，处于一种同质化竞争之中。商业模式设计与创新就是对企业的基本经营方法进行变革，寻找并实施自己独到的商业模式。无论采取何种方式，商业模式设计与创新都需要企业对自身的经营方式、用户需求、产业特征及宏观技术环境具有深刻的理解和洞察力。这是成功进行商业模式创新的前提条件，也是最困难之处。

7.2.1　商业模式系统的创新构建

商业模式是一个系统，其设计和创新涵盖了企业的方方面面，属于企业的战略层面。企业在不同的发展阶段有不同的经营侧重点，创业初期需要解决生存问题，成长阶段需要解决突破瓶颈问题，成熟企业需要解决保守问题，扩张企业需要解决冒进问题，要从根本上解决这些问题，就涉及企业价值主张、价值创造和价值实现等企业商业模式的设计和创新。不同发展阶段的企业，其对于商业模式的需求也是不同的，但是商业模式的系统设计和创新贯穿了企业经营的全过程（图 7-7）。

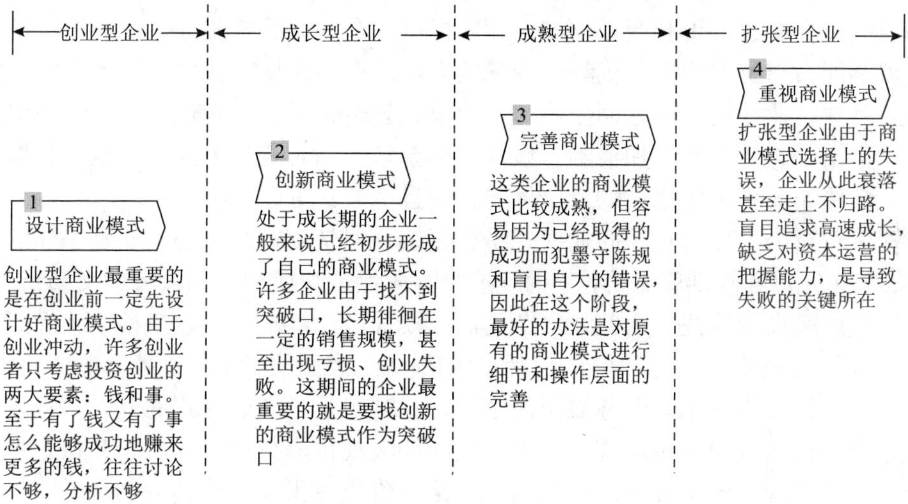

图 7-7　处于不同状态的企业其对于商业模式的需求

虽然不同企业不同经营阶段对于商业模式的需求不尽相同，但是商业模式是企业的战略，属于顶层结构设计，所以需要从系统的角度对企业的经营构思和现状进行分析。从企业经营的角度来看，不同经营阶段的企业都是价值主张、价值创造和价值实现的过程，所以从这个角度我们可以提炼出商业模式的系统框架，进而对不同的企业进行分析，可以实现企业商业模式系统地创新构建，进而指导企业的商业模式设计思路，为企业创新商业模式提供指导方针和思考范式。

创新概念可追溯到熊彼特，他提出创新是把一种新的生产要素和生产条件的"新结合"引入生产体系，有五种具体形态：开发出新产品、推出新的生产方法、开辟新市场、获得新原料来源、采用新的产业组织形态。相对于这些传统的创新类型，商业模式设计与创新有几个明显的特点。

（1）商业模式设计与创新更注重从客户的角度，从根本上思考设计企业的行为，视角更为外向和开放，更多地注重和涉及企业经济方面的因素。商业模式创新的出发点，是如何从根本上为客户创造增加的价值。因此，它逻辑思考的起点是客户的需求，根据客户需求考虑如何有效满足它，这点明显不同于许多技术创新。商业模式创新即使涉及技术，也多是技术的经济方面因素，与技术所蕴含的经济价值及经济可行性有关，而不是纯粹的技术特性。

（2）商业模式设计与创新表现得更为系统和根本，而不是单一因素的变化。它常常涉及商业模式多个要素同时较大的变化，需要企业组织较大的战略调整，是一种集成创新。商业模式创新往往伴随产品、工艺或者组织的创新，反之，则未必构成商业模式创新。如开发出新产品或者新的生产工艺，通常认为是技术创新。技术创新通常是对有形实物产品的生产来说的。但当今是服务为主导的时代，如美国 2006 年服务业比重高达 68.1%，对传统制造企业来说，服务也远比以前重要。因此，商业模式创新也常体现为服务创新，表现为服务内容及方式与组织形态等多方面的创新变化。

（3）从绩效表现来看，商业模式设计与创新如果提供全新的产品或服务，那么它可能开创了一个全新的可盈利产业领域，即便提供已有的产品或服务，也能给企业带来更持久的盈利能力与更大的竞争优势。传统的创新形态，能使企业效率提高、成本降低，但容易被其他企业在较短期时期模仿。商业模式创新，虽然也表现为企业效率提高、成本降低，但由于它更为系统和根本，涉及多个要素的同时变化，因此它也更难以被竞争者模仿，常给企业带来战略性的竞争优势，而且优势常可以持续数年。

企业经营行为千变万化，商业模式纷繁复杂，但是商业的核心本质是一样的，那就是交换，交换的核心基础就是价值。围绕这个本质促进交换利益相关者的交易行为快速、有效的发生就是商业模式。由此，复杂的商业模式设计基本上可以概括为三大版块、四个视角，即客户价值主张、资源与能力和盈利模式三大版块，涵盖了客户视角、产品（服务）视角、基础设施视角和财务视角四个视角，其包括了商业模式的九大要素。所以商业模式系统地创新构建就是围绕这三大版块、四大视角进行设计和创新，将企业生态系统构建、完善并理清各个环节的利益关系，围绕价值主张、价值创造和价值实现的全过程打造企业的核心竞争力，化繁为简，在赢得顾客、吸引投资者和创造利润等方面形成良性循环，使企业经营达到事半功倍的效果。

7.2.2 客户价值主张的设计与创新

商业的核心本质是交换，交换的基础是价值。价值的判断取决于企业与客户的价值取向、对交易的重要程度的判断、交易的环境等因素，所以常常可以分为企业价值和顾客价值。站在初创企业的角度，必须重点研究顾客价值，使企业价值与顾客价值保持一致，才能使交易行为顺利的发生。所谓客户价值是指企业的产品或者服务带给客户的顾客总价值减去客户总成本的净值，也称顾客让渡价值。客户价值主张是用来描绘为特定细分市场客户创造价值的系列产品和服务，由客户细分、价值主张、渠道通路和客户关系四个商业模式要素构成。商业模式设计与创新的第一个重要内容就是客户价值主张的设计与创新，需要围绕上述四个要素进行改变和创造，形成有别于其他企业的独到商业模式。

1. 客户细分

客户作为商业交换的其中一个主体，是必不可少的。没有可获益的客户，企业就无法长久地生存，所以客户构成了企业商业模式的基础和核心。客户细分是用来描绘一个企业想要接触和服务的不同人群或组织，是公司所瞄准的消费者群体。这些群体具有某些共性，从而使公司能够针对这些共性成规模的创造价值。为了更好地满足客户，企业需要把客户分成不同的细分类别，每个细分类别中的客户都具有共同的需求、共同的行为和其他共同的属性，然后结合宏观、微观环境，以及企业自身条件等因素选择最适合自己服务的客户细分群体。到底该服务哪些客户细分群体，该忽略哪些客户细分群体，这是企业的战略方向，一旦做出决策，就可以凭借对特定客户群体需求的深刻理解，仔细设计相应的商业模式。

客户细分的方法有很多，但是都需要打破常规的商业逻辑，创造性地思考行业现状，创新地分析企业、客户、产品之间的关系。下面是常用的一些方式。

首先，需要彻底地质疑现有的关于谁是客户的思维定式，确定可以细分的客户范围。需要超越目前所卖的产品或服务去思考，识别出产品所隐含的功能。其可以通过问“我们产品满足的是客户的什么需求”并探寻企业现在没有服务但有类似需求的客户来达到。

其次，从不同的角度开始思考，寻找并确定一个合适的客户细分标准。这个标准可以有很多，如地域、消费者特征、消费者行为等。用这个标准将客户细分为若干个区块，每个区块就是一个可能的细分客户市场。通过问“我们应该如何做才能吸引这些客户”来确定企业的目标客户及发展方向。

最后，根据企业的资源和能力来选择客户。这种方法成功的关键是需要找到需求和企业的独特资源能力相匹配的客户。

企业不可能做所有人的生意，所以客户细分是任何阶段的商业模式都需要认真对待的，也是商业模式创新和设计的重要方向。特别是初创企业，要学会抵御诱惑，放弃一大部分的可能性，集中所有力量去寻找并满足适合自己的独到的细分客户，方能在激烈的竞争中赢得属于自己的市场份额。不同的企业需要不同的客户细分群体，有的大、有的小，有很多还是重合的，一个好的细分方法需要尽可能地找到更多的独立的细分群体。需要根据下面几条原则来判断找到的细分客户市场是否是独立的细分群体：①是否需要和提供明显不同的产品/服务来满足客户群体的需求；②客户群体是否需要通过不同的分销渠道来接触；③客户群体是否需要不同类型的关系；④客户群体的盈利能力（收益性）是否有本质区别；⑤客户群体是否愿意为提供物（产品/服务）的不同方面付费。

不同的企业因为规模、历史、愿景、技术等因素的差别，能够服务的客户细分群体是不一样的，在商业模式的设计与创新中经常研究的客户细分群体如下。

（1）大众市场。聚焦于大众市场的商业模式在不同客户细分之间没有太大区别。价值主张、渠道通路和客户关系全都聚焦于一个大范围的客户群组，在这个群组中，客户具有大致相同的需求和问题，这类商业模式经常能在消费类电子行业中找到。

（2）利基市场。宽泛地说，是指那些被市场中的统治者或有绝对优势的企业忽略、放弃的某些细分市场。菲利普·科特勒在《营销管理》一书中给利基下的定义为：利基是更窄地确定某些群体，这是一个小市场并且它的需要没有被服务好，或者说“有获取利益的基础”。通过对市场的细分，企业集中力量于某个特定的目标市场，或严格针对一个细分市场，或重点经营一个产品和服务，创造出产品和服务优势。以利基市场为目标的商业模式迎合了特定的客户细分群体。价值主张、渠道通路和客户关系都针对某一利基市场的特定需求定制。罗技和 YKK 都是寻找和定位利基市场的典型企业。罗技最早就是卖鼠标和键盘的。这两个简单又不可或缺的计算机配件的利润对于计算机巨头来说根本没有吸引力，与其专门成立一个部门做还不如外包，于是便给了罗技一个机会。罗技专注地走在鼠标和键盘专业化道路上，用 20 余年时间成为全球最大的鼠标和键盘的生产供应商。YKK 是日本的一家专门生产拉链的品牌，它的品牌在质量上是服装界公认的标杆，市场占有率也是全球第一。同样的，全球有数不清的服装品牌，而拉链又往往是不可或缺的辅料，服装品牌重点关注的都是布料、皮料，做个一丁点大的拉链挺麻烦的，做不好还容易坏自己的招牌。于是 YKK 凭借其质量优势及可接受的价格脱颖而出。

（3）区隔化市场。有些商业模式在略有不同的客户需求及困扰的市场细分群体间会有所区别。例如，中国建设银行的银行零售业务，在拥有超过 50 万资产的大客户群体与拥有超过 500 万资产的更为富有的群体之间的市场区隔就有所不同。这些客户细分有很多相似之处，但又有不同的需求和困扰。这样的客户细分群体影响了中国建设银行商业模式的其他构造模块，如价值主张、渠道通路、客户关系和收入来源。随着网络需求的深入，网络技术的应用化亦分层分众，思科公司对于最终用户市场进行细分，建立了以面向最终用户购买行为及服务需求为区隔的五层市场结构。在此基础上，思科公司也对合作伙伴的合作关系进行梳理，明确了合作伙伴在每一不同的市场区段中所发挥的作用：在第一、第二层行业客户市场区段中，思科公司以大客户行业销售团队为主导对用户进行销售支持，金/银牌合作伙伴配合实施销售过程。思科公司渠道部门也将会从认证金/银牌合作伙伴中选取并推荐优选行业合作伙伴。从第三层至第五层，思科公司商业客户市场部业务人员（TAM/TMM/ISAM）会支持从总代理商分销到认证经销商（高级认证代理商、授权经销商）的销售模式为最终用户提供思科产品及服务。基于以上的合作模式，为了充分发挥合作伙伴自己的独特优势，各展所长，思科公司对其产品销售的渠道政策进行了调整。

（4）多元化市场。具有多元化客户商业模式的企业可以服务于两个具有不同需求和困扰的客户细分群体。例如，2006 年亚马逊决定通过销售云计算服务而使其零售业务多样化，即在线存储空间业务与按需服务器使用业务。因此，亚马逊开始以完全不同的价值主张迎合完全不同的客户细分群体——网站公司。这个策略可以实施的根本原因是亚马逊强大的 IT 基础设施经营的多样化，其基础设施能被零售业务运营和新的云计算服务所共享。

（5）多边平台或多边市场。有些企业服务于两个或更多的相互依存的客户细分群体。例如，信用卡公司需要大范围的信用卡持有者，同时也需要大范围可以受理那些信用卡的商家。同样，企业提供的免费报纸需要大范围的读者以便吸引广告。另外，它还需要广告商为其产品及分销提供资金。这需要双边细分群体才能让这个商业模式运转起来。

2. 价值主张

价值主张用来描绘为目标客户创造价值的系列产品和服务，就是客户实际可以从企业得到的有价值的产品和服务的组合。它解决了客户的难题或者满足了客户需求，是客户选择你而非别人的重要原因。每个价值主张都包含可选系列产品或服务，以迎合特定客户细分群体的需求。

价值主张可分为两类，一是可能是创新的，并表现为一个全新的或破坏性的提供物（产品或服务），如最初发明的冰箱、二极管等；二是与现存市场提供物（产品或服务）类似，只是增加了功能和特性，如从单缸洗衣机到双缸洗衣机，从半自动到全自动洗衣机等。从这个角度进行商业模式的设计和创新需要明白一个关键问题：客户需要的是解决问题，而不是产品。所以从提供解决方案的角度而不是提供产品的角度进行商业模式的设计和创新往往能够另辟蹊径，找到独特的商业模式。

客户价值主张可以概括为下面几个要素，也是从价值主张角度进行商业模式设计和创新的思考方向（图 7-8）。

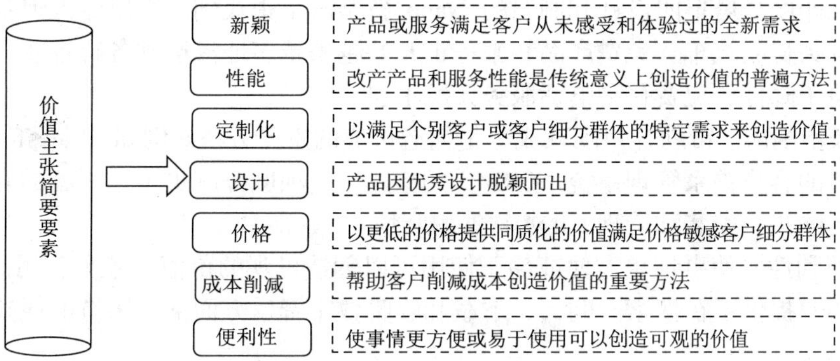

图 7-8　客户价值主张

价值主张通过迎合细分群体需求的独特组合来创造价值。价值可以是定量的（如价格、服务速度），也可以是定性的（如设计、客户体验）。上述简要要素列表有助于为客户创造价值。

（1）新颖。有些价值主张满足客户从未感受和体验过的全新需求，因为以前从来没有类似的产品或服务。这通常但不总是与技术有关，举例来说，移动电话围绕移动通信开创了一个全新的行业。

（2）性能。改善产品和服务性能是一个传统意义上创造价值的普遍方法。个人计算机行业在刚开始时严重依赖于性能因素来推动市场的发展。利用摩尔定律不断向市场推出更强劲的机型，取得了飞速的发展。但性能的改善总有其“天花板”，近几年更快速的个人计算机、更大的磁盘存储空间和更好的图形显示都未能在用户需求方面促成相应的增长。

（3）定制化。定制产品和服务以满足个别客户或客户细分群体的特定需求来创造价值。近几年来，由于整个社会的物质基础逐步丰富，消费者的个性主张越来越强烈，大规模定制和客户参与制作的概念显得尤为重要。

（4）设计。设计是一个重要但又很难衡量的要素。产品可以因为优秀的设计脱颖而出，在时尚和消费电子产品工业，设计是价值主张中一个特别重要的部分。1977 年推出的“苹果Ⅱ”计算机，使苹果公司进入了第一次辉煌。这款产品一改过去个人计算机沉重粗笨、设计复杂、难以操作的形象，设计新颖，功能齐全，价格便宜，使用方便，看上去就像一部漂亮的打字机。这也是当时全球第一台有彩色图形界面的微型计算机，因此被公认为个人计算机发展史上的里程碑。在当年的美国西海岸计算机展览会上，“苹果Ⅱ”一鸣惊人。人们都不敢相信这部小机器竟能在大荧光屏上连续显示出如同万花筒般的各种色彩。几千名消费者涌向展台，观看、试用，订单纷纷而来。几年时间里，苹果计算机的旋风便席卷大半个美国，苹果几乎成为个人计算机的代名词，一场“个人电脑革命”也随之在美国轰轰烈烈地展开了。

（5）价格。以更低的价格或者免费提供同质化的价值是满足价格敏感客户细分群体的通常做法。经济航空公司，如美国西南航空公司、易捷航空公司和中国春秋航空公司都设计了全新的商业模式，以便使低价航空旅行成为可能。另一个基于价格的价值主张例子可以在印度塔塔集团设计和制造的 Nano 新型汽车中找到。它以令人惊叹的低价使印度全民都买得起汽车。免费产品和服务正开始越来越多地渗透到各行各业。从免费报纸到免费电子邮件、免费移动电话服务无所不包。

（6）成本削减。帮助客户削减成本是创造价值的重要方法。例如，Salesforce.com 公司销售在线的客户关系管理系统（CRM）的应用，这项服务减少了购买者的开销并免除了用户自行购买、安装和管理 CRM 软件的麻烦。

（7）便利性。使事情更方便或易于使用可以创造可观的价值。苹果公司的 iPod 和 iTunes 为用户提供了在搜索、购买、下载和收听数字音乐方面前所未有的便捷体验。

3. 渠道通路

渠道通路用来描绘公司是如何接触、沟通和维护其客户，并且销售和传递产品的所有中间环节，构成了公司相对于客户的接口界面。它在客户体验中扮演着重要角色。渠道通路包括以下功能：①提升公司产品和服务在客户中的认知；②协助客户购买特定产品和服务，提高交易效率降低交易成本；③向客户传递价值主张，规避风险；④发挥协同作用，资源共享；⑤提供售后服务支持。

消费者的购买行为具有五个不同的阶段，从对产品认知开始，到产生情感，进而有了购买的意愿，到产品购买，最后购买后需要服务支持，产生对企业产品的评价。每个渠道都能经历部分或全部阶段。我们可以把渠道类型分为直接渠道与间接渠道，也可以分为自有渠道和合作伙伴渠道（表 7-1）。

表 7-1　消费者购买行为的渠道阶段

<table>
<tr><th colspan="3" rowspan="2">渠道类型</th><th colspan="5">渠道阶段</th></tr>
<tr><th>1. 认知</th><th>2. 情感</th><th>3. 购买</th><th>4. 传递</th><th>5. 售后</th></tr>
<tr><td rowspan="3">自有渠道</td><td rowspan="2">直接渠道</td><td>销售队伍</td><td rowspan="5">我们如何在客户中提升公司产品和服务的认知</td><td rowspan="5">我们如何帮助客户评估公司价值主张</td><td rowspan="5">我们如何协助客户购买特定的产品和服务</td><td rowspan="5">我们如何把价值主张传递给客户</td><td rowspan="5">我们如何提供售后支持</td></tr>
<tr><td>在线销售</td></tr>
<tr><td rowspan="3">间接渠道</td><td>自有店铺</td></tr>
<tr><td rowspan="2">合作伙伴渠道</td><td>合作伙伴店铺</td></tr>
<tr><td>批发商</td></tr>
</table>

在把产品和服务推向市场期间，发现如何接触客户的正确渠道组合至关重要。

企业组织可以选择通过其自有渠道、合作伙伴渠道或两者混合来接触客户。自有渠道可以是直销的，如内部销售团队或网站；也可以是间接的，如团体组织拥有或运营的零售商店渠道。合作伙伴渠道是间接的，同时在很大范围上可供选择，如分销批发、零售或者合作伙伴的网站。

合作伙伴渠道增加了产品从企业到消费者的层级，需要增加更多的成本，导致企业获取更低的利润，但是合作伙伴渠道往往具有企业不具备的优势，扩展企业接触客户的范围和收益，能够促进企业更快、更优地实现产品的销售。自有渠道和部分直销渠道有更高的利润，但是其建立和运营成本都很高。所以企业到底是以合作伙伴渠道为主，还是以自有渠道为主或者二者兼顾，取决于企业的环境因素、企业的战略方向、企业自身条件、企业领导的意愿及合作伙伴的强弱。企业渠道管理的诀窍在于找到不同类型渠道之间的平衡，并整合它们来创造令人满意的客户体验，同时使企业利润最大化。

那么企业到底怎样通过渠道的创新来实现商业模式的设计与创新呢？企业需要关注消费者，怎样能够快速、方便地实现销售和消费就怎样去挖掘渠道的创新。消费者在哪里，渠道就在哪里。所以渠道创新需要问如下几个问题。

（1）通过哪些渠道可以接触我们的客户细分群体？

（2）我们现在如何接触他们？

（3）我们的渠道如何整合？

（4）哪些渠道最有效？

（5）哪些渠道成本效益最好？

（6）如何把我们的渠道与客户的例行程序进行整合？

本章最初的导入案例戴尔电脑公司最初创立的电脑直销模式就是在渠道通路上进行创新的商业模式的典型案例。

4. 客户关系

客户关系用来描绘公司与特定客户细分群体建立的关系类型，企业应该弄清楚其希望和每个客户细分群体建立的关系类型，以便针对不同关系类型的客户提供不同的产品和服务，最大化地提升客户的价值，也便于最大化地创造企业的价值。良好的客户关系能够获取更多的客户，也能赢得更多的回头客，创造更多的销售额。

当然不同发展阶段的企业，其客户关系管理的侧重点也不同，所需建立和强化的客户关系类型也不一样。例如，中国电信在刚刚获得移动拍照，运营移动通信业务时就推出了大量的入网送移动电话或者高额话费等促销活动，其目的就是获取大量的客户。当市场饱和后，运营商转而聚焦客户保留及提升单客户的平均贡献度（ARPU 值）。

商业模式所要求的客户关系深刻地影响着全面的客户体验。所以我们在进行客户关系的商业模式创新时需要常常问如下几个问题。

（1）每个客户细分群体，希望我们与之建立和保持何种关系？

（2）我们已经建立了哪些关系？

（3）这些关系成本如何？

（4）如何把它们与商业模式的其余部分进行整合？

为了更进一步地认识客户关系，我们把客户关系分成下面几种类型，这些客户关系不是一一对应，或者单一存在的，往往共存于企业与特定客户细分群体之间。

（1）个人助理。这种关系类型基于人与人之间的互动。在销售过程中或者售后阶段，客户可以与客户代表交流并获取帮助。与客户代表的交流可以通过呼叫中心、电子邮件或其他销售方式等个人助理手段来进行。

（2）专用个人助理。这种关系类型包含为单一客户安排的专门的客户代表。它是层次最深、最亲密的关系类型，通常需要较长时间来建立。例如，私人银行会指派银行经理向高净值个人客户提供服务。在其他商业领域也能看到类似的关系类型，关键客户经理与重要客户保持着私人联系。

（3）自助服务。在这种关系类型中，一家公司与客户之间不存在直接的关系，而是为客户提供自助服务所需要的所有条件。

（4）自动化服务。这种关系类型整合了更加精细的自动化过程，用于实现客户的自助服务。随着信息技术和通信技术的发展，自动识别不同客户及其特点，并提供与客户订单或交易相关的信息成为可能。良好的自动化服务可以模拟出个人助理服务的体验（如在线提供图书或电影推荐，以及消费场所推荐等）。

（5）社区。目前各公司正越来越多地利用用户社区与客户/潜在客户建立更为深入的联系，并促进社区成员之间的互动。许多公司都建立了在线社区，用于用户交流知识和经验，解决彼此的问题。社区还可以帮助公司更好地了解客户需求。新兴的互联网企业对于社区的作用非常重视，通过各种新兴的媒体形式与消费者充分互动，进而增强与客户之间的关系。将企业与消费者之间的关系从主从转变成了互动和平等，消费者能够更好地表达自己的意愿，企业也能更好地倾听客户的意见。比如，小米手机和华为手机，都纷纷通过网络媒体建立了自己的用户队伍，获得了消费者的认可，从而学会了更好地管理用户期望。

（6）共同创作。许多公司超越了与客户之间传统的客户—供应商关系，而倾向于和客户共同创造价值。亚马逊书店就邀请顾客来撰写书评，从而为其他图书爱好者提供价值。有的公司还鼓励客户参与到全新和创新产品的设计过程中来。还有一些公司，如优酷，请用户来创作视频供其他用户观看。

企业需要根据客户的情况，充分评估与客户建立何种关系，或者如何创新地建立与客户的关系，进而建立新的具有独特性的商业模式。

7.2.3 资源与能力的设计与创新

客户价值主张的设计是从客户的角度进行商业模式的设计与创新，去解决客户的难题或者需求。企业要实现这个目标就需要利用企业的资源和能力进行产品的生产或者服务的提供，才能满足客户的需求。不同的企业，往往提供的产品或者服务大不相同，所以整合企业的资源和能力，进行商业模式的创新能够为企业带来核心的差异化竞争力。企业的资源和能力包括核心资源、关键业务和重要合作三个方面。关于资源和能力的商业模式设计与创新也是从这三个方面着手的，进行系统化的思考，找到企业独特的发展模式。

1. 核心资源

核心资源是指让商业模式有效运转所必需的最重要因素。每个商业模式都需要核心资源，这些资源使得企业、组织能够创造和提供产品、接触市场、与客户细分群体建立关系并赚取利润。不同的商业模式所需要的核心资源也有所不同。芯片制造商需要资本密集型的生产设施和大规模的固定资产投入，而芯片设计商则需要更加关注“高精尖”的人才资源。

核心资源可以是实体资产、金融资产或人力资源等有形资源，也可以是人际关系、品牌或知识资产等无形资源。核心资源既可以是自有的，也可以是公司租借的或从重要伙伴那里获得的。

核心资源大体可以分为以下几类。

（1）实体资产。实体资产包括生产设施、不动产、汽车、机器、系统、销售网点和分销网络等。沃尔玛和亚马逊等零售企业的核心资产就是实体资产，且均为资本集约型资产。沃尔玛拥有庞大的全球店面网络和与之配套的物流基础设施。亚马逊拥有大规模的 IT 系统、仓库和物流体系。

（2）知识资产。知识资产包括品牌、专有知识、专利和版权、合作关系和客户数据库，这类资产日益成为新兴商业模式中的重要组成部分，成功建立后可以给企业带来巨大价值。快速消费品企业如耐克和索尼主要依靠品牌为其核心资源。微软和 SAP 依赖通过多年开发所获得的软件和相关的知识产权。宽带移动设备芯片设计商和供应商高通是围绕芯片设计专利来构建其商业模式的，这些核心资源为该公司带来了大量的授权收入。

（3）人力资源。任何一家企业都需要人力资源，但是在某些商业模式中，人力资源更加重要。例如，在知识密集产业和创意产业中人力资源是至关重要的。很多新兴的互联网企业在很大程度上依赖于人力资源，其商业模式基于一批经验丰富的科学家和一支强大娴熟的销售队伍。比如，百度的创立就是以李彦宏为首的搜索引擎专家的人力资源优势，而百度的发展则依赖一支强大的销售队伍。

（4）金融资产。有些商业模式需要金融资源抑或财务担保，如现金、信贷额度或用来雇用关键雇员的股票期权池。飞机制造商波音和空客都是通过提供飞机租赁等金融方式实现飞机的销售，华为可以选择从银行和资本市场筹资，然后使用其中的一部分为其设备客户提供卖方融资服务，以确保是华为而不是其竞争对手赢得订单。

这四类核心资源在任何企业都存在，只是强与弱、多与少的区别。企业需要结合自己的产品、客户的情况等因素思考以下几个问题。

（1）我们为客户创造价值并且实现价值需要什么样的核心资源?

（2）我们的渠道通路需要什么样的核心资源?

（3）我们的客户关系需要什么样的核心资源?

（4）收入的实现需要什么样的核心资源?

2. 关键业务

关键业务是指企业生产经营所必须做的“最重要”的事情。任何商业模式都需要多种关键业务活动，这些关键业务活动是创造和提供产品与服务、接触市场、维系客户关系并获取收入的基础。关键业务也会因商业模式的不同而有所区别。例如，微软的关键业务是软件开发，而戴尔的关键业务则主要是供应链管理。

关键业务可以分为以下几类。

（1）制造产品：这类业务活动涉及生产一定数量或一定质量的产品，与设计、制造及发送产品有关。制造产品这一业务活动是企业商业模式的核心。

（2）提供服务：这类业务指的是为个别客户的问题提供新的解决方案。咨询公司、医院和其他服务机构的关键业务是提供问题解决的服务。它们的商业模式需要知识管理和持续培训等业务。

（3）平台/网络：以平台为核心资源的商业模式，其关键业务都是与平台或网络相关的。网络服务、交易平台、软件甚至品牌都可以看成是平台。淘宝和京东的商业模式决定了公司需要持续地发展和维护其平台 taobao.com 和 JD.com 网站。而银联的商业模式需要为商业客户、消费者和银行服务的银联信用卡交易平台提供相关的业务活动。微软的商业模式则是要求管理其他厂商软件与其 Windows 操作系统平台之间的接口。此类商业模式的关键业务与平台管理、服务提供和平台推广相关。

企业评估关键业务时从以下几个角度出发。

（1）我们的产品或服务需要提供哪些关键业务？

（2）我们的渠道通路需要哪些关键业务？

（3）我们的客户关系需要哪些关键业务？

（4）我们的收入来源需要哪些关键业务？

3. 重要合作

重要合作是指企业有效运作所需的供应商与合作伙伴的网络。在现代商业社会，企业处于一个高度分工的专业化环境，企业需要与上下游产业链的各种公司进行合作，方能高效地完成整个商业活动。所以，基于多种原因打造合作关系正日益成为许多商业模式的基石。很多公司采取创建联盟的策略来优化其商业模式、降低风险或获取资源。

我们可以把合作关系分为以下四种类型：①在非竞争者之间的战略联盟关系；②在竞争者之间的战略合作关系；③为开发新业务而构建的合资关系；④为确保可靠供应或销售，构建的“购买方—供应商”供应链关系或“核心渠道合作伙伴”关系。

重要合作在商业模式中有三大作用。

（1）优化商业模式，实现规模经济。公司拥有的所有资源或自己执行每项业务活动是不合逻辑的。优化的伙伴关系和规模经济的伙伴关系通常会通过外包或基础设施共享降低成本。

（2）降低业务风险和不确定性。伙伴关系可以帮助减少以不确定性为特征的竞争环境的风险。竞争对手在某一领域形成了战略联盟而在另一个领域展开竞争的现象很常见。例如，蓝光由世界领先的消费类电子、个人电脑和媒体生产商所构成的团体联合开发，该团体把蓝光技术推向市场，但个体成员之间又在竞相销售自己的蓝光产品。

（3）获取特定资源和业务。每个企业拥有的资质不同，所以企业可以通过依靠其他企业提供特定资源或执行某些业务活动来扩展自身能力。例如，华为等手机厂商通过谷歌公司的授权使用安卓手机操作系统而不用自己开发。

关于重要合作要素的商业模式创新需要思考这样几个问题。

（1）谁是我们的重要伙伴？

（2）谁是我们的重要供应商？

（3）我们正在从伙伴那里获取哪些核心资源？

（4）合作伙伴都执行哪些关键业务？

7.2.4 盈利模式的设计与创新

利润是企业的目标和追求，利润等于收入与成本之差。一个企业只有长久的盈利才能持续地为客户提供产品和服务，也才能不断地升级，以满足客户更高的需求。盈利模式的设计与创新是对企业经营要素进行价值识别和管理，在经营要素中找到盈利机会，即探求企业利润来源、生产过程及产出方式的系统方法。利润来源于收入和成本，所以基于盈利模式的商业模式设计与创新就从收入来源和成本结构着手。

1. 收入来源

收入来源用来描绘公司从客户群体中获取的收入，是企业长期生存和发展的根本。如果客户是商业模式的心脏，那么收入来源就是动脉。企业必须问自己，什么样的产品和服务价值能够让客户真正愿意付款？只有回答了这个问题，企业才能发掘出一个或多个收入来源。

一个商业模式可以包含几种不同类型的收入来源。

（1）通过客户一次性支付获得的交易收入。

（2）经常性收入来自客户为获得产品或服务及售后支持而持续支付的费用。

（3）转移支付。

下面具体介绍一些可以获取收入的方式。

（1）资产销售。最为人熟知的收入来源方式是销售实体产品的所有权。京东在线销售图书、消费类电子产品和其他产品。奔驰销售汽车，客户购买之后可以任意驾驶、转售甚至破坏。

（2）使用收费。这种收入来源于通过特定的服务收费。客户使用的服务越多，付费越多。心理咨询医生可以按照客户咨询的时长来计费，酒店可以按照客户入住天数来计费。

（3）订阅收费。这种收入来自销售重复使用的服务。大学按年收取学费，腾讯 QQ 会员可以按月或年付费，百度文库允许用户按月或年购买会员服务。

（4）租赁收费。这种收入来源于针对某个特定资产在固定时间内的暂时性排他使用权的授权。出借方可以带来经常性收入，租用方或承租方可以仅支付限时租期内的费用，而无须承担购买所有权的全部费用。摩拜单车可以让客户在中国的很多城市租赁自行车，不但减轻了用户的购买成本，还通过大量的单车投放方便了用户，许多消费者决定租赁单车而不再购买。

（5）授权收费。这种收入是将受保护的知识产权授权给客户使用并换取费用。授权方式可以让版权持有者不必将产品制造出来或者将服务商业化，仅靠知识产权本身即可产生收入。专利持有人授权其他公司使用专利技术，并收取授权费作为回报。

（6）经纪收费。这种收入是指提供中介服务而收取的佣金。例如，股票经纪人和房地产经纪人通过成功匹配卖家和买家来赚取佣金。

（7）广告收费。这种收入来源于为特定的产品、服务或品牌提供广告宣传服务。传统的媒体行业和会展行业均以此作为主要收入来源。

每种收入来源都可能有不同的定价机制，定价机制类型的选择就产生收入而言会有很大的差异。定价方法根据三种主要的导向：成本导向定价、需求导向定价和竞争导向定价，每种定价方法又有三种具体的形式，见表 7-2。

表 7-2　定价方法导向

成本导向定价	需求导向定价	竞争导向定价
成本加成定价法	理解价值定价法	随行就市定价法
目标利润定价法	可销价格倒推定价法	竞争价格定价法
边际贡献定价法	需求差异定价法	密封投标定价法

在进行收入来源的商业模式设计与创新时，常常需要问以下几个问题。

（1）什么样的价值能让客户愿意付费？

（2）他们现在付费买什么？

（3）他们是如何支付费用的？

（4）他们更愿意如何支付费用？

（5）每个收入来源占总收入的比例是多少？

2. 成本结构

成本结构是指运营一个企业所引发的所有成本。企业经营的一切活动，从生产产品到提供产品、从建立客户关系到维护客户关系，等等，都会产生成本投入。有些商业模式，就是从成本驱动的角度进行设计与创新。例如，那些号称“不提供非必要服务”的航空公司，是完全围绕低成本结构来构建其商业模式，如家等经济型快捷酒店则围绕商务旅行的角度尽可能地降低不必要的附加成本。

在每个商业模式中成本都应该被最小化，但是低成本结构对于某些商业模式来说比另外一些因素更重要。因此，区分两种商业模式成本结构类型会更有帮助，即成本驱动和价值驱动（许多商业模式的成本结构介于这两种类型之间）。

（1）成本驱动。成本驱动的商业模式侧重于在每个地方尽可能地降低成本。这种做法的目的是创造和维持最经济的成本结构，采用低价的产品策略。廉价航空公司如春秋航空、易捷航空及如家经济型酒店等就是以成本驱动商业模式为特征。

（2）价值驱动。有些公司不太关注特定商业模式设计对成本的影响，而是专注于创造价值。增值型的产品策略和高度个性化服务通常是以价值驱动型商业模式为特征的。

豪华酒店的设施及其独到的服务，都属于这一类。

企业运营的成本结构有以下几个特点：①每个企业在一定规模下总有一个相对固定的成本。其不受产品或服务的业务量一定幅度的变动而能保持不变的成本，如厂房、仓库、工资、生产线等。某些制造业以高比例固定成本为特征。②每个企业在一定规模下总有一个可变的成本。伴随商品或服务业务量而按比例变化的成本，如原材料、计件工资、运输费用等。有些业务，如音乐节，是以高比例可变成本为特征的。③每个企业的经营在一定产量范围内产生规模经济，企业享有产量扩充所带来的成本优势。例如，大宗购买的成本会更低。④企业享有较大经营范围具有的成本优势。例如，在大型企业，同样的营销活动或渠道通路可支持多种产品。

在进行成本结构的商业模式创新是需要关注下面几个问题。

（1）我们的商业模式中有哪些固有成本？

（2）哪些核心资源花费最多？

（3）哪些关键业务花费最多？

7.3　商业模式的设计与创新流程及评价

7.3.1　商业模式设计与创新流程

商业模式是一个包含了一系列要素及其关系的系统，用以阐明某个特定实体的商业逻辑。商业模式的设计与创新关乎企业成败，在当今时代，企业该如何设计自己的商业模式呢？

企业应按发现和验证市场机会、系统思考、提炼产品概念、产品定义、财务分析和组织保障六个步骤设计适合自己的商业模式。

1. 发现和验证市场机会

首先，企业必须先明确为哪部分人服务，锁定一个相对狭窄的市场，进行市场调研和客户消费心理研究，把有限的资源用在刀刃上。

其次，企业要花时间去研究这部分目标客户目前存在什么问题。

最后，我们必须把客户需求分层：是重要而且迫切、重要但不迫切、迫切但不重要还是既不重要也不迫切。如果能把握住客户既重要又迫切的需求，就很容易成功。

企业可以从四个方面考虑如何给客户提供独到的价值。第一，你强化了什么要素？即那些比现有解决方案更好的方面。第二，你弱化了什么要素？即把那些客户并不在意的、费力不讨好的东西尽量减少，或降低标准。第三，你去掉了什么要素？即把那些客户用不到的功能去掉。第四，你创新了什么要素？即那些独创的方面。

有了初步的产品创新设想后，企业必须与目标客户沟通，检验自己的想法是否有实际意义。同时，还必须了解客户是否愿意支付一定的代价来消费这个产品，他们的切换成本有多高，这是市场调研时最容易被忽视的一点。

2. 系统思考

中小企业要能用最简单的语言把自己要做的事说清楚，把客户、供应商、合作伙伴等相关者的关系描述出来。最好的办法就是绘制商业画布，把自己的想法用一张图表现出来。之后，企业去整合相应的外部资源，把商业模式图上涉及的核心单元、上下游企业、各种合作伙伴、各种外围资源都考虑进来。接下来要考虑的是价值链上各个利益相关者如何受益，这是每个参与者一定会考虑的问题。

商业模式的设计来源有三条途径：一是借鉴国外已经成功的商业模式；二是借鉴国外的成功模式，并根据中国国情和行业特征加以改进和创新；三是自己发明一套商业模式，根据市场调研的结果及寻找到的产品创新的源泉，用全新的思维去改变目前市场上的游戏规则，甚至颠覆行业多年来形成的游戏规则。企业要根据自身实力与行业竞争状况，选择适合自己的商业模式设计方法。

系统思考这一环节还要求企业分析竞争的状况，包括对竞争对手和潜在竞争对手的分析。中小企业一般都缺少资本积累，直接向大企业、品牌发起进攻是不可取的，采取迂回包抄的战术，不与任何企业发生正面冲突，错位竞争，用有独特价值的产品去开辟新市场；同时，要想推出畅销产品，一定要把握好时机，寻找触发点——机会往往出现在经济转折点上，出现在社会急剧变化时期，在一个相对稳定的市场中很难发现好机会。

3. 提炼产品概念

产品概念最好可以总结成一句话，即在 30 秒内能将产品的价值定位说清楚，让人听了以后产生共鸣、引起兴奋。有了完整的产品创意思路，就要走出去与客户沟通创意，听取客户对创意的反馈，以便掌握客户的态度和反应。要想让目标客户理解产品的价值和作用，最好的办法就是做一个样品，可以是电子版的模拟样品（通过电脑来演示幻灯片），也可以是真正的样品。总之要让客户看得见、摸得着，这比文字或口头说明要好很多。

产品概念的提炼可以用 FAB 分析法：F（features）是指这个产品有哪些特点，主要是产品本身固有的一些特点；A（advantages）是说这个产品比同类产品好在哪里，有什么优点，强调其与众不同之处，是一个相对的比较优势概念；B（benefits）是说这个产品给目标客户带来了什么利益和价值，侧重于客户的“买点”和消费动机。FAB 提炼出来之后，产品的价值诉求就出来了，客户购买的理由也充分了。

不同层次的消费者在选择产品时关注的重点不同，任何产品都很难在价格、实用价值和外观三个方面同时实现突破。企业要根据目标客户群的层次，确定自己的产品在哪个方面必须超越竞争对手，这样才能给客户一个选择你的理由。

4. 产品定义

到了产品定义阶段就需要考虑完整产品的概念。完整的产品由三个层次组成：第一层是核心层，主要包括性能、指标、功能、品质等，是产品发挥作用的关键因素；第二层是外围层，主要是增值服务，目的是让客户更好地发挥核心产品的功效，如售前售后服务、电话咨询服务等；第三层是外延层，主要是客户体验与感觉。中小企业最好靠外围产品和外延产品的差异化去吸引客户。产品定义完成之后，就要把第二版的样品做出来，接下来就要进行测试，其中一个重要的测试参数就是“哇”效应，即当客户第一眼看到这个产品时，有多少人感到惊讶。

产品定义中一项重要的工作就是定价，因为定价的背后是产品的定位。定价方法可以分成优质优价、优质同价、同质低价、低质低价四种，企业应根据自己的客户层次选择合适的定价方法。产品生产出来后通过什么渠道走向市场，也是在产品定义阶段必须完成的一项工作，即明确从厂家到客户需要经过哪些中间环节。最好能以关系图的形式表示，让人简洁明了地清楚各个渠道之间的关系。

5. 财务分析

有了一个好的产品，还需要做出精密的销售计划，要按照不同的销售渠道、不同的地域进行划分。

接下来，企业要根据销售指标确定未来一年的资源分配计划，落实人、财、物三个方面的资源。将人、财、物这些固定成本落实，剩下的就是运营费用等可变成本。有了销售指标、固定成本和可变成本的预算，一年的财务分析就做出来了，衡量企业管理水平的运营利润也就可以得出，所有的参数都可以量化。

对于风险投资者来说，在审核一个创业项目时，最关心的问题是如何实现销量倍增，也就是关注这样的产品、商业模式是否存在倍增的机制。对于那些希望得到风险投资的新项目来说，必须把产品和商业模式的倍增机制表达清楚。

6. 组织保障

仅有好的产品、商业模式和财务分析还不够，企业的组织设计也要合理，这是实现企业目标的组织保障。对于创业项目来说，一定要说清楚发起人和核心团队成员的优势，让投资者感到放心。此外，企业要向投资者展示未来的组织架构是怎么设计的，最好能用一张图来描述；同时，还要把股权结构展示给投资者看。

对风险投资者来说，如何退出是优先考虑的一个问题，他们需要一种机制来得到收益，而不是作为长期的股东持有股份。当然，为了防止投资者、发起人或其他创业股东过早退出，可以事先商定投资者退出的时间表和基本原则。

遵循上述六个步骤，企业才有可能设计出能提供独特价值、难以复制、脚踏实地的商业模式。在探索与实践中构建适合自身的商业模式，在竞争中取得快速、持续的发展。

7.3.2　商业模式设计与创新的评价

根据商业模式理论的内涵，以企业是否具备持续竞争优势为核心，按照客户价值、盈利模型、战略控制三维模式检测企业商业模式是否具备合理性、可操作性和持续成长性。检测核心是从价值创造的逻辑层面分析和判断商业模式的实施是否能够真正为客户创造价值，是否能够使企业自身获取合理的战略性价值回报（图 7-9）。

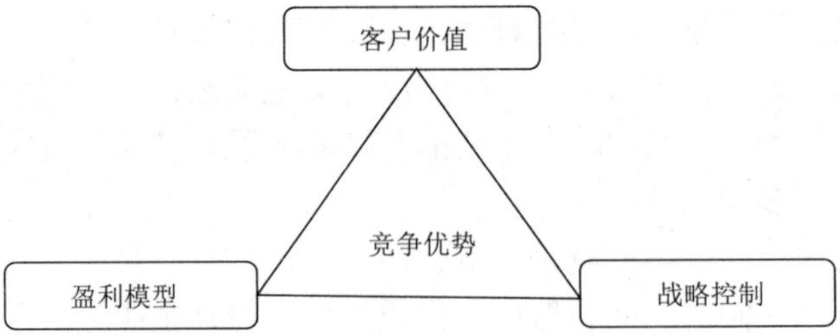

图 7-9　商业模式检测三维模式

商业模式检测和评价的出发点是客户价值，企业通过战略控制实现客户价值，进而实现企业的盈利模式，从这个逻辑出发，可以构思商业模式设计与创新的检测维度，包括三维九个指标。通过对这九个指标的关键问题的回答，实现对商业模式的检测和评估（表 7-3）。

表 7-3　商业模式检测三维九个指标

检测纬度		关键问题
客户价值	客户需求	是否创造性地满足目标客户群的特定消费需求
	产品或服务	是否具有为客户接受的独特、清晰、简明的产品或服务
	性价比	是否能够提供超越客户期望的性价比
盈利模型	价值获取	盈利是否来源于客户价值创造，能否通过模式实施有效改善企业显性资产、隐性资产的状况
	战略定价	如何基于模式内涵与客户价值为产品、服务进行战略性定价
	目标成本规划	能否构建起支持目标成本的运营体系和成本结构
战略控制	客户忠诚	现有模式实施能否形成客户对企业基于价值认同的长期忠诚
	战略地位	现有模式实施能否形成企业在价值链中不可替代的战略地位
	模仿障碍	影响模式成败的关键要素是什么，模仿的可能性和难度如何

7.4　互联网环境下的商业模式特征与创新

随着工业经济时代演进到互联网时代，商业模式发生了极大的改变。在互联网充满不确定性因素的环境下，以往的商业模式被颠覆，传统意义上可依托的壁垒被打破，任何的经验主义都显得苍白无力。黑莓、诺基亚、东芝、摩托罗拉等多家著名传统电子厂商被兼并、倒闭的消息接二连三。而苹果公司成为世界上市值最高的公司。中国的小米公司成立四年市值已超百亿美元。如果说商业模式是一个组织在明确外部假设条件、内部资源和能力的前提下，用于整合组织本身、顾客、供应链伙伴、员工、股东或利益相关者来获取超额利润的一种战略创新和可实现的结构体系及制度安排的集合。那么互联网时代的商业模式是在充满不确定性且边界模糊的互联网下，通过供需双方形成社群平台，以实现其隔离机制来维护组织稳定和实现连接红利的模式群，互联网的特质驱动了新商业模式的发展。

7.4.1 互联网时代的本质与冲击

商业模式的真正兴起得益于互联网技术的发展而诞生的一批新兴的创新性企业，如谷歌、亚马逊、腾讯、阿里巴巴等。可以说是互联网成就了商业模式，反过来商业模式研究的兴起带动了更大规模的具有互联网特质的企业的发展。互联网作为一个新兴的产业，对工商业的冲击正在逐步爆发，已经形成的冲击才刚刚开始，网络作为一个新的生产要素和资源，必将极大地改变传统的生产方式和企业经营模式。所以研究互联网时代的商业模式必须先了解互联网时代的本质和带来的变化。

（1）互联网带来了企业组织环境的模糊与“混沌”，使厂商的经营处于一种边界模糊、难分内外的环境中。“混沌将导致一场革命——一场必要的革命，向我们自以为熟知的关于管理的一切知识提出挑战。”互联网的模糊让传统的产业分工、以往成功的商业模式变得毫无意义。

（2）由于互联网时代环境的不确定性，企业的商业模式具有高度的随机性和不固定性，企业已经没有坚固的堡垒可以依托和支撑，只能求新求变，一切成功的模式在互联网时代都很难持续。

（3）互联网推动去中心化，信息来源更加多元化。这不仅相对于中心化媒体，甚至与早期的门户和搜索互联网时代相比，当今的互联网已经从少数人建设或机器组织内容的大众分享转变为共建共享。微信、微博等更加适合大众参与的服务出现，信息由大众产生、大众参与、大众共有，使得互联网内容的来源更加多元化。

（4）互联网时代的商业模式具有极强的不可复制性，没有一模一样的东西，也没有完全相同的商业模式。与之相伴的是，工业经济时代商业模式中很多重要的元素在互联网模式下逐渐消亡。

商业模式包含了价值创造的逻辑和商业资源的有效协调，由于互联网时代下价值创造的逻辑发生了变化，商业资源的流向也不可避免地发生了改变。分销渠道曾经是商业模式的重要组成元素之一，“渠道为王”是工业经济时代商业模式的主旋律，借助他人的渠道或分销商体系进行销售和配送，是工业经济时代企业完成价值创造和实现价值增值的基本工具。但是，互联网时代出现“脱媒”以后，供需双方可在没有渠道的帮助下进行互动，根本不需要中间环节，直接在供需双方间促成交易行为的实现。分销渠道曾经作为商业模式的重要元素，无法起到创造价值和协调资源的作用，自然被互联网时代的商业模式所抛弃。互联网的世界是通透的，无法通过地理或者人为的方式对市场进行区隔，互联网商业模式逻辑下的新元素正在逐渐形成。加之互联网具有极强的不确定性，通常一个商业模式只能存活一个企业，很少有完全相同的商业模式。与此同时，人与人之间的互动变得密切，知识溢出范围增大，知识生产难度下降。其促使商业模式不断创新，商业模式的更替速度加快。

7.4.2 互联网环境下商业模式的独特要素

互联网时代商业模式创新背后存在共同的逻辑，即以社群为中心的平台模式或称为社群逻辑下的平台模式，简称社群平台。互联网时代的商业模式有着自身独特的关键要素。

（1）社群。社群指聚集在一起的拥有共同价值观的社会单位。它们有的存在于具体的地域中，有的存在于虚拟的网络里。有学者认为在互联网模式中社群是一个两两相交的网状关系用于满足顾客和服务顾客，而社群发展到一定程度会自我运作，它是一个自组织的过程。在社群的影响下，品牌与消费者之间的关系由单向价值传递过渡到企业与消费者双向价值协同，传播被赋予了新的含义——价值互动。同时，企业的品牌被赋予了社群的关系属性，转化为社群的品牌，融入顾客在一次次价值互动下完成的体验当中。在社群逻辑下，产品的所有属性由于人的参与都有了显著的提升，市场定义也发生了改变。市场不再只是企业与消费者双方进行价值交换的场所，市场已经成为企业与社群消费者合作网络各成员之间知识碰撞、交流与增值的场所；而顾客作为知识创新的另一种来源，他们既是参与者和建设者，也是直接受益方，创新知识的来源变得模糊。这样的社群逻辑与工业经济时代的规模逻辑是完全不同的。规模经济时代，规模越大越经济，而社群逻辑却将这个规律倒置过来——大规模的定制化产品成为主流，价值是企业与顾客在大规模定制化产品生产过程中相互影响而创造出来的。企业要尽可能满足长尾末端的需求，这是企业能否在市场中取得成功的基点。由于社群内对产品独特性的要求，出现了社群粉丝自限产品规模的要求。因而，社群逻辑是规模逻辑的反动。在互联网模式下，企业获得资源进行价值创造，对于社群的依赖度很高。人们根据不同的需求，形成不同的偏好，构成了不同的小圈子或者不同的社群，厂商的产品研发就从围绕着“物”转向围绕着“人”或“社群”来进行。在社群逻辑下，可以说互联网经济是基于人的经济，而非基于产品或物的经济。

（2）平台。以前平台主要是指计算机的操作环境。后来被引入经济领域，出现了产品平台、技术平台、商业平台。如今管理学中平台指的是商业模式中的重要一环。迈克尔·哈耶特在《平台》一书中说“平台就是你借以沟通社群中的粉丝和潜在粉丝的工具”。他认为产品和平台是当今市场成功的必要战略资产。平台强化了在信息和沟通技术下商业模式的安排能力。比如，它用来强化已设计出的商业逻辑，还可以帮助提升企业或企业战略联盟的决策水平。一方面，平台为供需双方提供互动的机会，强化信息流动，降低受众搜索有用信息所需的成本，提供双方实现价值交换、完成价值创造的场所，正因为如此，平台消除了信息的不对称性，打破了以往由信息不对称带来的商业壁垒，为跨界创造了条件；另一方面，平台的存在有利于建立制度，通过对平台的管理，防止功利主义行为，保护消费者和供应商的利益，使平台中参与者的凝聚力增强。换个角度看，平台促进社群的发展。以百度贴吧为例，在百度这个平台上通过无数个主题和关键词建立了一个庞大的集群。据百度贴吧在发布会上公布的数据，目前百度贴吧有 10 亿注册顾客，近 820 万个主题吧，日均话题总量过亿，日均浏览量超过 27 亿次，月活跃顾客数近 3 亿人次。由于社群具有天然的排他性，再加上人的从众心理和马太效应，成功平台的所有者很有可能就是该商业模式下行业的垄断者。

（3）跨界。跨界指跨越行业、领域进行合作，又被称为跨界协作。它往往暗示一种不被察觉的大众偏好的生活方式和审美态度。可以说，跨界协作满足了互联网模糊原有边界、创造新价值的需求。通过跨越不同的领域、行业乃至文化、意识形态而碰撞出新的事物。跨界协作使很多曾经不相干甚至不兼容的元素获得连接，产生价值。当年索尼还沉浸在数码成像技术领先的喜悦中时，突然发现原来全世界数码相机卖得最好的不是它，而是做手机的诺基亚，诺基亚成为成功的跨界者。中国移动、中国电信和中国联通在移动通信市场上竞争多年，有一天突然发现，动了它们“奶酪”的竟然是腾讯的微信，微信成了移动通信的跨界者。2013 年，阿里巴巴做起了金融，长虹电视做起了互联网，做视频的乐视卖起了电视……如果从深层次分析，不难发现互联网提供了企业无边界存在的可能性。从产业层次看，虚拟经济与实体经济的融合，平台型生态系统的商业模式的发展，使更多的产业边界变得模糊，产业无边界的情况比比皆是。从企业组织层面看，随着专业分工的日益精细，虚拟化组织大量出现，企业组织跨越边界成为可能。从知识结构层面看，互联网使信息不对称情况大为好转，能够跨越传统产业的跨界人才和产品经理的出现成为可能。跨界合作不仅能提高产品对环境的适应能力，延长产品寿命，更重要的是在战略上将竞争关系转化为合作关系，这能为进入市场降低成本。例如，以时装闻名的乔治·阿玛尼与奔驰合作推出的乔治·阿玛尼 CLK。

（4）资源聚合与产品设计。按照资源基础观角度，社群平台实现了挑选资源和聚合资源的功能。所以，作为一种异质性资源，社群平台在互联网时代是极其重要的。社群平台，一方面使消费者得到更大的满足，另一方面为企业提供隔离机制。工业经济时代最有价值的是技术和资源，互联网时代最有价值的就是社群平台。社群平台实现了整合资源和利用资源的功能，社群平台能促进产品设计的发展。“产品设计”是一个创造性的、综合性的处理信息过程，通过产品设计，人的需求被具体化且无限趋近理想的形式。企业是资源的载体和集合体，但是无论企业多么庞大，资源都是有限的。“没有成功的企业，只有时代的企业。”熊彼特认为价值的新来源产生于资源的新利用，特别是通过新方式去交换和组合资源。为了创造新的或更好的产品，企业需要重新分配资源，组合新的资源，运用新的方法组合现有资源。当既有产品已经无法支撑企业发展，如何靠资源的再配置来实现价值创造就是企业发展的重点。小米公司创始人雷军在“雷七诀”曾经提出的极致和专注就是针对产品设计而言的，在他看来只有超越了顾客的期望才能成就品牌。而在社群这个强调个性、突出偏好的平台上，目标顾客的需求和期望能被放大到极致，然后企业配合 C2B 策略，根据需求提供生产，通过产品设计，使得顾客感知的使用价值最大化，满足顾客需求，从而最大程度地实现供需平衡，满足价值创造的需要。

互联网时代企业与顾客共同创造价值是价值创造的基础，其实质就是要实现消费者行为的被动接受向消费者行为的主动参与的转变，要让顾客参与到产品创新与品牌传播的所有环节中去。而消费者群体也希望参与到产品创意、研发和设计环节中去，希望产品能够体现自己的独特性。社群逻辑使厂商的经营有不同于工业经济时代厂商的做法：①注重挖掘传统市场边界之外的潜在需求，特别是长尾末端的需求；②注重超越传统产业市场边界，往往进行跨界经营，推出新产品或新服务处于价值链的高端或具有独特性，具有较高的效用价值；③注重追求针对社群消费者心理需求与社会需求的效用创新，注重为消费者创造产品的功能价值（如需要满足）、情感价值（如品牌知觉与忠诚）、学习价值（如经验、知识累积的机会）；④注重市场顾客的消费体验，强调厂商组织的所有活动都是顾客体验，即从产品研发、设计环节开始，再到生产、包装、物流配送、渠道终端的陈列和销售环节都有消费者体验，以获得边际效用递增；⑤非常重视来自需求方的范围经济，使得消费者之间的效用函数相互依赖，并非相互排斥。

7.4.3 互联网环境下的商业模式创新 4C 模型

从用户的“价值创造”和企业的“价值获取”两个视角出发，可以总结出 4 组 8 个市场变化的特征从而构建一个全新的 4C 模型（图 7-10），以期全面地呈现可能给企业带来的挑战和机遇。

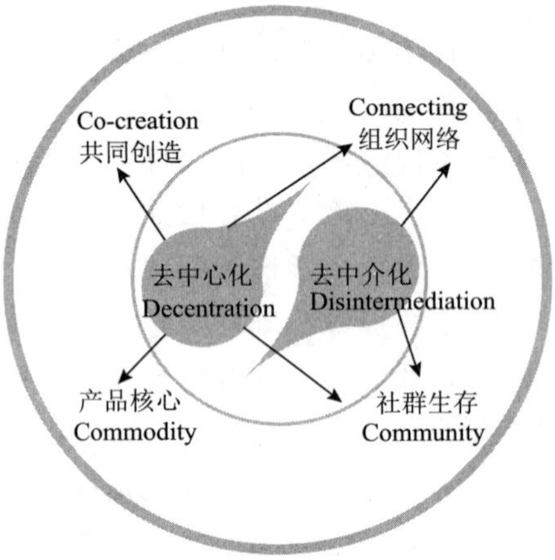

图 7-10　商业模式创新 4C 模型

（1）体验、设计——共同创造。以体验设计为核心，与用户共同创造新的商业模式。“去中心化”营造了用户体验的强大市场力量。设计则是把这一力量转化为企业市场价值的关键所在。后互联网时代的“体验”，意味着用户参与价值的共同创造。

对于用户来说，体验比功能更重要。用户体验从来都是重要的商业元素，尤其是高端产品，如珠宝、汽车等。但今天用户体验变得前所未有地重要，已成为市场成功的核心衡量标准。不是因为功能不再重要，而是功能的需求已经基本被强大的技术和工业力量满足了，用户更加注重使用的友好性和情感的体验性。

更重要的是，因为随时随地分享体验的可能性，一款“不好用”的产品如果匆忙上马，很可能会“出师未捷身先死”。iPad 作为苹果的代表性产品之一，它的市场成功，很大程度上就是体验和设计的成功。为了实现体验的最大化，苹果宁可牺牲物理性能。

对于企业来说，设计比性能更重要。不是性能不再重要，而是性能必须服务于设计，包括产品、功能、交互、观感等。因为企业在市场网络里的中心地位已不像过去那样强大，市场的中心已经散落在用户之中。苹果“极致简约”的设计理念备受推崇，不是因为设计师不再喜欢缤纷多彩的花样，而是因为这样的设计可以带给用户更好的使用体验，从而赢得用户真心的喜爱。

（2）好用、免费——产品核心。以免费且足够好的产品为基础，构筑新的商业模式。去中心化削弱了企业的市场地位，企业应该认清自己力量衰退的事实，让渡价值，以赢得用户，促进成长。

对于用户来说，好用比产品更重要。供给的丰富和产品信息的易得，使用户愈加倾向于选择能够解决自己问题的好用产品，而不再那么依靠对品牌的认知和信赖。这也是用户权利的集中体现。产品不需要完美，却需要具有能够快速地黏住用户的吸引力。

对于企业来说，免费比盈利更重要。在新的商业世界中，产品就是营销，因为产品不再是死物，它需要通过用户的口和手，更通过用户手中的移动终端，变成了会说话的、活的生命。而一个生命，它的形象靠的是自己的展示，而不是别人的宣传。

只要产品的最初印象还不错，一般用户不会频繁转换产品和品牌。因为通过产品升级获得更多功能，比转换产品要更方便简单，也更省时省力。从这个逻辑上来说，赢得用户比直接盈利更加重要，因为用户会为你持续地创造价值。

小米成功的核心所在就是产品，其产品集中体现了雷军“让用户尖叫”的战略，也体现了其制胜“七字诀”中的“极致”，即把产品做到极致，超越用户的预期。把精力集中在产品上，创造能解决用户生活问题的好用的产品。

（3）兴趣、社群——社群生存。以社群成就无须细分的定位、无须广告的营销。在“去中心化”和“去中介化”的共同作用下，用户的聚集是动态的。他们会因兴趣而聚合，却很难被细分定位所“击中”。用户已经不必再被动地听企业的声音，企业想要在用户网络中获得影响力，必须与他们融为一体。

对于用户来说，兴趣比归属更重要。社交网络时代，真正将消费者聚合起来的并不是他们外在的共性和归属，而是他们的兴趣。消费者更加相信的是“实在”的推荐，朋友的好评远胜过铺天盖地的广告。而连接的便捷性，让用户更容易选择其他用户好评的产品。

对于企业来说，社群比细分更重要。在社交网络时代，以企业为视角的高傲的消费者细分定位，已经赶不上市场更新的速度了。唯有主动地构建和培育用户社群，才有可能赢得成功。

小米赖以成功的“粉丝经济”的核心，就在于营建了一个活跃的社群。“为发烧而生”的研发理念，聚集了渴望优质手机的用户，并且进一步扩展到更多渴望拥有高性价比手机的用户。小米不需要判断谁是我的潜在用户，不需要针对“目标细分人群”开展营销传播。小米的粉丝社区里，聚合的都是它的用户和潜在用户。

共同的兴趣是建立关系的基础，而社群则是关系建立起来的外在形式。如果能够有导向性地构建社群关系，那么产品、企业就赢得了用户网络里重要的“中心势”，而这股势能也必将为企业的发展提供巨大的能量。

（4）关联、网络——组织网络。构建更广泛的产业生态圈，在产业网络中赢得成功。“去中心化”“去中介化”的特征也同时表现在产业生态圈网络中。在后互联网时代，致力于构建、整合、融入用户的生活网络，远比拥有更多的资源和资产更有意义。

对于用户来说，关联比产品更重要。大众化、无差别化的产品已经越来越难以吸引用户。并不是说大众不再喜欢流行产品，只是用户更希望通过产品来完成自己个性化的需求。

在互联互通的世界里，产品逐步成为连接的工具和端口，构建起来的是用户和解决自己问题的某种服务，是用户和用户之间的联系网络。智能手机是最具代表性的产品，可能外面看起来都一样，但有的手机里可能大都是游戏，而有的却是满屏的工作应用软件。手机的意义，早已不再是单纯的通信工具，而是构建起用户之间亲密关系的网络接口。

对于企业来说，网络比组织更重要。现在产品本身也正在成为一个网络——一个连接着整个产业生态圈的网络。提供给用户的，只是网络共同作用下的一个聚合产物。网络中心之外的重要模块，同样也可以赢得极高的利润和市场。

最典型的例子是Intel和微软，在用户所拿到的电脑里，Intel和微软只不过是很小的一个组成部分，人们首先看到的是联想、戴尔、华硕这些品牌，也自然会认为这是电脑上印着的品牌所生产的。但事实上，Intel和微软却构建了Wintel帝国，一度瓜分整个个人计算机产业90%以上的利润。

在网络时代，企业组织的强大已经不在于其自身拥有多少资源，而在于它在用户网络、产业生态圈网络中的位置。在市场竞争中，可以调配使用的资源，其作用并不亚于实际拥有的资源。在现代化的分工体系中，没有什么人可以完全不依赖于他人。这也是新经济时代给企业带来的重要机遇：即使资本结构很轻，也同样可以具有强大的市场掌控力。

商业模式之于企业，犹如大脑之于人体。缺乏清晰独特的商业模式就如人体失去大脑的指挥，只能毫无目的地闲逛。所以选择适合企业的商业模式是创业和企业经营成功的关键。企业在不同的发展阶段有不同的商业模式需求，但是无论哪个阶段的商业模式创新，都需要对客户价值主张模式、资源与能力模式、盈利模式等三个板块九个要素的内容进行设计与创新，最终经过评估，找到适合企业的独特的商业模式，并且在实施的过程中不断优化和调整，才能获得持久的竞争优势。

拓展阅读

一、吴革：从小米案例看“互联网+”模式的落地

2015年4月6日是小米公司成立5周年的纪念日，短短的5年时间，雷军就把小米手机做到了一个世界级公司的规模，2014年销量超过6200万部，2015年的销售目标是1亿部。

作为互联网行业的一个实物品牌，小米高居全球50大最具创新力品牌的第3名。2014年底，还没有上市的小米，市值评估为450亿美元，成为中国最值钱的私人公司。

2015年3月23日，美国《时代周刊》甚至用长篇幅报道了雷军和小米手机，并用“中国的手机之王”这样的称号高度评价雷军，超过了国内媒体对雷军的评价。

2015年最热门的话题无疑是“互联网+”，然而在大多数行业“互联网+”依然还停留在概念和炒作阶段，缺乏实践应用和成功的案例。从小米的案例中可以比较系统地解析中国企业如何实现“互联网+”模式的落地。

小米商业模式解析

长期研究商业模式的吴革教授，对商业模式精辟地归纳为三点：赚谁的钱，如何赚

钱，如何持续地赚钱。如果用这三条来分析小米的商业模式，就会清晰地看到小米到底是一家什么样的公司。

从赚谁的钱看，小米对自己的目标人群有着清晰的定位，尤其是小米 1 和小米 2。20～25 岁，大专以上学历，毕业不到五年，收入 2000～6000 元，喜欢网购，有自己的消费观，社会地位不高，从事社会底层工作。从人群上看，小米初期定位的就是典型的底层人群。

“无论小米 1、2、3，都是低价高配，2000 元价位的小米手机配置几乎可以和苹果 5、三星 note3 媲美，这样的配置对于底层人群无疑是撒手锏，击中了他们的痛点。”吴革这样形容小米的定位。

低价高配的市场定位让小米无往而不利，小米以低价高配的策略进入了移动电源市场，一万毫安的移动电源可以卖到 69 元，小米手环更是卖到 79 元，要知道市场同类产品的价格高达 1000 元。

从如何赚钱来看，和传统制造企业不同的是，小米是典型的轻资产的商业模式。小米不投资制造工厂，却投入巨大的财力和人力在研发环节，是典型的众包方式做研发，米优系统每周都会升级一次，目前已经发布了 200 多个版本。而在生产制造环节，小米却选择和采购最好的原材料和供应商，红米都是富士康生产的，用最好的生产换来的是好的品质和如期完成的产品，貌似成本较高，其实是降低了成本。

小米最初都是通过小米官网直接销售，随着定位的大众化，小米的销售渠道主要分为四类：小米手机官网，淘宝、京东网上商城，苏宁、国美实体店和联通、移动、电信的运营渠道。

小米对售后服务非常重视。第三方做客服很难做，服务不好，人员流失率高，但是小米做售后服务都是自己做，小米投入巨资创办了“小米之家”，有 1700 个客服席位，2750 人的售后服务队伍，是竞争对手的 10 倍，优质的服务确保了小米的口碑。

“从研发、生产、销售和服务这四个环节看小米，就是一家典型的轻资产模式的公司，他没有自己的工厂，不自建零售渠道和终端，却把注意力放在两头，研发和售后服务环节，这就是小米与众不同的地方。”吴革总结。

最后，从如何持续地赚钱看，传统的工商企业主要靠技术、品牌与行业控制力。小米则更注重利用社交网络加强品牌与行业控制力。比如，2011 年 8 月，小米 1 上市，雷军在微博上“炫耀”自己用过 56 部手机，结果有 56 万人参加互动，雷军利用自己的影响力让他们成为小米的“粉丝”；2012 年 5 月，雷军又在微博上抛出一个话题：传说人的灵魂是 21 克，那什么是 150 克呢？引发了网友和粉丝的讨论和转发，最后揭晓：小米青春版手机的重量是 150 克。

“手机巨头每年投入百亿美金打广告，但小米却几乎不做广告，小米用社交媒体、自媒体、网络媒体进行营销，代表着非广告时代的来临。”吴革表示。

小米的论坛也是极其活跃的地方，每天都会新增 20 万的帖子，小米会挑选出 8000 条反馈给工程师，每个工程师必须回复 150 个帖子，这等于将管理工作下放到用户和工程师，而粉丝的回赞让工程师也很开心。因此，小米手机 30%的功能改进来自粉丝的建议。

转型“互联网+”的启示

雷军关于小米商业模式的七字诀，在业内很有名气：专注、极致、口碑、快。对于很多传统企业而言，转型“互联网+”，小米的案例具有很现实的借鉴意义，可以给传统企业更多的启示，其主要体现在五个层次。

第一个层次是做产品。作为互联网行业的一个实物品牌，小米做产品的战略就是做爆品，单机绝杀市场，靠的是过硬的品质，降低成本和良好的口碑。爆品战略可以把营销更多地凝结在产品中，产品本身就是广告，不需要打广告，这种模式也为复制提供可能。

第二个层次是做人。工业化时代的营销，是推出产品，做广告，打知名度，提升美誉度。而在“互联网+”的时代，消费者与企业冰冷的物质关系结束了，营销的做法完全相反，通过情感连接，先有忠诚度，然后才是美誉度，最后形成知名度，小米营销的模式就是强调情感，不强调功能。

第三个层次是复制。做出一个成功产品的商业模式，然后把它迅速地复制出去，在地产行业，万达广场就是这种模式，不断地把万达的模式复制到全国各个城市。“但是，万达的模式非常复杂，风险大。互联网产品就不同了，可以把产品串起来，交易成本很低。”因此，小米把这种成功的模式很快地复制到小米手环、小米盒子、小米移动电源、小米活塞耳机、小米摄像头、小米智能血压仪、小米家装、小米净水机等领域。

第四个层次是建立生态系统。小米更厉害的地方在于，小米建立起了一个生态系统，就成为三个小米，一个小米是小米的米优系统，包括小米的内容、服务等；一个小米是小米的硬件，包括小米手机、小米路由器、小米电视等；第三个小米则是小米投资的1000家智能硬件，这一块还没有完全建立起来。

第五个层次就是国际化。目前小米已经进军俄罗斯、印度和其他东南亚国家。据悉，在印度小米已经获得印度塔塔公司的战略投资了。

“很多企业把‘互联网+’当成了‘+互联网’，这是理念的错误，‘互联网+’是化学反应，‘+互联网’是物理反应，‘+互联网’必须打破原有的格局，小米的案例在这方面提供了很好的样本。”

与记者对话

记者：小米与苹果、三星在生态系统建设方面的差异是什么？

吴革：目前，小米和三星、苹果在规模上还有很大的差距，三星是纯硬件的扩张，小米则是软硬扩张。苹果是产品化思路，这既是优势也是劣势；小米则是在投资不同的硬件品牌，小米更高度开放，苹果的开放度则比较低，很难说谁好谁不好，可能小米更适应中国市场。

记者：你如何看待格力与小米的差异？

吴革：在 2013 年中国经济人物论坛上，格力董事长董明珠和小米的雷军对赌十亿的赌局，认为小米没有供应链和工厂，超过格力是不可能的。雷军表示：我们是中国创造，你是中国制造。从资本市场对小米的估值看，450 亿美元，完胜格力 800 亿人民币的市值。说明资本市场认为格力是制造型企业，生产的是传统产品，而小米是互联网产品，有着时代的差距。董明珠是制造业的人，制造业相信技术，雷军考虑的是消费者的驱动，可能更相信情感、社区、消费者，董明珠和雷军的赌局肯定是往中间走的。小米最终还是会走到董明珠技术那条路上去，作为制造业出身的格力也会更多地融合互联网的思维。因此，这个赌局是没有输赢的。

记者：在你看来，“互联网+”的现实意义是什么？

吴革：中国制造业现在很苦，不仅赚的钱少，还承受着反倾销等国际贸易争端。但中国企业现在处在一个好的时代，这个时代至少包含两个机遇：一是硬件智能化浪潮，二是电子商务。中国人把握这两个机遇，认真做产品，就可以实现升级换代。在我看来，小米模式就是带有中国制造业特色的商业模式。

思考：

1. 小米手机成功的原因是什么？
2. 小米手机的商业模式是什么？
3. 用互联网环境下的4C模型分析小米的商业模式？

二、大学生常见的创业模式创新

近年来，国家相继出台了一批鼓励大学生创业的优惠政策，各地政府部门也都推出了针对大学生的创业园区、创业教育培训中心等，国内众多高校也纷纷创立了自己的创业园，为学生创业提供支持，以此鼓励大学生自主创业。

1. 大学生创业过程中商业模式创新的必要性

创业是一项复杂的系统工程，它的实施首先依赖于一个明确而合理的目标，这个目标应能使自己的兴趣和特长得到长远而充分地发挥。然而，在现实中，很多大学生创业盲目性太大，既不了解创业的风险，更无市场意识和公司管理经验，仅凭一时冲动或是跟风草率创业，因此难免会创业失败。

此外，自主创业需要创业者具备生产、管理、营销与融资等多方面的专业知识，而这些恰恰是一般大学生所欠缺的。在缺乏经营管理方面相关知识的情况下，选择仓促创业，在残酷的市场竞争中也必将处于劣势。很多大学生在技术上出类拔萃，但理财、营销、沟通、管理方面的能力却普遍不足，不熟悉经营方面的游戏规则，要想创业获得成功，绝非易事。因此，大学生创业商业模式的创新势在必行。

2. 大学生创业常见的商业模式

创业模式指的是创业者为保障自身的创业权益，而对各种创业要素进行合理配置和整合的创业行为，包括创业组织形式和创业方式的确定、创业行业选择等，它们共同组成了创业模式。大学生的创业模式则是大学生在特定环境中形成的，在创业动机、创业方式、产业进入、资金筹集、组织形式、创新力度和政府支持等方面具有相似性、典型性的创业行为，是对各种创业因素的配置和整合方式选择和决策的行为。

我国学者蔡敬聪和梅天笑提出目前最常见的几种创业模式，有立足校园创业、互联网创业、借助兴趣创业、抓住商机创业、发挥专长创业、创新模式创业、加盟创业等。万细梅等提出我国大学生创业的主要模式包括积累演进、连锁复制、分化拓展、技术风险、模拟孵化、概念创新六种模式。彭小媚和陈祖新结合现有的几个大学生创业团体与大学生创业实际情况，分析了现有可行的大学生创业的几种模式：代理加盟创业、依附创业、入孵化园、法人股份制及各自的特点。

3. 大学生创业商业模式存在的问题

（1）商业模式中创业者能力不足。其主要是自身知识储备与技术储备不足。大学生往往是书本知识学得比较扎实，而企业管理经验及创业所需的各项综合知识却显得非常缺乏，如对经济类法律知识、风险投资知识、税务知识等了解的程度较差，不知如何规避市场所带来的风险、挫折等，这使得大多数学生只停留在对创业大赛及创业活动的项目了解上，即“想得多，做得少，不敢做”。从参加自主创业活动的计划上看，很多大学生撰写的自主创业计划书很稚嫩，存在自主创业准备不充分、定位不准确、盲目性较强等问题。组织管理能力不够，大学生缺乏一个锻炼和提升的平台，其组织管理能力未能得到很好的锻炼，管理能力比较有限，未能达到一个成功创业者的需要。自主创业观念与认识不强，缺乏对自主创业的价值与意义的认识。大学生“等、靠、要”依赖情绪严重，稳定和有保障的工作仍是当今大学生就业的首选。自身心理素质较差。不相信自己的能力、做事缺乏主见、对创业感到畏惧等。很多大学生心理承受能力差，意志力薄弱，遇到棘手的事情便不知所措，遇事不够勇敢、果断，容易选择放弃和逃避。

（2）项目设计和选择方面，还存在诸多缺陷。创业产品过于简单化，选择在校园内开书店、花店、中介服务和打印室等。这种创业产品相对层次较低，没有什么技术含量，对大学生的管理能力和商务运作能力要求也不高。

大学生创业项目的选择缺乏理性。大学生在选择创业项目时缺乏理性思考与科学评估，很多时候是因为头脑发热选择了创业项目，而选择的项目可能并非拥有广阔的市场或前景，有的项目甚至缺乏可行性，这样的项目往往很难实施，诞生即意味着失败或者倒闭。由于受资金、经验等因素的制约，很多大学生倾向于技术含量较低或者门槛较低的领域，如开办一些中介机构、餐馆、文印店等，自身知识优势很难发挥出来。盲目选择网络创业。由于网络创业门槛低、成本低，相当一部分学生都把创业项目锁定在网上创业，却根本无力应对激烈的市场竞争，很快就被挤出市场。

4. 大学生创业商业模式创新的对策

商业模式主要包括有价值的产品（包括服务）、合理的销售方式、良好的企业内部管理机制三个方面。具体说来，首先要清楚你提供给客户的产品或者服务必须是能够满足对方物质和精神方面需求的，而且又是客户目前真正需要的。同时，这种产品的销售及提供的服务还必须能够给你带来相应的资金收益。其次，要考虑通过哪种最为恰当的方式才能使你提供的产品和服务被广大消费者所接受。最后，要根据项目的盈利目标来组建结构合理的管理团队、逐步完善相应的工作系统，从而形成以实现盈利为核心的完整运行机制，确保计划目标的如期实现。

对一个创业者来说，一个真正好的模式应该是适合自己的，即其有能力操作而且能把现有的资源有效整合配置。针对大学生创业模式常见的问题提出如下对策。

（1）基于网络的技术型创业模式，需要注意几个问题：首先，要充分了解市场前景，任何一个创业的项目，先想市场，再想对手，最后检视自己和团队。其次，目标明确，有所为有所不为。最后，优化资源，合理配置。大学生创业只有这样，才能达到将所学知识运用于实践中。

（2）选择资本型的创业模式需要的创业资金，可以通过以下三种途径来获取资金：一是利用家族自筹资金，所需要承担的责任会小很多，背负的债务也会较少，且给创业者带来的压力较少。二是寻找合伙人。创业者可以通过合资、入股的方式说服他人参与投资项目，吸收合伙人的资金。三是通过借贷方式。目前各金融机构纷纷响应国家对新创企业的扶持政策，对自主创业的大学生贷款方面提供贷款手续、利息、税收等方面的方便和优惠。

（3）大学生在选择用资金加盟企业这一创业模式时，需要注意以下几个方面。①做出加盟选择前要考察加盟企业技术与产品所能发挥的潜力空间及品牌形象。经常与原来的加盟者接触，更深入地了解将要从事的行业的各项业务。②要认真地思考投资的加盟项目选择何种商业模式，或如何定位自身企业的特点和营销方式是否符合自己及今后的发展趋势。③要谨慎加盟，绕开加盟陷阱，现在很多企业为了达到自己追求利润的目的，想尽办法吸引投资者加盟，打着免费加盟等口号欺骗投资者，因此大学生在选择加盟企业时需谨慎。④要选择自己所熟悉的行业加盟，考虑将要从事的行业是否适合自己，考虑自身的资源等方面的实力，以使自己能够创业成功。

（4）服务型企业当中，大学生适宜在智力服务领域创业。智力是大学生创业的主要资本。大学生创业应该发挥自己的知识优势，选择一些需要知识和专业的智力服务。例如，家教中介、设计工作室、翻译事务所、专业性较强的咨询公司等，就非常适合大学生创业。又如，大学生思维活跃、喜欢接受新鲜变化时尚的东西，小店的经营相对简单，对社会经验、管理、营销、财务要求不高。因此，大学生可以发挥自己的特点在这个日新月异的国际化时代开一些有创意的小店，如创意的蔬果店、甜品店、个性家饰、幼儿绘画坊等。

思考：

1. 大学生创业过程中为什么要进行商业模式创新？
2. 大学生商业模式创新存在哪些问题？
3. 如果你进行创业，在商业模式方面要做哪些考虑？

本章要点

1. 商业模式的概念及起源
2. 商业模式的重要意义
3. 商业模式的框架及其要素
4. 商业模式画布及其构成
5. 产品服务视角的商业模式设计创新
6. 基础实施视角的商业模式设计与创新
7. 财务视角的商业模式设计与创新
8. 商业模式设计与创新流程

9. 商业模式设计与创新的评价
10. 互联网商业的本质和冲击
11. 互联网环境下商业模式的独特要素
12. 互联网环境下的 4C 商业模式创新
13. 大学生创业常见问题
14. 大学生创业的常见商业模式

思考题

1. 什么是商业模式，有何重要意义？
2. 商业模式的构成要素有哪些？
3. 商业模式画布及其板块如何构成？
4. 如何评价一个商业模式？
5. 互联网如何对传统商业模式进行冲击？
6. 互联网环境下的商业模式有哪些独特要素？
7. 如何进行互联网环境下的商业模式设计与创新？

第8章　商业计划、项目计划和创业计划及其计划书

学习目标

1. 了解商业形成的逻辑。
2. 了解商业计划的作用。
3. 了解商业计划书的作用。
4. 理解项目计划书的内涵。
5. 了解项目计划书的主要用途。
6. 熟悉项目计划书的编写程序。
7. 了解创业计划书的规范编写。
8. 熟悉创业计划书的基本格式。

导入案例

计划的重要性

有个同学举手问老师："老师，我的目标是想在一年内赚100万！请问我应该如何计划我的目标呢？"

老师便问他："你相不相信你能达成？"他说："我相信！"老师又问："那你知不知到要通过哪个行业来达成？"他说："我现在从事保险行业。"老师接着又问他："你认为保险业能不能帮你达成这个目标？"他说："只要我努力，就一定能达成。"

"我们来看看，你要为自己的目标做出多大的努力，根据我们的提成比例，100万的佣金大概要做300万的业绩。一年：300万业绩。一个月：25万业绩。每一天：8300元业绩。"老师说。"每一天：8300元业绩。大概要拜访多少客户？"他说："大概要50个人。"

老师接着问他，"大概要50个人"，"那么一天要50人，一个月要1500人，一年呢？就需要拜访18 000个客户。"

这时老师又问他："请问你现在有没有18 000个A类客户？"他说："没有。""如果没有的话，就要靠陌生拜访。你平均一个人要谈上多长时间呢？"他说："至少20分钟。"老实说："每个人要谈20分钟，一天要谈50个人，也就是说你每天要花16个多小时在与客户交谈上，还不算路途时间。请问你能不能做到？"他说："不能。老

师，我懂了。这个目标不是凭空想象的，是需要凭着一个能达成的计划而定的。”

讨论：

1. 从本案例来看，这个学生的目标能达成吗？
2. 目标和计划之间是什么关系？
3. 创业需不需要计划？按照你的理解，怎么做创业计划呢？

8.1 商业计划与商业计划书

8.1.1 商业概述

中国人很早就学会了经商，在商代，商朝人就善于经商。周武王灭商后，商朝遗民为了维持生计，东奔西跑地做买卖，日子一长，便形成一个固定职业。周人就称他们为“商人”，称他们的职业为“商业”。这种叫法一直延续到今天。商朝人使用的货币是贝类，有海贝、骨贝、石贝、玉贝和铜贝。铜贝的出现，说明商代已经有了金属铸造的货币。到了西周，商业成了不可缺少的社会经济部门。当时在“工商食官”的制度下，商业由国家垄断。在商业交换中，主要的货币仍然是贝，但铜也被用作交换手段。铜本身是一种重要的商品，同时也担负着货币的职能，后来就发展为铸造铜币。春秋战国时期，官府控制商业的局面被打破，各地出现许多商品市场和商人。春秋时期著名商人有郑国弦高、孔子的弟子子贡和范蠡；战国时期著名商人有魏国的白圭、吕不韦。战国时期各国铸造流通的铜币种类增多，形状各异，有的模仿农具，有的模仿各种工具，也有的模仿贝的形状。货币的数量大，种类多，反映了商业较过去有所发展。商品交换的发展，也促进了城市的繁荣。

商业是以货币为媒介进行互换从而实现商品的流通的经济活动。商业有广义与狭义之分。广义的商业是指所有以赚钱为目的的事业；而狭义的商业是指专门从事物品交换活动的营利性事业。首先影响制造业，然后影响商业的是原材料短缺和滞后。商业是一种有组织的提供顾客所需的商品与服务的行为。大多数的商业行为是通过用成本以上的价格卖出商品或服务来盈利，如微软、华为、阿里巴巴、万达、联想都是营利性的商业组织的典型代表。然而，某些商业行为只是为了提供运营商业所需的基本资金，一般称这种商业行为为非营利性的，如各种基金会及红十字会等。一般认为，商业源于原始社会以物换物的交换行为，它的本质是交换，而且是基于人们对价值的认识的等价交换。例如，古代用贝壳换取食物。

商业模式是创业者创新及创意形成，商业创意来自机会的丰富和逻辑化，并有可能最终演变为商业模式。其形成的逻辑是：机会是经由创造性资源组合传递更明确的市场需求的可能性，是未明确的市场需求或者未被利用的资源或者能力。随着市场需求日益清晰及资源日益得到准确界定，机会将超脱其基本形式，逐渐演变成为创意（商业概念），包括如何满足市场需求或者如何配置资源等核心计划。随着商业概念的自身提升，它变得更加复杂，包括产品/服务概念、市场概念、供应链/营销/运作概念，进而这个准确并差异化的创意（商业概念）逐渐成熟最终演变为完善的商业模式，从而形成一个将市场需求与资源结合起来的系统。

目前大致可以分为理念上完全相反的两大阵营。一方认为，借用米尔顿·弗里德曼的话，“商业的本质就是盈利”。这种理念在传统资本主义国家根深蒂固，它暗示社会问题并不是公司管理层需要操心的，商业的唯一目的是创造股东价值，将自身利益最大化。另一方则认为，企业应该承担社会责任。参与者包括自称已在履行“企业社会责任”的公司，以及一些对此表示怀疑，认为公司应该进一步减轻对社会的负面影响的社会团体。但这两种观点都以不同的方式忽视了社会问题对企业经营成功与否的影响，而且扭曲了公司对社会福利的贡献。“商业的本质就是盈利”思维掩饰了两个重要的现实问题。

社会问题虽然没有对公司业务起根本作用，但也不是无关轻重。就保护公司利益的观点而言，忽视大众感受的公司容易受到社会的谴责。此外，社会舆论压力还可以较早地揭示决定公司盈利的关键因素。例如，公司必须遵守的监管和公共政策环境；消费者对某些商品的偏好；对员工的激励及希望受雇的意愿。作为想当然的金科玉律，“商业的本质就是盈利”的思维可能使企业管理层过于重视提高眼前的业绩，而忽略了长期的机遇和问题，包括社会压力、客户的信任、对创新的投资及其他增长机遇。与此相关联的是，“商业的本质就是盈利”的思想让很多公司对解决职业道德、合法性的必要性视而不见。出于职业操守的考虑及对自我利益更开明的认识，大公司需要言行一致地解决这些问题。其认为制定法律是政府的责任，而企业只需遵守法律，这种想法不仅不充分而且不明智。反过来指责别人的批评是毫无道理的，甚至要求别人首先应反思自己的做法和社会责任，这也是远远不够的。进而言之，在世界某些地区，尤其是部分贫穷的发展中国家，法治和基本的公共服务明显缺失。在这样的现实状况下，“商业的本质就是盈利”这一理念就更不适用了，也无法指导公司的行动。在这种环境中开展运营的公司，如果过于关注不完善的当地法规，或回避社会各界对其经营行为的讨论，就有可能面对大量批评，甚至卷入当地紧张的政治局势中。

8.1.2　商业计划

商业计划是指在战略导向下通过确定的商业模式实现阶段性战略目标的一切计划和行动方案。它是一种能明确表述企业有能力提供一定数量的产品和服务，获得满意的利润，并得到有关方面的支持，为企业管理提供分析基础和信息交流依据，指导、监测企业管理行为以提高企业经营效率的文件。也就是说，商业计划是对企业或拟建立企业进行宣传和包装的文件，它向风险投资商、银行、客户、供应商宣传企业及其经营方式；同时，又为企业未来的经营管理提供必要的分析基础和衡量标准。

1. 商业计划的作用

商业计划并非只是创业企业所必要的，对于那些已经建立的组织，也是一种很好的实践模式。制订商业计划是一项非常有价值的商业活动，当然前提是计划制订正确，然而需要牢记的是，制订一份好的商业计划并不一定能带来一个健康盈利、繁荣向上的企业。

1）制订商业计划是能够使未来的创业者集中精力思考问题的有效方法

创业者通过商业计划能够明确目标，确定方针，并对自己组建的企业能力、存活率进行一番评估。创业者通过制订商业计划，确定具体的目标和参数，并以此为尺度衡量业务的进程与营利性。由于能够完全自筹资金的创业者相对较少，大多数创业者面临的一个问题就是外部融资，或在创业起步阶段，或在后期企业扩展及成长时期。对于这些人来说，有一份好的商业计划决定了他们的将来。

2）商业计划能够使企业管理者思维聚焦

企业所有者通常要回答以下四个基本问题，形成基本的规划：我们现在所处的位置如何；在若干年内我们需要成为什么样的公司；要想达到这个目标需要做什么；我们如何去做那些必须做的事。其中提出问题、解答问题这一过程是制订商业计划的真正核心所在。通过思维聚焦，企业管理者可以清楚地了解企业存在的目的是什么，它将在哪个市场运作。创业者还需要聚焦思维考虑的就是商业项目的可行性，要考虑它是否真正具备取得成功所不可或缺的能力和条件。

3）商业计划是一把进展与业绩的标尺

每个新创企业都必须明确经营目标和范围，但只是简简单单地写上一句还远远不够，必须将目标具体化才能判断其既定目标是否能够实现或已经实现。其目标的细化可以通过制订财务计划和市场营销计划来实现。

4）商业计划可以用于起点阶段与扩展阶段的融资

任何有志于创业的人都必须具备制定完备而清晰的商业计划的能力，特别是在需要外部融资的情况下，现在已经有了不少商业计划的标准格式。因此，写一份商业计划易如反掌，但是制订一份好的商业计划需要缜密的思考与大量的投入。

5）企业可以根据发展现状随时更新商业计划，并调整企业发展策略

商业计划一般需要每年更新一次。对于绝大多数小企业来说，预测一年以上的预算和现金不太现实，而短于一年的预测又不足以提供有用的信息。这些公司的做法是，如果发生某些重大变化就每半年对商业计划进行一次修改。因此，根据发展状况随时更新商业计划并采取相应的策略有利于企业的健康可持续发展。

6）商业计划的准确性将影响企业对市场的应对策略

大部分商业计划需要前期做很多的数据跟踪调查。其中包括可行性报告、市场定位、群众的接受度等，这些大量的数据是企业的支撑点，知己知彼，百战不殆，从冷兵器时期至当今情报部门的至关重要，因为它能左右一个企业的命运。

2. 商业计划的一般要求

商业计划的制订对企业的有序发展起到重要作用，商业计划的制订也需要遵循一定的规范和要求才能称为一份合格的商业计划。

（1）商业计划是一种务实的想法与工具，能够帮助投资者在一个充满不确定性的商业环境中树立起长远眼光，能够根据当今商业环境中的各种变化及如何适应这种变化而做出前瞻性的商业决策。

（2）制订商业计划的创业者是将总体思考与随机的思路不断连贯起来。对投资者来

说也是给其提供一个比较靠谱的思考框架。

（3）对于创业风险企业来说，商业计划是吸引风险投资的重要连接方式和工具，也是制定企业发展战略的重要手段。对于风险投资家来说，商业计划是评价创业企业是否真正有投资或者经营价值的重要根据。

（4）商业计划主要是风险企业为赢得风险投资而专门设计的。一个好的商业计划并不一定能够保证企业融资的成功。但可以确信无疑的是，如果不制订一个好的商业计划，企业融资的失败可能性必定会大大增加。所以要实现融资成功的预想，商业计划的起草一定凝聚着风险企业家的思想和心血。

（5）商业计划的形式多元化，各计划书之间各有差异、种类繁多，怎样设计商业计划则主要依赖于企业的创业阶段、预想的投资类型。但总的来讲，商业计划应当贯穿一个切实可行的理念，以及实现这一理念的方法。因此，商业计划应该是语言清晰、结构紧凑、逻辑严密、内容充实，向风险融资人展示最好一面的商业机会，能够引起读者共鸣。

（6）从精心制订的商业计划中可以看出，你有没有一个切实可行的理念，以及有没有实现这一理念的可靠方法。

8.1.3　商业计划书

商业计划是一种商业管理职能，更侧重管理功能，而商业计划书是商业计划的一种书面表现形式，很多人经常会混用，因为商业计划一般情况下是以书面的形式来呈现，有一定的结构和形式。商业计划书是公司、企业或项目单位为了达到招商融资和其他发展目标，在经过前期对项目科学地调研、分析、搜集与整理有关资料的基础上，根据一定的格式和内容的具体要求而编辑整理的一个向投资者全面展示公司和项目目前状况、未来发展潜力的书面材料。商业计划书是以书面的形式全面描述企业所从事的业务，详尽地介绍了一个企业的产品服务、生产工艺、市场和客户、营销策略、人力资源、组织架构、对基础设施和供给的需求、融资需求，以及资源和资金的利用情况。

编写商业计划书除了计划管理的书面化功能外，一个重要目的是寻找战略合作伙伴或者风险投资资金，其内容应真实、科学地反映项目的投资价值。一般而言，项目规模越庞大，商业计划书的篇幅也就越长；如果企业的业务单一，则可简洁一些。一份好的商业计划书的特点是：关注产品、敢于竞争、充分的市场调研、有力的资料说明、表明行动的方针、展示优秀团队、良好的财务预计、出色的计划概要等。在申请融资时，商业计划书是至关重要的一环，无论申请对象是风险投资机构还是其他任何投资或信贷来源。因此，商业计划书应该做到内容完整、意愿真诚、基于事实、结构清晰、通俗易懂。商业计划书的目的很简单，它就是创业者手中的武器，提供对象是投资者和其他一切对创业项目感兴趣的人，向他们展现创业项目的潜力和价值，说服他们对项目进行投资和支持。

1. 商业计划书的作用

商业计划书的价值在于对决策的影响，就这点来说，商业计划书的价值是无法衡量的。如果一个企业在决策之前不做一个非常周密的计划，那样的决策是缺乏根据的。商业计划书是为了展望商业前景，整合资源，集中精力，修补问题，寻找机会而对企业未来的展望。可惜，现在人们只认为商业计划书是用来申请风险基金的。其实商业计划是为了预测企业的成长率并做好未来的行动规划。制订商业计划书有很多作用，其中最重要的有以下几条。

1）达到企业融资的目的

一个好的商业计划书是获得贷款和投资的关键因素之一。如何吸引投资者，特别是风险投资家参与创业投资项目,一份高质量且内容丰富的商业计划书将会使投资者更快、更有效地了解投资项目，将会使投资者对项目充满信心，并投资参与该项目，最终达到为项目筹集资金的作用。商业计划书是争取项目融资的敲门砖。投资者每天会接收到很多商业计划书，商业计划书的质量和专业性就成为企业获得投资的关键点。企业家在争取获得风险投资之初，首先应该将商业计划书的制作列为头等大事。

2）全面了解你的企业

通过制订相应的商业计划，你会对自己企业的各个方面有一个全面的了解。它可以更好地帮助你分析目标客户、规划市场范畴、形成定价策略，并对竞争性的环境做出界定，在其中开展业务以求成功。商业计划书的制订保证了方方面面能够协调一致。同样，在制订过程中往往能够发展颇具竞争力的优势，或是商业计划书本身所蕴藏的新机遇或不足。只有将商业计划书付诸纸上，才能确保你提高管理企业的能力。你也可以集中精力，抢在情况恶化之前应对商业计划书中出现的任何偏差。同样，你将有足够的时间为未来做打算，做到防患于未然。

3）向合作伙伴提供信息

使用商业计划书，为业务合作伙伴和其他相关机构提供信息。在编撰商业计划书过程中，最重要的目的是找到一个战略合作伙伴，以期待企业更加充满活力。

商业计划书的重要性不言而喻。现在中小企业招商融资没有商业计划书几乎是不可能成功的，同样没有一个正规、完整的商业计划书也是希望渺茫的。一个很简单的原因就是：所有投资者首先面对的是你的商业计划书而不是你的项目。

2. 商业计划书的内容

商业计划书应能反映经营者对项目的认识及取得成功的把握，它应突出经营者的核心竞争力；最低限度地反映经营者如何创造自己的竞争优势，如何在市场竞争中脱颖而出，如何争取较大的市场份额，如何发展和扩张。种种“如何”是构成商业计划书的说服力。若只有远景目标、期望而忽略“如何”，则商业计划书便只是“宣传口号”而已。

商业计划书包含的范围很广，但一般离不开以下内容：经营者的理念、市场、客户、比较优势、管理团队、财务预测、风险因素等。其对市场的分析应由大入小，从宏观到微观，以数据为基础，深刻地描述公司/项目在市场中将争取的定位。对比较优势,应在非常清楚本身强弱情况及竞争对手战略的基础上做出分析。至于管理团队，应从各人的背景及经验入手分析其对公司/项目中不同岗位的作用。财务预测是最关键的，应将绝大部分的假设及其所引致的财务影响彻底地描述及分析。当然，假设是不确定的，但有理据的假设加上严谨的逻辑思维及系统的演示方法，将可大大地增强可信性。虽知道绝大部分人都有倾向成功的心态，只要道理明白，不浮夸，自然会让人相信。风险因素最能显示经营者是否真的明白自己的生意，风险因素多不等于该生意不该做，关键是如何控制或回避风险，能将控制或回避风险的手段交代清楚，是代表成功的重要一步。

编写商业计划书，经营者会更了解生意的整体情况及模型，亦能让投资者判断该生意的可营利性，它是市场融资的一种关键工具。

3. 商业计划书的用途

商业计划书能帮助企业家或创业者勾画事业蓝图，安排公司运作，进行融资。对于开始建立新企业的企业家来说，商业计划有四个基本目标：确定企业机遇的性质和内容；说明企业家计划利用这一机遇进行发展所要采取的方法；确定最有可能决定企业是否成功的因素；确定筹集资金的工具。

商业计划书把促使企业家致力于创建企业的理想和希望都具体化了。我们最常见的商业计划书是制订新企业的企业经营计划。在这些商业计划书里，企业家对预建企业最初 3～5 年的销售、经营和财务方面做出计划。作为企业家创建新企业的蓝图，商业计划在本质上是一座沟通理想与现实的桥梁。最初没有在脑海里看到预期的最终结果，企业家是不可能看到企业成为物质实体的。商业计划书首先把计划中的创业或经营活动推销给了企业家自己。在做一份商业计划书的同时，企业家会对自己要做的事情有越来越深入的了解。对创业者来说，他可以从仅有的创意发展为充分认识到将创意转化成实际创业的市场机会。对已有了一定基础想进一步扩大规模的企业家来说，他可以通过商业计划书看到推动企业飞速发展的时机。商业计划书同时还有以下功能。

1）沟通工具

商业计划书可以用来介绍企业的价值，从而吸引到投资、信贷、员工、战略合作伙伴，或包括政府在内的其他利益相关者。一份成熟的商业计划书不但能够能描述出企业的成长历史，展现出未来的成长方向和愿景，还将量化出潜在盈利能力。这都需要对自己企业有全面的了解，对所有存在的问题有所思考，对可能存在的隐患做好预案，并能够提出行之有效的工作计划。

2）管理工具

商业计划书首先是一个计划工具，它能引导你走过公司发展的不同阶段。一份有想法的计划书能帮助你认清挡路石，从而让你绕过它。很多创业者都与他们的雇员分享商业计划书，以便让团队更深刻地理解自己的业务到底走向何方。大公司也在利用商业计划，通过年度周期性地反复讨论和仔细推敲，最终确定组织未来的行动纲要和当年的行动计划，并使上级和下级的意志得到统一。商业计划书也能帮助你跟踪、监督、反馈和度量业务流程。优秀的商业计划书将是一份有生命的文档，随着团队知识与经验的不断增加，它也会随之成长。当你建立好公司的时间轴及里程碑，并在一个时间段后，你就能衡量公司实际的路径与开始的计划有什么不同了。越来越多的公司都已开始利用年度周期性的计划工作，总结上一周期的成功与不足，以便调整集体的方向与步骤，并进行奖优罚劣，激励团队的成长。

3）承诺工具

最容易被人忽略的是，商业计划书也是一个承诺的工具。这点在企业利用商业计划书执行融资工作的时候体现得最为明显。和其他的法律文档一样，在企业和投资人签署融资合同的同时，商业计划书往往将作为一个合同附件存在。与这个附件相对应的，是主合同中的对应条款。对应条款和商业计划书，将共同构成一个业绩承诺：当管理人完成或没有完成商业计划书中所约定的目标，投资人和企业家之间将在利益上如何重新分配。在辅助执行公司内部管理时，商业计划书也是一个有效的承诺工具。在上级和下级就某一特定目标达成一致意见以后，他们合作完成的商业计划书就记录下了对目标的约定。这样的约定，将成为各类激励工具得以实施的重要基础。

商业计划书也体现了上级对下级的承诺。公司战略得以展开，必然意味着必要的资源投入。只有经过慎重思考的战略，才能够让领导人具有必要投入的决心。人们可以原谅因为具体环境的变化、知识的增长而带来行动计划乃至战略的调整，但是却没有任何人愿意和一个朝三暮四、朝令夕改、不具备战略思考能力的领导人共同工作。那些既不能给投资者以充分的信息也不能使投资者激动的商业计划书，其最终结果只能是被扔进垃圾箱里。

4. 商业计划书的分类

商业计划书可分为四类，即创业计划书、项目计划书、工作计划书及融资计划书。

1）创业计划书

创业计划书是一份全方位的商业计划，其主要用途是递交给投资商，以便于他们能对企业或项目做出评判，从而使企业获得融资。它是用以描述与拟创办企业相关的内外部环境条件和要素特点，为业务的发展提供指示图和衡量业务进展情况的标准。通常创业计划书是结合了市场营销、财务、生产、人力资源等职能计划的综合。

2）项目计划书

项目计划书是指项目方为了达到招商融资和其他发展目标等所制作的计划书。一份好的项目计划书的特点是：关注产品、敢于竞争、充分市场调研、有力资料说明、表明行动的方针、展示优秀团队、良好的财务预计等，从而使合作伙伴更了解项目的整体情况及业务模型，也能让投资者判断该项目的可营利性。

3）工作计划书

工作计划书是运作企业的工具，将利用较长篇幅处理细节，叙述应简洁。作为给内部人员使用的指导性文件，工作计划书不必纠结于排版、装订等方面，但事实和数据方面的内在统一对工作计划书和其他类型计划书同样重要。

4）融资计划书

融资计划书包含了投资决策所关心的全部内容，如企业商业模式、产品和服务模式、市场分析、融资需求、运作计划、竞争分析、财务分析、风险分析等内容。融资计划书，其实是一份说服投资者的证明书。

8.2　项目计划与项目计划书

8.2.1　项目与项目计划

1. 项目概述

“项目”一词最早于 20 世纪 50 年代在汉语中出现，是指在一定的约束条件下（主要是限定时间、限定资源），具有明确目标的一次性任务。项目是一件事情、一项独一无二的任务，也可理解为是在一定的时间和一定的预算内所要达到的预期目的。项目是指一系列独特的、复杂的并相互关联的活动，这些活动有着一个明确的目标或目的，必须在特定的时间、预算、资源限定内，依据规范来完成。叶圣陶《倪焕之》二五：“教育这个项目当然是不容轻易忽略的。”洪深《戏剧导演的初步知识》上篇二：“它们的式样、大小、制造的材料、使用的方法等等，项目繁多。”秦牧《艺海拾贝 · 核心》：“生动的语言和丰富的词汇，看来该是技巧性很强的一个项目了。”在我们的现实生活中，开发一项新产品、计划举行一项大型活动（如策划组织婚礼、大型国际会议等）、策划一次自驾游旅游、ERP 的咨询开发实施与培训等都可以称为一个项目。

2. 项目的基本特征

1）一次性

项目有明确的开始时间和结束时间，项目在此之前从来没有发生过，而且将来也不会在同样的条件下再次发生，而日常运作是无休止或重复的活动。

2）独特性

每个项目都有自己的特点，每个项目都不同于其他的项目。项目所产生的产品、服务或完成的任务与已有的相似产品、服务或任务在某些方面有明显的差别。项目自身有具体的时间期限、费用和性能质量等方面的要求。因此，项目的过程具有自身的独特性。

3）目标的明确性

每个项目都有自己明确的目标，为了在一定的约束条件下达到目标，项目经理在项目实施以前必须进行周密的计划。事实上，项目实施过程中的各项工作都是为项目的预定目标而进行的。

4）组织的临时性和开放性

项目开始时需要建立项目组织，项目组织中的成员及其职能在项目的执行过程中将不断地变化，项目结束时项目组织将会解散，因此项目组织具有临时性。一个项目往往需要多个甚至成百上千个单位共同协作，它们通过合同、协议及其他的社会联系组合在一起，可见项目组织没有严格的边界。

5）后果的不可挽回性

项目具有较大的不确定性，它的过程是渐进的，潜伏着各种风险。它不像有些事情可以试做，或失败了可以重来，即项目具有不可挽回性。

3. 项目计划及其输出内容

项目计划用于协调所有项目计划编制文件、指导项目执行和控制的文件。其关键组成部分包括项目简介或概览、如何组织项目的描述、用于项目的管理和技术过程，描写所要完成的工作的部分、进度信息和预算信息。项目计划要列出要做的主要工作和任务清单，要回答“项目做什么”。在工作和任务清单中要清楚地描述出：项目划分为几个实施阶段；其间每个阶段的工作重点和任务是什么；完成不同阶段工作和任务的人力、资源需求、时间期限是多少；各个阶段工作和任务的成果形式；项目实施过程中对风险、疑难、其他不可预见因素等的处理机制；各任务组及开发人员之间的组织、协调关系等。项目计划一定要与重要的干系人进行确认，特别是客户。如果有不满意的地方，要尽量协商再调整，确认后的项目计划，要作为以后项目的基线。如有变更，就要走变更流程。计划如果没有与客户确认，就会出现客户随意变更。常用的项目计划书有里程碑计划、项目实施计划、项目进展计划。

1）里程碑计划

里程碑计划是确定项目的关键交付物或者项目交付产品的具体时间表。里程碑计划可以看作是一个项目在初期阶段制定的蓝图，是对项目完成时间及项目产品交付时间的计划。里程碑计划直接就可以在日历上用一个星号或者一个三角加以表示。

2）项目实施计划

一个成功的项目管理是在有组织的人员和团体的基础上展开的，涉及制定要完成的目标和工作，以及为保证工作得以实施而提供领导支持和指导。项目的全局目标需要用更加简短的期间目标明确表示，并且通过精心策划的计划、进度和预算等来完成。然后实施控制以确保计划和进度按照预期付诸实施。项目的实施计划表是整个项目实施的所有步骤，包括项目管理的各个方面。涉及要制定完成的目标及其相应的工作，以及为保证工作的实施提供相应的领导支持和指导。其中包括进度计划和成本预算、成本管理计划与风险管理计划等。

3）项目进度计划

项目进度计划就是根据项目实施具体的日程安排，规划整个工作进展。项目进度计划也称为项目初步计划、详细计划或者整体计划和子计划等。

在计划编制过程中，所提供的输出文件也很多，它们都是项目执行工作的依据。其中，最主要的计划文件内容包括以下几方面。

（1）成本计划，其确定了完成项目所需要的成本和费用，并结合进度安排，获得描述成本——时间关系的项目费用基准，并以费用基准作为度量和监控项目执行过程费用支出的主要依据和标准，从而以最低的成本达到项目目标。

（2）质量计划，其是为了达到客户的期望而确定的项目质量目标、质量标准和质量方针，以及实现该目标的实施和管理过程。

（3）变更控制计划，其规定了当项目发生偏差时，处理项目变更的步骤、程序，确定了实施变更的具体准则，但是项目发生的偏差性质未必完全相同，在一定的程度和范围内，是可以接受的，这时只须采取一定的纠偏措施；当超出一定的范围之后，就可能是计划不当造成的，这时便需要按照变更控制计划规定的标准、步骤、准则对计划进行变更。

（4）文件控制计划，是指对项目文件进行管理和维护的计划，它保证了项目成员能够及时、准确地获得所需文件。

（5）风险应对计划，其主要是对项目中可能发生的各种不确定因素进行充分的估计，并为某些意外情况制订应急的行动方案。

（6）支持计划，即对项目管理的一些支持手段，包括软件支持计划、培训支持计划和行政支持计划。软件支持计划是指使用自动化工具处理项目资料的计划；培训支持计划是对项目团队成员进行培训的计划；行政支持计划是为项目主管和职能经理配备支持单位的计划。

4. 项目计划的原则

项目计划作为项目管理的重要阶段，在项目中起承上启下的作用，因此在制定过程中要按照项目总目标、总计划进行详细计划。计划文件经批准后作为项目的工作指南。因此，在项目计划制定过程中一般应遵循以下六个原则。

（1）目的性。任何项目都是一个或几个确定的目标，以实现特定的功能、作用和任务，而任何项目计划的制定正是围绕项目目标的实现展开的。在制订计划时，首先必须分析目标，弄清任务。

（2）系统性。项目计划本身是一个系统，由一系列子计划组成，各个子计划不是孤立存在的，彼此之间相对独立，又紧密相关，从而使制订出的项目计划也具有系统的目的性、相关性、层次性、适应性、整体性等基本特征，使项目计划形成有机协调的整体。

（3）经济性。项目计划的目标不仅要求项目有较高的效率，而且要有较高的效益。所以在计划中必须提出多种方案进行优化分析。

（4）动态性。这是由项目的寿命周期所决定的。一个项目的寿命周期短则数月，长则数年，在这期间，项目环境常处于变化之中，使计划的实施会偏离项目基准计划，因此项目计划要随着环境和条件的变化而不断调整和修改，以保证完成项目目标，这就要求项目计划要有动态性，以适应不断变化的环境。

（5）相关性。项目计划是一个系统的整体，构成项目计划的任何子计划的变化都会影响到其他子计划的制订和执行，进而最终影响到项目计划的正常实施。制订项目计划要充分考虑各子计划间的相关性。

（6）职能性。项目计划的制订和实施不是以某个组织或部门内的机构设置为依据，也不是以自身的利益及要求为出发点，而是以项目和项目管理的总体及职能为出发点，涉及项目管理的各个部门和机构。

5. 项目计划过程中的注意事项

（1）不应过分拘泥于细节，主要目的是制订出一份能够获得干系人批准、总体结构准确且具有指导意义的项目计划书。计划的完善是一项贯穿于整个项目生命周期的持续改进过程。

（2）短期计划和长期计划相结合，短期计划需要做出周密的规划，长期计划只需要给出指导性规划即可。

（3）项目计划的确定可以采用目标管理法，强调上下交互来制定项目的目标和任务。首先由项目经理根据项目的章程把项目的整体计划制订出来，然后由项目成员根据项目的整体计划来指导个人任务的制定，通过协商式、小规模的群体讨论来确定个人的任务。这种参与能够增加团队成员的责任感，有利于项目工作的开展。

（4）不可忽视项目计划内容中的组织架构图、各部门的职能、各关键部门的经理和部分成员。项目经理可以通过翻阅流程文件了解各个部门之间的业务依赖关系和配合方式。

（5）不可忽视项目计划历时经验、制约因素（包括成本制约，人力资源制约）、项目实施中的假设信息等。

（6）项目干系人的要求在项目初期阶段往往是模糊的，不同的干系人之间对项目的期望往往不尽相同甚至是相互矛盾的。作为项目经理在制订项目计划的时候要充分认识到这一点。

（7）从一开始就要清晰地定义项目，并注意平衡不同的项目关键干系人之间的需求。制订的项目计划书一定要得到项目关键干系人的正式书面批准。

8.2.2　项目计划书

1. 常见的项目投资计划书

项目计划书是项目计划的书面呈现，经常在项目投资过程中使用，常见的项目投资计划书如下。

1）项目投资计划书

项目投资计划书是公司、企业或项目单位为了达到招商融资和其他发展目标，在经过前期对项目科学地调研、分析、搜集与整理有关资料的基础上，根据一定的格式和内容的具体要求而编辑整理的一个向读者全面展示公司和项目目前状况、未来发展潜力的书面材料。

对于正在寻求资金的风险企业来说，项目投资计划书就是企业的电话通话卡片。项目投资计划书的好坏，往往决定了投资交易的成败。

对初创的风险企业来说，项目投资计划书的作用尤为重要，一个酝酿中的项目，往往很模糊，通过制订项目投资计划书，把正反理由都书写下来，然后再逐条推敲。创业者这样就能对这一项目有更清晰的认识。可以这样说，项目投资计划书首先是把计划中要创立的企业推销给创业者自己。

2）风险投资项目计划书

风险投资在我国是一个约定俗成的具有特定内涵的概念，其实把它翻译成创业投资更为妥当。广义的风险投资泛指一切具有高风险、高潜在收益的投资；狭义的风险投资是指以高新技术为基础，对生产与经营技术密集型产品的投资。根据美国全美风险投资协会的定义，风险投资是由职业金融家投入到新兴的、迅速发展的、具有巨大竞争潜力企业中的一种权益资本。

“风险投资”一词及其行为，通常认为起源于美国，是 20 世纪六七十年代后，一些愿意以高风险换取高回报的投资人发明的，这种投资方式与以往抵押贷款的方式有本质的不同。风险投资不需要抵押，也不需要偿还。如果投资成功，投资人将获得几倍、几十倍甚至上百倍的回报；如果失败，投进去的钱就算打水漂了。对创业者来讲，使用风险投资创业的最大好处在于即使失败，也不会背上债务。这样就使得年轻人创业成为可能。总的来讲，这几十年来，这种投资方式发展得非常成功。随着中国经济持续稳定地高速增长和资本市场的逐步完善，中国的资本市场在最近几年呈现出强劲的增长态势，投资于中国市场的高回报率使中国成为全球资本关注的战略要地。

3）天使投资项目计划书

天使投资是自由投资者或非正式风险投资机构，对原创项目构思或小型初创企业进行的一次性的前期投资。天使投资虽是风险投资的一种，但两者有着较大差别。天使投资是一种非组织化的创业投资形式，其资金来源大多是民间资本，而非专业的风险投资商。天使投资的门槛较低，有时即便是一个创业构思，只要有发展潜力，就能获得资金，而风险投资一般对这些尚未诞生或嗷嗷待哺的“婴儿”兴趣不大。对刚刚起步的创业者来说，既吃不了银行贷款的“大米饭”，又沾不了风险投资“维生素”的光，在这种情况下，只能靠天使投资的“婴儿奶粉”来吸收营养而茁壮成长。

4）项目融资计划书

融资计划书包含了投资决策所关心的全部内容，如企业商业模式、产品和服务模式、市场分析、融资需求、运作计划、竞争分析、财务分析、风险分析等。融资计划书，其实是一份说服投资者的证明书。

2. 项目计划书的结构

一个项目计划书要包括以下几个方面的内容。

1）封面页

这是在写作过程中最容易被忽视的部分。大部分创业者认为内容比形式更重要。其实，形式是内容最好的诠释。另外，项目计划书也能使投资机构人员了解和认识我们，表现得越专业，越能得到投资者的青睐。封面可以只简单地写上项目名称和日期，也可以包括以下信息：项目名称；申请（执行）机构；通信地址；电话、传真、E-mail；联系（负责）人；还可以把银行账户、律师、审计机构等信息列在封面页上。

2）项目概述

这是最关键的一部分，也是读者最先阅读、最重视的部分。要知道投资者每天都会收到大量来自创业者的申请要求，他们也许没有足够的时间看完所有的项目计划书。所以，项目概述将成为影响初步判断结果的决定因素。概述一般要包括：机构的背景信息、使命与宗旨；项目要解决的问题与解决的方法；项目申请方的能力和以往的成功经验，等等。需要特别指出的是：尽管项目概要部分排在计划书的前半部，但实际上，这一部分是要在写完计划书所有内容以后，才动手写的。

3）项目背景

这一部分内容，需要详细介绍存在的问题及为什么你要设计这个项目来解决这些问题及得到帮助后会是什么样。要充分地说明目前所遇见问题的严重性与紧迫性，最好能提供一些数据，这样不但可以充分地说明问题，同时还能表明你对这一项目的了解。此外，你还可以使用一些真实、典型的案例，以便在情感上打动读者，进而引起他们的共鸣。同时要说明项目的起因、逻辑上的因果关系、受益群体及其与其他社会问题之间的关联等。

4）目标与产出

在使资助机构确信问题存在以后，明确提出你的解决方案。机构间的合作是被鼓励的。如果你还有其他的机构合作伙伴，记得明确加以说明。这一部分中要详细地介绍你的项目计划、项目的总体目标、阶段性目标与任务，以及各目标的评估标准。总体目标是一个长期的、宏观的、概念性的、比较愿景式的描述。由总体目标可以分解成一系列具体的、可衡量的、可实现的、带有明确时间标记的阶段性目标。对目标的陈述一定要非常清楚。最重要的是，制定的目标要符合实际。不要承诺你做不到的事情。要牢记，资助者希望在项目完成报告里看到的是：项目实际上实现了这些既定目标。

5）解决方案与实施方法

通过以上部分，你已经清楚地解释了存在的问题及你希望完成的事情。在介绍方法时，你要特别说明这种方法的优越性。你可以同时列举出其他相关的方法，并对它们进行比较，还可以引用专家的观点和其他失败或成功的案例，等等。总之，要充分说明你选择的方法是最科学、最有效、最经济的。同时，也要说明你的机构在采用这种方法时，也存在一定的风险与挑战。此外，还要提到为了执行这一解决方案，都需要哪些条件与资源。

3. 项目计划书编写目录

下面是一份项目计划书的编写目录，在编写项目计划书的时候可以作为参考。

第一章　公司基本情况

　　一、项目公司与关联公司

　　二、公司组织结构

　　三、公司管理层构成

　　四、历史财务经营状况

　　五、历史管理与营销基础

　　六、公司地理位置

　　七、公司发展战略

　　八、公司内部控制管理

第二章　项目产品介绍

　　一、产品/服务描述（分类、名称、规格、型号、产量、价格等）

　　二、产品特性

　　三、产品商标注册情况

　　四、产品更新换代周期

　　五、产品标准

六、产品生产原料

七、产品加工工艺

八、生产线主要设备

九、核心生产设备

十、研究与开发

1. 正在开发/待开发产品简介

2. 公司已往的研究与开发成果及其技术先进性

3. 研发计划及时间表

4. 知识产权策略

5. 公司现有技术开发资源及技术储备情况

6. 无形资产（商标知识产权专利等）

十一、产品的售后服务网络和用户技术支持

十二、项目地理位置与背景

十三、项目建设基本方案

第三章 项目行业及产品市场分析

一、行业情况（行业发展历史及趋势，哪些行业的变化对产品利润、利润率影响较大，进入该行业的技术壁垒、贸易壁垒、政策限制等，以及行业市场前景分析与预测）

二、产品原料市场分析

三、目标区域产品供需现状与预测（目标市场分析）

四、产品市场供给状况分析

五、产品市场需求状况分析

六、产品市场平衡性分析

七、产品销售渠道分析

八、竞争对手情况与分析

1. 竞争对手情况

2. 本公司与行业内五个主要竞争对手的比较

九、行业准入与政策环境分析

十、产品市场预测

第四章 项目产品生产发展战略与营销实施计划

一、项目执行战略

二、项目合作方案

三、公司发展战略

四、市场快速反应系统（IIS）建设

五、企业安全管理系统（SHE）建设

六、产品销售成本的构成及销售价格制订的依据

七、产品市场营销策略

1. 建立销售网络、销售渠道、设立代理商、分销商方面的策略与实施

2. 广告促销方面的策略与实施
3. 产品销售价格方面的策略与实施
4. 建立良好销售队伍方面的策略与实施
八、产品销售代理系统
九、产品销售计划
十、产品售后服务方面的策略与实施
第五章 项目产品生产及SWOT综合分析
一、项目产品制造情况
1. 产品生产厂房情况
2. 现有生产设备情况
3. 产品的生产制造过程、工艺流程
4. 主要原材料供应商情况
二、项目优势分析
三、项目弱势分析
四、项目机会分析
五、项目威胁分析
六、SWOT综合分析
第六章 项目管理与人员计划
一、组织结构
二、管理团队介绍
三、管理团队建设与完善
1. 公司对管理层及关键人员将采取怎样的激励机制
2. 是否考虑管理层持股问题
四、人员招聘与培训计划
五、人员管理制度与激励机制
六、成本控制管理
七、项目实施进度计划
第七章 项目风险分析与规避对策
一、经营管理风险及其规避
二、技术人才风险及其规避
三、安全、污染风险及控制
四、产品市场开拓风险及其规避
五、政策风险及其规避
六、中小企业融资风险与对策
七、对公司关键人员依赖的风险
第八章 项目投入估算与融资说明
一、项目中小企业融资需求与贷款方式
二、项目资金使用计划

三、中小企业融资资金使用计划
四、贷款方式及还款保证
五、投资方可享有哪些监督和管理权力
六、投资方以何种方式收回投资，具体方式和执行时间
第九章　项目财务预算及财务计划
一、财务分析说明
二、财务资料预测（未来 3～5 年）
1. 销售收入明细表
2. 成本费用明细表
3. 薪金水平明细表
4. 固定资产明细表
5. 资产负债表
6. 利润及利润分配明细表
7. 现金流量表
8. 财务收益能力分析
第十章　公司无形资产价值分析
一、分析方法的选择
二、收益年限的确定
三、基本数据
四、无形资产价值的确定
附件
附件 I　项目实施进度
附件 II　其他补充内容

8.3　创业计划与创业计划书

8.3.1　创业计划

1. 创业计划的定义、特征

创业计划是由创业者准备的一份书面计划，用以描述创办一个创业企业时所有相关的外部及内部要素，包括商业前景的展望、人员、资金、物质等各种资源的整合，以及经营思想、战略确定等，是为创业项目制定的一份完整、具体、深入的行动指南，又称创业商业计划。

创业计划是创业者计划创立的业务的书面摘要。它用以描述与拟创办企业相关的内外部环境条件和要素特点，为业务的发展提供指示图和衡量业务进展情况的标准。通常创业计划是市场营销、财务、生产、人力资源等职能计划的综合。创业计划具有三个方

面的特征。

（1）涉及未来，因而应具有预见性。无论个人或组织，都必须对未来进行充分评估。因此，运用科学的方法对未来进行预测，应是计划的一个基本组成部分。这些预测按内容分类，包括国家宏观经济前景及政策变动预测等。正确的预测将有助于创业者避免掉进灾难的陷阱。

（2）涉及行动，因而需要有可行性。创业就是行动，没有具体的行动，创业就是一句空话，所以创业计划又可称为创业行动计划。它既指出了所要达到的目标，又指出了所要遵循的路线、通过的阶段和所使用的手段。因此，失去了商业计划目标，也就失去了对未来的把控。

（3）涉及环境，因此应具有灵活性。创业者受自身知识结构、所获信息数量和质量的影响完全准确地看清未来是不可能的，因而对于不确定的未来，创业计划应是相当灵活的，能顺应人们认识的深化与事物具体的变化而调整。越是能在计划中体现灵活性，由偶发事件发生所造成损失的风险就会越小。另外，创业的不同阶段对计划的要求是不同的。一般说来，在创业的初期，要求计划更具有指导性；在创业的成长期，要求计划更为具体和详细；在创业的成熟期，要求计划是长期的、具体的战略发展。

2. 创业计划及其作用

1）把企业推销给自己

通过创业计划的制订，创业者必须建立自信，应该以认真的态度对自己所拥有的资源、已知的市场情况和初步的竞争策略做一个简单的分析，并提出一个初步计划。通过将心中的设想落实于书面规范的创业计划，从而会发现，事情原来并非想象中的简单，原来很多因素都没有想到，很多的设想都不贴近现实。这个时候，需要创业者保持清醒的头脑，客观地、严肃地从整体角度审视自己的创业思路，并且适当地做出调节，使得计划更趋于完美，以确保计划的可操作性。当然，通过撰写书面的创业计划，如果发现原来的设想根本离现实太远，创业者就不得不放弃该创业计划。

2）获得投资资金

投资者一般最看重创业者的财务规划及回收利率等部分。但是，初创的企业经营风险太大，为这类企业提供投资，投资者一般会先要求创业者提供创业计划。对于银行来说，一份制作规范而专业的创业计划就等于一张考究的名片。一份书面的创业计划会提供很多信息，是一份浓缩了的企业经营设想。一份详尽的、与众不同的、切实可行的创业计划将大大降低投资者的投资风险，从而增加获得投资的机会。当然，创业计划也有利于初创企业获得其他形式的资金支持。

3）把要创办的风险企业推荐给风险投资家

创业计划是创业融资的必备工具。对于初创的风险企业来说，创业计划的作用尤为重要。企业的成长基本上离不开外来融资。如果没有创业计划，创业者就无从知道创办这家企业所需资金的确切数目，也就不知道到底还缺多少资金。风险投资家都要求创业者提供创业计划，他们依据创业计划进行评价和筛选，选择他们认为最有发展潜力的企业进行投资。但是，必须明确的一点是，即使创业者不需要融资，不需要寻找合作伙伴，也必须撰写详细的创业计划。

4）有利于企业的经营管理

完美的创业计划可增强创业者的自信，创业者会明显感到对企业容易控制、对经营更有把握。因创业计划提供了企业全部的现状和未来发展的方向，也为企业提供了良好的效益评价体系和管理监控指标。创业计划使得创业者在创业实践中有章可循。

5）明确创业目标，作为项目运作的指导工具

创业者在创业之初，应明确自己的创业目标，有助于创业者冷静地分析和识别创业机会，明确自己的创业理想，规划自己的创业蓝图，使创业者对自己的创业目标更加清晰。

8.3.2　创业计划书

1. 创业计划书及内容

创业计划书是创业计划的书面呈现，是指企业家在创业初期所编写的一份书面创业计划，用以描述创办一个新的风险企业时所有相关的外部及内部要素。它指创业者在正式启动创业项目之前，基于前期对整个项目调研、策划的成果，对创业项目进行全面说明的计划性文件。创业计划书也是一份全方位的商业计划，其主要用途是递交投资商，以便于他们能对企业或项目做出评判，从而使企业获得融资。它是用以描述与拟创办企业相关的内外部环境条件和要素特点，为业务的发展提供指示图和衡量业务进展情况的标准。通常创业计划要结合市场营销、财务、生产、人力资源等。

通常，创业计划书中应包括如下内容：创业的种类、项目概况、市场分析、SWOT分析、发展规划、营销策略、资金规划、可能风险评估、投资人结构、内部管理规划、销售、财务预估报表等。

创业的种类包括创办事业的名称、事业组织形态、创业的项目或主要产品名称等，这是创业最基本的内容。

（1）资金规划。资金即指创业的基金来源，应包括个人与他人出资金额比例、银行贷款等，这会影响整个事业的股份与红利分配。另外，整个创业计划资金总额的分配比例，也应该清清楚楚地记录。

（2）阶段目标。阶段目标是指创业后的短期目标、中期目标与长期目标，主要是让创业者明了自己事业发展的可能性与各个阶段的目标。

（3）财务预估。详述预估的收入与预估的支出，甚至应该阐述事业成立后前三年或前五年内，每一年预估的营业收入与支出费用的明细表，这些预估数字的主要目的，是让创业者计算利润，并明了何时能达到收支平衡。

（4）营销策略。营销策略包括了解服务市场或产品市场、销售方式及竞争条件，主要目的是找出目标市场的定位。

（5）可能风险评估。这一项目指的是在创业过程中，创业者可能遭受的挫折。例如，竞争对手太强、客源流失等，这些风险对创业者而言，甚至会导致创业失败。因此，可能风险评估是创业计划书中不可缺少的一项。

2. 创业计划书的作用

创业计划书是一份全方位的商业计划，和项目计划书的作用在一定程度上有所重叠。更多的作用都是通过计划书以便于他们能对企业或项目做出评判，从而使企业获得融资，这种计划书几乎包括反映投资商所有感兴趣的内容。也有的创业者不缺乏资金，创业计划书就是单纯地用于创业的整体筹划，不涉及获得融资，其主要是用于自己和团队创业的具体安排，创业计划书也有相对固定的格式。

创业计划书的好坏，往往决定了投资交易的成败。对初创的风险企业来说，创业计划书的作用尤为重要。当你选定了创业目标与确定创业的动机后，在资金、人脉、市场等各方面的条件都已准备妥当或已经累积了相当实力，这时候就必须提供一份完整的创业计划书，创业计划书是整个创业过程的灵魂。

从企业成长经历、产品服务、市场、营销、管理团队、股权结构、组织人事、财务、运营到融资方案，只有内容详实、数据丰富、体系完整、装订精致的商业计划书才能吸引投资商，让他们看懂你的项目商业运作计划，才能使你的融资需求成为现实，商业计划书的质量对创业者的项目融资至关重要。

融资项目要获得投资商的青睐，良好的融资策划和财务包装，是融资过程中必不可少的环节，其中最重要的是应做好符合国际惯例的高质量的商业计划书。目前，中国企业在国际上的融资成功率不高，不是项目本身不好，也不是项目投资回报不高，而是项目方创业计划书编写的草率与策划能力让投资商感到失望。

创业计划书的起草与创业本身一样是一个复杂的系统工程，不但要对行业、市场进行充分的研究，而且还要有很好的文字功底。对于一个发展中的企业来说，专业的创业计划书既是寻找投资的必备材料，其撰写过程也是企业对自身的现状及未来发展战略全面思索和重新定位的过程。

3. 商业计划书、项目计划书及创业计划书的区别

目前来讲，没有严格的定义去界定这三者的区别，不过普遍都认为三者是包含关系。商业计划书包括了项目计划书和创业计划书。从本质上来说，三者的大部分内容都是相近的，只是对于目标的寻求不同，侧重点也不同。

创业计划书是创业者或者创业团队为了理清创业思路而梳理的框架性文件，主要用于内部讨论及初期行动大致计划和步骤指引。商业计划书是对企业或项目的运营现状及商业计划进行系统性的描述和分析，主要用途是对外融资或合作。创业计划书第一阅读对象是创业团队的相关人员。商业计划书第一阅读对象是商业项目的执行者或者潜在股权融资投资者及债权融资出资人。创业计划书重点是描述创业做什么，准备怎么做，以及相关的工作和资源安排说明。商业计划书重点是商业运营计划，包括企业或项目的商业基础、商业模式、商业计划和商业分析等。而项目计划是一种以特定项目为对象，直接与新建项目或更新改造项目有关的长期投资行为。项目投资按照其涉及内容还可进一步细分为单纯固定资产投资和完整工业投资。单纯固定资产投资特点在于：在投资中只包括为取得固定资产而发生的垫支资本投入而不涉及周转资本的

投入；完整工业投资则不仅包括固定资产投资，而且还涉及流动资金投资，甚至包括其他长期资产项目（如无形资产、长期待摊费用等）的投资。

8.3.3　创业计划书的编写

1. 编写内容

一般来说，创业计划书中应该包括创业的种类、资金规划及基金来源、资金总额的分配比例、阶段目标、财务预估、营销策略、可能风险评估、创业的动机、股东名册、预定员工人数，具体内容一般包括以下 11 个方面。

1）封面

封面的设计要有审美观和艺术性，一个好的封面会使阅读者产生最初的好感，形成良好的第一印象。

2）计划摘要

它浓缩了创业计划书的精华。计划摘要涵盖了计划的要点，以求一目了然，以便读者能在最短的时间内评审计划并做出判断。计划摘要一般包括公司介绍、管理者及其组织、主要产品和业务范围、市场概况、营销策略、销售计划、生产管理计划、财务计划、资金需求状况等。摘要应尽量简明、生动。特别要说明自身企业的不同之处及企业获取成功的市场因素。

3）企业介绍

这部分的目的不是描述整个计划，也不是提供另外一个概要，而是对你的公司做出介绍，因而重点是你的公司理念和如何制定公司的战略目标。

4）行业分析

在行业分析中，应该正确评价所选行业的基本特点、竞争状况及未来的发展趋势等内容。关于行业分析的典型问题如下。

该行业发展程度如何？现在的发展动态如何？

创新和技术进步在该行业扮演着一个怎样的角色？

该行业的总销售额有多少？总收入为多少？发展趋势怎样？

价格趋向如何？

经济发展对该行业的影响程度如何？政府是如何影响该行业的？

是什么因素决定着它的发展？

竞争的本质是什么？你将采取什么样的战略？

进入该行业的障碍是什么？你将如何克服？该行业典型的回报率有多少？

5）产品（服务）介绍

产品介绍应包括以下内容：产品的概念、性能及特性；主要产品介绍；产品的市场竞争力；产品的研究和开发过程；发展新产品的计划和成本分析；产品的市场前景预测；产品的品牌和专利等。在产品（服务）介绍部分，企业家要对产品（服务）做出详细的说明，说明要准确，也要通俗易懂，使不是专业人员的投资者也能明白。一般来说，产品介绍都要附上产品原型、照片或其他介绍。

6）人员及组织结构

在企业的生产活动中，存在着人力资源管理、技术管理、财务管理、作业管理、产品管理等。人力资源管理是其中很重要的一个环节。

因为社会发展到今天，人已经成为最宝贵的资源，这是由人的主动性和创造性决定的。企业要管理好这种资源，更要遵循科学的原则和方法。

在创业计划书中，必须要对主要管理人员加以阐明，介绍他们所具有的能力。他们在本企业中的职务和责任，他们过去的详细经历及背景。此外，在这部分创业计划书中，还应对公司结构做一个简要介绍，包括公司的组织机构图、各部门的功能与责任、各部门的负责人及主要成员、公司的报酬体系、公司的股东名单（包括认股权、比例和特权）、公司的董事会成员、各位董事的背景资料。经验和过去的成功比学位更有说服力。如果你准备把一个特别重要的位置留给一个没有经验的人，你一定要给出充分的理由。

7）市场预测

市场预测一般包括需求预测、市场预测、市场现状综述、竞争厂商概览、目标顾客和目标市场、本企业产品的市场地位等。

8）营销策略

在创业计划书中，营销策略应包括市场机构和营销渠道的选择、营销队伍和管理、促销计划和广告策略、价格决策等。

9）制造计划

创业计划书中的生产制造计划应包括产品制造和技术设备现状、新产品投产计划、技术提升和设备更新的要求、质量控制和质量改进计划。

10）财务规划

财务规划一般要包括现金流量表、资产负债表及损益表等。

11）风险与风险管理

风险管理一般关心以下几个方面。

你的公司在市场、竞争和技术方面都有哪些基本的风险？

你准备怎样应对这些风险？

就你看来，你的公司还有一些什么样的附加机会？

在你的资本基础上如何进行扩展？

在最好和最坏情形下，你的五年计划表现如何？

如果估计不那么准确，应该估计出你的误差范围到底有多大。如果可能的话，对你的关键性参数做最好和最坏的设定。

2. 编写步骤

准备创业方案是一个展望项目的未来前景、细致探索其中的合理思路、确认实施项目所需的各种必要资源、再寻求所需支持的过程。需要注意的是，并非任何创业方案都要完全包括上述大纲中的全部内容。创业内容不同，相互之间差异也会很大。

第一阶段，经验学习。

第二阶段，创业构思。

第三阶段，市场调研。

第四阶段，方案起草。写好创业方案全文，加上封面，将整个创业要点抽出来写成提要，然后要按下面的顺序将全套创业方案排列起来：①市场机遇与谋略；②经营管理；③经营团队；④财务预算；⑤其他与听众有直接关系的信息和材料，如企业创始人、潜在投资人，甚至家庭成员和配偶。

第五阶段：最后修饰阶段。首先，根据你的报告，把最主要的东西做成一个 1～2 页的摘要，放在前面。其次，检查一下，千万不要有错别字之类的错误，否则别人会对你是否做事严谨产生怀疑。最后，设计一个漂亮的封面，编写目录与页码，然后打印、装订成册。

第六阶段：检查。其可以从以下几个方面加以检查：①创业计划书是否显示出你具有管理公司的经验。②创业计划书是否显示了你有能力偿还借款。③创业计划书是否显示出你已进行过完整的市场分析。④创业计划书是否容易被投资者所领会。创业计划书应该备有索引和目录，以便投资者可以较容易地查阅各个章节。还应保证目录中的信息流是有逻辑的和现实的。⑤创业计划书中是否有计划摘要并放在了最前面，计划摘要相当于公司创业计划书的封面，投资者首先会看它。为了保持投资者的兴趣，计划摘要应写得引人入胜。⑥创业计划书是否在文法上全部正确。⑦创业计划书能否打消投资者对产品（服务）的疑虑。如果需要，你可以准备一件产品模型。

3. 好的创业计划书的评判标准

如何判断商业计划书的好坏呢？标准只有一个，那就是最符合特定投资者需求的商业计划书就是好的计划书，因为只有这样的商业计划书才有可能获得融资的成功。应该特别注意，不同的投资者对项目的需求有所区别，因此针对特定投资者撰写符合该投资者项目需求的商业计划书，就成了唯一标准。但这并不意味着，为了投资商的需要而一味迎合投资商，失去项目的本质，实际上恰恰相反，只不过是要求创业者在撰写商业计划书的时候，根据特定投资商的需求，将投资商最感兴趣的项目部分重点阐述并描述清楚，不同的投资商有不同的投资习惯和投资需求，分析好这些习惯和需求而制作出的商业计划书必将为成功融资起到事半功倍的作用（表 8-1）。

表 8-1　创业计划书的评判标准

评判标准	A	B	C
项目撰写的目的和基本思路	目的明确、内容全面、系统、科学，前后逻辑性强，文本质量高	目标不明细，内容不够全面，前后逻辑性不清晰，文本质量不高	目标夸大，内容空洞，无条理，文本质量粗糙
项目的科学性、先进性及创新之处	拥有开发的产品、发明、专利或服务概念，团队成员掌握一定的核心技术或经济技术	一般的竞争产品或服务，没有提出新的理念	已淘汰的产品或服务，或者是产品无市场竞争力，竞争过度的项目
项目的实际应用价值和实际操作、可行性分析	各项内容论证建立在调查基础之上，论证充分、科学，数据可信度高	对各项内容进行了论证或阐述，但不够详细，数据论述可信	论证质量差，前后冲突，逻辑混乱，使用数据可信性低

续表

评判标准	A	B	C
创业计划书分析	内容全面、系统、科学，文章前后逻辑紧密，语言流畅，具有吸引力	内容不够全面，前后逻辑性不清晰，文本质量不高	内容空洞，无条理，文本质量粗糙
项目开发创意	创意独特、新颖，创新力度大	创意性一般，创新力度不大	缺乏创意和创意力度
经营管理和运作方案	开发状态和目标规划合理，操作周期和实施计划恰当，在各阶段目标合理，重点明确。对经营难度和资源要求分析准确	开发状态和目标规划基本合理，操作周期和实施计划基本恰当，在各阶段目标基本合理，对经营难度和资源要求分析基本准确	开发状态和目标规划不合理，操作周期和实施计划不恰当，在各阶段目标不合理，对经营难度和资源要求分析不准确
市场及竞争分析	对于公司所处于行业分析透彻，市场竞争分析合理可行，明确竞争对手的优势和劣势及公司的优势。对市场份额及市场走势预测合理，市场定位准确	对于公司所处于行业分析基本透彻，市场竞争分析基本合理可行，基本明确竞争对手的优势和劣势及公司的优势。对市场份额及市场走势预测基本合理，市场定位基本准确	对于公司所处于行业分析不透彻，市场竞争分析不合理不可行，竞争对手的优势和劣势及公司的优势分析不明晰。对市场份额及市场走势预测缺乏合理性，缺乏市场定位准确度
盈利模式、企业经济及财务状况	要求盈利模式可行，列出关键财务因素，财务目标和主要财务报表，财务计划及相关指标合理准确。列出资金结构及数量，投资回报率和利益分配方式，需求合理，融资方案具有吸引力	要求盈利模式基本可行，列出关键财务因素，财务目标和主要财务报表，财务计划及相关指标基本合理准确。融资方案和回报列出资金结构及数量，投资回报率和利益分配方式，需求基本合理，融资方案吸引力一般	求盈利模式缺乏可行性，关键财务因素，财务目标和主要财务报表，财务计划及相关指标分析设置不合理，缺乏准确性。资金结构及数量，投资回报率和利益分配方式，需求缺乏合理性，缺乏融资方案吸引力
公司发展战略与目标	战略明确，公司的现状及背景介绍清楚，商业目的明确、合理。市场定位准确、形象设计及创业理念出色	基本能阐述出战略，现状与背景分析，目的性一般，市场定位基本准确，有相应的形象设计及创业理念	战略不明确，现状与背景分析，缺乏目的性，市场定位不准确，缺乏相应的形象设计及创业理念
公司组织结构组织架构缺乏严谨性	组织结构严谨，产权或股权划分适当，组织设计要求信息流畅，权责分明	组织架构一般严谨，产权或股权划分，组织设计要求信息，权责等分析一般	产权或股权划分，组织设计要求信息，权责等分析不明确
营销策略	营销策略具有创新和对顾客具有潜在的吸引力，营销渠道顺畅，有一定创新	营销策略分析一般，创新和对顾客基本具有潜在的吸引力，营销渠道基本顺畅	营销策略分析缺乏新颖，对顾客的潜在的吸引力不强，营销渠道缺乏顺畅
可操作性分析	项目、服务或产品的各项分析和预算的可行性较高、运营计划明确	基本能表达出项目、服务或产品的各项分析和预算的可行性	项目、服务或产品的各项分析和预算的可行性不高
附加分	整个计划书规范，科学性强，对经营模式的体系设计创新性高，具有很大的商业价值等，或其他创新点	整个计划书基本规范，科学性一般，对经营模式的体系设计创新性不高，基本有商业价值	整个计划书笼统夸大，缺乏科学性，对经营模式的体系设计创新性不明确，缺乏商业价值

4. 创业计划书编写注意事项

通常一本创业计划书在前面需要写一页左右的摘要，接下来是创业计划书的具体章节，一般分十章。

第一章，事业描述。必须描述所要进入的是什么行业，卖什么产品（服务），谁是主要客户，所属产业的生命周期是处于萌芽、成长、成熟还是衰退阶段。还有，企业要用独资还是合伙或公司的形态，打算何时开业，营业时间有多长等。

第二章，产品（服务）。需要描述你的产品（服务）到底是什么，有什么特色，你的产品跟竞争者有什么差异，如果并不特别为什么顾客要买。

第三章，市场首先需要界定目标市场在哪里，是既有的市场既有的客户，还是在新的市场开发新客户。不同的市场不同的客户都有不同的营销方式。在确定目标之后，决定怎样上市、促销、定价等，并且做好预算。

第四章，地点。一般公司对地点的选择可能影响不那么大，但是如果要开店，店面地点的选择就很重要。

第五章，竞争。下列三种情况尤其要做竞争分析：①要创业或进入一个新市场时；②当一个新竞争者进入自己在经营的市场时；③随时随地做竞争分析，这样最省力。竞争分析可以从五个方向去做：谁是最接近的五大竞争者；他们的业务如何；他们与本业务相似的程度；从他们那里学到什么；如何做得比他们好。

第六章，管理。中小企业 98%的失败来自管理的缺失，其中 45%是因为管理缺乏竞争力，目前还没有明确的解决之道。

第七章，人事。要考虑现在、半年内、未来三年的人事需求，并且具体考虑需要引进哪些专业技人才、全职或兼职、薪水如何计算，以及所需人事成本等。

第八章，财务需求与运用。考虑融资款项的运用、营运资金周转等，并预测未来三年的损益表、资产负债表和现金流量表。

第九章，风险。不是说有人竞争就是风险，风险可能是进出口汇兑的风险、餐厅有火灾的风险等，并注意当风险到来时如何应对。

第十章，成长与发展。下一步要怎么样，三年后如何，这也是创业计划书所要提及的。企业是要能持续经营的，所以在规划时要能够做到多元化和全球化。

5. 大学生创业计划书常见问题

1）知识产权归属不明

知识产权，也称为知识所属权，指权利人对其智力劳动所创作的成果享有的财产权利，一般只在有限时间期内有效。各种智力创造如发明、文学和艺术作品，以及在商业中使用的标志、名称、图像和外观设计，都可被认为是某一个人或组织所拥有的知识产权。知识产权是关于人类在社会实践中创造的智力劳动成果的专有权利。随着科技的发展，为了更好地保护产权人的利益，知识产权制度应运而生并不断完善。当今侵犯专利权、著作权、商标权等侵犯知识产权的行为越来越多。17 世纪上半叶产生了近代专利制度；一百年后产生了专利说明书制度；又过了一百多年后，从法院处理侵权纠纷时的需要开始，才产生了权利要求书制度。在 21 世纪，知识产权与人类的生活息息相关，到处充满了知识产权，在商业竞争上我们可以看出它的重要作用。高校中，由于学生对知识产权的保护意识模糊，侵权、盗用、抄袭等情况时常发生。尤其在艺术制作等方面，设计师呕心沥血设计出的产品结果隔天市场上便出现同样作品的情况屡见不鲜。还有一些学生用教师的项目参加各种比赛，知识产权归属如何呢？这都需要有正确的界定。

2）商业计划缺乏细节

商业计划书不宜太简单，因为简单就不容易注意细节，商业计划书页数建议在 30 页以上，充分考虑各种可能发生的情况。商业计划书尽可能多地用图表和数据来表示以证明自身的专业性，在前期做过大量的数据调查，较少用文字，数据是最有说服力的，很多评审和投资者在观看创业者创业计划书的时候非常关注数据。计划书的书面呈现颜色尽可能简单朴素、让人一目了然，不要过于花哨。创业计划书的行业分析应突出对于行业的理解和认知，让读者认为你对此行业做了充分的研究与调查，并有自己独到的见解，而不是简单的罗列数据，你对行业越了解，投资者将钱交给你就越放心。计划书的运营数据（包括财务报表、毛利率和投资回报率）适当罗列，数据要有逻辑、真实，这样才能打动投资者，也才能使得自己的创业能沿着预定道路发展。

3）商业逻辑不够严密

大部分高校创业学生在这里跌倒，本来对自己的创业计划书非常有信心，经过细心雕琢后展示在大众面前，为何最后没有通过或者得到投资者的肯定。创业计划书的逻辑不够缜密或是商业逻辑不够严密。在撰写商业计划书的过程中，要有严密的逻辑性和严谨的科学证据。介绍技术时，用科学事实和必要的数据，阐明技术的先进性和实际性。介绍设想时，更需要有充分的市场研究结果，阐述想法的合理性，证明这个想法是切实可行的。分析市场时，要对未来三至七年的市场前景有合情合理的分析，言之有据。对产品的市场分析一定要有充分的证据。由于条件的限制，没有第一手材料，也一定要提供可以类比的产品的资料。如果是现有企业，还要对过去三至五年的经营状况有简要而可信的分析。写作时切忌海阔天空，漫无边际。更忌讳提供虚假的数据和不实的材料。

4）展示说明不尽如人意

大部分创业者在做项目路演时很容易产生紧张的情绪，或者展示不到位等诸多问题导致项目展示失利，那么大学生创业者在做展示、项目路演时需要注意以下几点事项。

（1）讲好你的故事。以一个动人的故事开始你的演讲。这会从一开始就勾起听众的兴趣，而且如果你可以把你的故事和听众联系起来的话就更加完美了。你所讲的故事应该是关于你的产品所要解决的问题的。

（2）你的解决方案。分享你的产品独一无二的地方和为什么它能解决你所提到的问题。这一部分最好简约而不简单，要做到投资人听过以后，可以轻松地向另一个人介绍你到底在做什么。尽量少使用行业里的生僻词汇。

（3）你团队的成就。投资人投资第一看重的是团队，第二才是项目创意。在演讲的前段，你就应该要让投资人对你和你的团队有刮目相看的感觉。说说你和团队到目前为止取得的成就（销售额、订单量、大牛战友、产品的火爆等）。

（4）你的目标市场。不要说世界上所有上网的人都是你的顾客，就算有一天这成为现实。要对你自己所创造的产品更加了解，把你的目标市场氛围了解清楚。这不仅能让你的听众影响深刻，也能帮助你自己对市场战略更加了解。

（5）如何获取顾客。这是路演和商业计划中经常被遗忘掉的部分。你要怎么招募到你的顾客？得到一个用户要花多少钱？怎么样的推广才算是成功？

（6）竞争对手。这也是路演中非常重要的一环。许多创业者在这部分都没有充分的准备和详实的数据来说明他们和竞争对手的不同。一个最好的来展示你对于竞争对手优势的形式就是表格：把不同的方面放在顶行，把你和竞争对手放在最左列，然后一个方面一个方面地来比较，一个一个地来说明你的优势。

（7）你的盈利模式（商业模式）。投资人总是对这个部分最感兴趣。你怎么盈利呢？你的商业模式是什么？详细地介绍你的产品和定价，然后用事实来证明这个市场正在焦急等待着你的产品的进入。

（8）你的融资需求。清晰地说明你的融资需求，出让多少股权，未来的计划如何。你要用多少钱，这些钱用来干什么，这些必须严谨地写清楚。

（9）投资人的退出机制。如果你融资额在一百万美金以上，那么大部分投资人都想知道你的退出机制是怎么样的。你是希望被收购，还是上市，或者别的退出方式。

拓展阅读

一、擦鞋的男孩

那是在 15 年前，我到这个城市出差，谈完生意，我去商场给同事买些礼物。平时，我逛商场时喜欢随身带一些硬币，因为商场附近有时会有乞讨的人，给上一两块硬币我心里会踏实些。这天也是这样，口袋里依旧有些硬币，于是我就将十几块硬币散给一帮乞讨的小乞丐。就在这时，我看见一个男孩高高举着一块牌子看着我，无疑，他想引起我的注意。我朝他走过去，看到他约莫十三四岁，衣着破旧却很干净，头发也梳得整齐。

他不像别人手里拿个搪瓷缸，他的牌子一面画着一个男孩在擦鞋，一面写着："我想要一只擦鞋箱。"那时我正在做投资生意，反正还有时间，我便问男孩需要多少钱，男孩说："125 元。"我摇摇头，说他要的擦鞋箱太昂贵了。男孩说不贵，还说他已经去过批发市场四次，都看过了，要买专用箱子、凳子，好的清洁油，好的软毛刷，十几种鞋油，没有 125 元就达不到他的要求。男孩操着方言，说得有板有眼。

我问他现在手里有多少钱，男孩想都没想，说已经有 35 元，还少 90 元。我认真看着男孩，确定他不是个小骗子，便掏出钱夹，拿出 90 元，说："这 90 元钱给你，算是我的投资。有个条件，从你接过钱的这一刻起，我们就是合伙人了。我在这个城市呆五天，五天内你不仅要把 90 元钱还给我，我还要一元钱的利息。如果你答应这条件，这 90 元现在就归你。"

男孩兴奋地看着我，满口答应。男孩还告诉我，他读六年级，每星期只去上三天课，另外几天要放牛、放羊、帮母亲种地，可他的成绩从没有滑下过前三名，所以，他是最棒的。我问他为什么要买擦鞋箱，他说家里穷，他要趁着暑假出来，攒够学费。

我以一种欣赏的心理看着男孩，然后陪他去批发市场选购了擦鞋箱和其他各种擦鞋用具。男孩背着箱子，准备在商场门口摆下摊位。我摇摇头说，作为他的合伙人，为了收回自己的成本，有义务提醒他选择合适的经营地点。商场内部有免费擦鞋器，很多人都知道。男孩认真想了想，问："选在对面的酒店怎么样？"我想，这里是旅游城市，每天都有一车一车的人住进那家酒店，他们旅途劳顿，第二天出行时，肯定需要把鞋擦得干干净净。想到这些，我就答应了他。

于是，男孩在酒店门口附近落脚了，他把擦鞋箱放到了离门口稍远的地方，他看看左右无人，对我说:“为什么不让我现在付清一元钱利息？你也应该知道我的服务水平。”我“扑哧”笑了，这小家伙，真是鬼得很，他是要给我擦鞋，用擦鞋的收费抵那一元的利息。我欣赏他的精明，便坐到他的板凳上，说：“你要是擦得不好就证明你在说谎，而我投资给一个不诚实的人就证明我的投资失败。”男孩的头晃得像拨浪鼓，说他是最棒的，他在家里练习擦皮鞋练了一个月。要知道，农村并没有多少人有几双好皮鞋，他是一家一家地让他们把皮鞋拿出来，细心地擦净擦亮的。

几分钟后，看着皮鞋光可鉴人，我满意地点头。我从口袋里拿出红笔，在他的左右脸颊上写下两个大字：“最棒。”男孩乐了。正在这时，有一辆中巴车载着一车游客过来了，他连忙背着擦鞋箱跑过去，指着自己的脸对那些陆续下车的旅客说：“这是顾客对我的奖赏，你想试试吗？我会把你的皮鞋变成镜子的。”就这样，男孩忙碌起来了……

第二天，我来到酒店，看到男孩早早来守摊了，他兴奋地告诉我，他昨天赚到了50块钱，除去给我18元，吃饭花3元，他净剩29元。我拍拍他的头，夸他干得不错。他说昨晚没睡地道桥，而是睡了大通铺，但没交5块钱铺位钱，我疑惑了，怎么会不付床铺钱？这时，男孩得意地笑了：“我帮老板和老板娘擦了十来双鞋子，今晚我还能不用掏钱住店。”五天过得很快，我要离开这个城市了，这五天里，男孩每天还18元，还够了90元。男孩知道我在北京一家投资公司做经理，说是等他大学毕业，会去北京找我，说着，他伸出小黑手，我也伸出了手，两只手紧紧握到一起……

弹指一挥间，竟是15年。

我离开了当初的投资公司，自己开了一家贸易公司。这天，我正在办公室忙得焦头烂额，公司因为意外损失了一大批货物，周转资金面临困难，四方都在催债。刚放下电话，秘书进来了，说有个年轻人约我中午吃饭，我头也不抬地问是谁，秘书拿出一串钥匙链，放到我桌上，看着这钥匙链，我愣住了，那上面是一个玻璃小熊，小熊的脑门上刻着三个字：“我最棒”。我想起来了，这钥匙链，是15年前我和那个擦鞋少年临别握手时塞进他掌心的礼物。

到了中午，我走进酒店，预订好的座位上站起一个西装革履、英气逼人的年轻人。他含蓄地微笑，朝我微微弯一下腰。从他脸上，我略微找到了当年擦鞋少年的影子。喝茶时，他拿出一张五百万的支票，说：“我想投资到你们公司，五年之内利润抵回。”500万，正是雪中送炭！年轻人笑吟吟地说：“15年前，你教会了我以按揭的方式生存。从那个擦鞋箱起，我完成了一次又一次的积累。现在，我有了自己的公司，这500万投进去，我有权利要求一笔额外利息。”

我抬起头，问他要多少，他不动声色地回答：“一元钱。”我靠到椅背上，脸上露出了微笑。这无疑是我投资生涯中最成功的案例，90元，回报500万。看着他递过的名片，我第一次知道他的名字：马龙，但这个名字，我已经听说过无数次，一匹投资界从容稳健的黑马，一个难得的商界奇才。

思考：

1. 为什么作者最初要投 90 元给小男孩当该男孩的合伙人？
2. 小男孩的创业计划符合商业逻辑吗？他的计划是怎样说服作者的？
3. 从小男孩的创业经历中你能看到投资者关注什么？

二、极速膨胀的“9 块洗”

这是一位“90 后”创业者。

他的电商创业项目因为资金链出现问题，团队遭遇大规模裁员。18 岁那年，他第一次为年少轻狂、轻率鲁莽买单，代价是 50 万人民币。

2014 年初，刚入大学校门的小徐决定休学创业。他针对学生群体“洗衣难”的问题，推出了一款洗衣 O2O 产品，叫“9 块洗”。顾名思义，9 块钱就可以给学生提供一袋洗衣服务，通常每个袋子可以装进 3～5 件衣物。

通过调研发现，学生群体的真实接受度在 20%～30%。这完全达到了他们的预期。之后他去拉拢洗衣厂，走一遍流程下来，每袋成本基本控制在 5 块钱以内，4 块钱净利。随后，他迅速组建了客服和学生代理，团队逼近 20 人。

为了快速推进项目，徐开始到处找投资。其间，他跟一个对校园项目感兴趣的投资人达成协议，投资 500 万出让 15%股权。限制条件是根据项目进展分批打款。当时，他只有 18 岁，一个想法和商业计划书。

拿了钱之后，他欲望极速膨胀，并开始更改原来的商业计划，不断招客服电销，团队也从小民居迁往中央商务区，购置了桌椅电脑，月开销达到了 10 万。他当时的想法是 3 个月之内团队必须达到 50 人。但他没料到的是，2014 年下半年，“e 袋洗”发力疯狂开拓市场，徐感受到了压力和恐惧。

“自己的团队没有那么大的能力去与之抗衡，以‘e 袋洗’的体量，只要简单的模式复制就可以把自己吃掉。”他认为这是一个已经看得到结果的战争，无论是资金实力还是能力。同年 8 月，徐跟投资人沟通，主动终止了项目，投资人也随之撤资。

“我太追求速度了，从而与自己的制订的商业计划背道而驰，包括后来的投资人也让我慢一点做事情，但还是感觉停不下来，这两年里，真的是拿钱砸出来的经验。我反复提醒自己慢一点，但性格还是太急了。

思考：

1. 是什么原因导致小徐创业失败？
2. 小徐的商业模式是否有缺陷？
3. 如果是你，会怎样做？

本章重点

1. 商业形成的逻辑
2. 商业计划与商业计划书
3. 项目计划与项目计划书

4. 创业计划与创业计划书
5. 创业计划书的编写

思考题

1. 商业计划书的特点是什么？
2. 编写创业计划书时的主要摘要包括什么？
3. 创业计划分为几个阶段进行？
4. 在编写创业计划书时最重要的内容是什么？
5. 投资者最看重哪个部分？
6. 判断一份好的商业计划书的标准是什么？
7. 如何才能全面了解自己的企业？

参 考 文 献

彼得·德鲁克, 2009. 创新与企业家精神[M]. 蔡文燕译. 北京：机械工业出版社.
傅世昌, 王惠芬, 2011. 商业模式定义与概念本质的理论体系与研究趋势[J]. 中国科技论坛, (02): 70-76.
龚荒, 2013. 创业管理——理论、实训、案例[M]. 北京：机械工业出版社.
纪慧生, 陆强, 王红卫, 2010. 商业模式设计方法、过程与分析工具[J]. 中央财经大学学报, (07): 87-92.
纪永英, 2009. 创新的赢利模式[M]. 北京：机械工业出版社.
李方, 2009. 破解创业加盟三大常设陷阱[J]. 职业, (06): 57-57.
李家华, 2015. 创业基础[M]. 北京：清华大学版社.
李京文, 2002. 中国在21世纪全新环境下的管理创新[J]. 中国城市经济, (09): 4-6.
李明, 2007. 基于企业核心竞争力的知识创新探讨[J]. 企业经济, (06): 43-45.
李文胜, 2015. 创业基础[M]. 西安：西安交通大学出版社.
刘艳彬, 李兴森, 2016. 大学生创业教程[M]. 北京：人民邮电出版社.
刘颖, 苏巧玲, 1997. 医学心理学[M]. 北京 ：中国华侨出版社.
罗岷, 李亮, 2015. 互联网时代的商业模式创新：价值创造视角[J]. 中国工业经济, (01): 95-107.
牛泽民, 2008. 创新与创业[M]. 北京：北京航空航天大学出版社.
彭小媚, 陈祖新, 2008. 大学生创业模式探讨[J]. 中国高技术企业, (1): 31-32.
曲钦岳, 1989. 当代百科知识大词典[M]. 南京：南京大学出版社.
孙建萍, 2012. 大学生创业实践模式分析[J]. 对外经贸, (02): 151-153.
孙筠, 2008. 基于知识和知识创新视野下的组织创新[J]. 北方经济, (08): 35-36.
唐纳德·F. 库拉特科, 2014. 薛红志译. 创业学[M]. 北京：中国人民大学出版社.
王炳成, 李洪伟, 王显清, 2010. 商业模式研究综述及展望[J]. 江苏商论, (12): 66-70.
王亚南, 2011. 基于科学发展观下大学生创新创业模式研究[J]. 科技信息, (10): 142-143.
王尹芬, 2011. 不同创业模式下大学生创业路径的选择[J]. 企业导报, (01): 267-268.
魏炜, 朱武祥, 2009. 发现商业模式[M]. 北京：机械工业出版社.
徐刚, 2014. 创业学[M]. 重庆：重庆大学出版社.
亚历山大·奥斯特瓦德, 伊夫·皮尼厄, 2011. 商业模式新生代[M]. 黄涛, 郁婧译. 北京：机械工业出版社.
约瑟夫·熊彼得, 2015. 经济发展理论[M]. 何畏译. 北京：华夏出版社.
张美麟, 2005. 机械创新设计[M]. 北京：化学工业出版社.
张茉楠, 2016. 国际创新创业发展战略新趋势及启示[J]. 宏观经济管理, (01): 85-88.
张应辉, 2016. 大学生创业教育导论[M]. 北京：清华大学出版社.
周苏, 2016. 创新思维与方法[M]. 北京：中国铁道出版社.